Dominic Sachsenmaier

·

Global Entanglements of a Man Who Never Traveled

A Seventeenth-Century Chinese Christian and His Conflicted Worlds

Columbia University Press

New York

2018

Доминик Заксенмайер

·

Глобальные связи человека, который никогда не путешествовал

Конфликт между мирами в сознании китайского христианина XVII века

Academic Studies Press

Библиороссика

Бостон / Санкт-Петербург

2022

УДК 94(510)+282
ББК 63.3(5Кит)+86.375
320

Перевод с английского Кирилла Савельева
Научный редактор Кирилл Батыгин

Серийное оформление и оформление обложки Ивана Граве

Заксенмайер Д.
320   Глобальные связи человека, который никогда не путешествовал: Конфликт между мирами в сознании китайского христианина XVII века / Доминик Заксенмайер ; [пер. с англ. Кирилла Савельева]. — СПб.: Academic Studies Press / Библиороссика, 2022. — 295 с. — (Серия «Современное востоковедение» = «Contemporary Eastern Studies»).

ISBN 9798-8-87190-48-8 (Academic Studies Press)
ISBN 978-5-907532-41-0 (Библиороссика)

В книге «Глобальные связи человека, который никогда не путешествовал» Доминик Заксенмайер исследует распространение идей в стремительно глобализирующемся мире середины XVII века через призму биографии китайского христианина Чжу Цзунъюаня. Чжу, скорее всего, никогда не покидал пределов своей родной провинции. Тем не менее он вел удивительно насыщенную глобальную жизнь, с парадоксальным списком дел, начиная от научной работы и заканчивая участием в транснациональной деятельности католической церкви. С одной стороны, Заксенмайер уделяет внимание интеллектуальной, политической и социальной жизни общества конца эпохи Мин и начала Цин. С другой — он рассматривает, как отдельные личности, подобные Чжу, находили свое место в истории организаций и властных структур раннего Нового времени на фоне масштабных преобразований и конфликтов.

УДК 94(510)+282
ББК 63.3(5Кит)+86.375

ISBN 9798-8-87190-48-8
ISBN 978-5-907532-41-0

Благодарности

Несколько лет назад я впервые задумался об изучении жизни никогда не путешествовавшего человека на микроскопическом и макроскопическом уровне. Как и многие научно-исследовательские монографии, эта книга создавалась в течение ряда лет в сочетании с другими проектами. Поскольку я принадлежу к академической среде, члены которой имеют всевозможные обязанности (многие из них, вероятно, в равной мере являются глобальными и локальными, как это было у Чжу Цзунъюаня, центрального персонажа этой книги), я едва ли смог бы завершить этот труд без поддержки в виде дополнительного времени. Я частично использовал свой академический отпуск в 2010 году в Дьюкском университете (профинансированный Немецким фондом национальных исследований) для составления общей концепции книги. Впоследствии грант спонсорской программы Академии корейских исследований, обеспеченный правительством Южной Кореи (AKS-2010-DZZ-3103), позволил мне уйти в академический отпуск из Университета Джейкобса в учебном сезоне 2014 — 2015 года. И наконец, Геттингенский университет, где я стал профессором в 2015 году, предоставил мне оплачиваемый отпуск на первый семестр 2017 года, в результате чего я смог завершить этот проект.

Помимо дополнительного времени для работы, эта рукопись не была бы завершена без огромной поддержки множества людей. Среди них я в первую очередь назову Джой Титеридж, высокопрофессиональную переводчицу с немецкого на английский, а также Цзинь Янь и Фан Жобин, которые помогли мне в моих исследованиях конкретных исторических периодов поздней Мин и ранней Цин. Чжан Сяогэн и Ван Хуэй провели бо́льшую часть библиографических изысканий для этой книги, работая с текстами на китайском и западных языках. То же самое можно сказать о Кристофере Циммере, который — вместе с Луизой Флэрап, Кассиопеей Нолт и Талией Нолт — продемонстрировал компетентность в оформлении текста и в его подготовке для публикации. Мне особенно хочется поблагодарить их за помощь на заключительном этапе этого проекта, где надо было уделять много внимания оформлению и оставалось мало времени для работы. Марта Шульман выполнила техническое редактирование всего текста, и я глубоко благодарен ей за поправки, изменения и полезные замечания. Эта поддержка во многом способствовала улучшению качества моей работы.

Многие мои друзья и коллеги внесли непосредственный или косвенный вклад в создание этой книги. Помимо знакомства с широким спектром их впечатляющих исследований, я много раз обсуждал аспекты этой работы с учеными из разных сфер знаний. Они не только помогли мне расширить поле для исследований, но и повысили мою осведомленность в некоторых областях, релевантных для создания книги. Среди них можно назвать Роджера Эймса (Гавайский университет в Маноа), Свена Бекерта (Гарвардский университет), Джерри Бентли (Гавайский университет в Маноа), Лайама Броки (Мичиганский университет), Кеннета Дина (Национальный университет Сингапура), Кента Денга (Лондонская школа экономики), Прасенхита Дуара (Дьюкский университет), Мэриэн Фюссель (Геттингенский университет), Франсуа Жиполу (Национальный центр научных исследований, Франция), Ся Боцзя (Ронни) (Пенсильванский университет), Сюн Бинчжэнь (Китайский университет в Гонконге), Марка Юргенсмейера (Калифорнийский университет, Санта-Барбара), Эуджениo Менегона (Бостонский университет), Юргена Остерхаммеля (Университет Констанцы), Мартина Пауэрса (Мичиганский университет), Вольфганга Рейнхарда (Фрайбургский университет), Акселя Шнейдера (Геттингенский университет), Николаса Штендерта (Католический университет Левена), Санджая Субрахманьяма (Калифорнийский университет, Лос-Анжелес), Сунь Юэ (Столичный педагогический университет,

Пекин), Питера Вандервира (Институт религиозного и этнического разнообразия имени Макса Планка), Ван Хуэя (Университет Цинхуа) и Чжан Сюйпэна (Академия общественных наук Китая).

Некоторые коллеги читали фрагменты моей рукописи и оказывали мне бесценную поддержку, делясь своими предложениями. Выражаю особую благодарность Себастьяну Конраду (Свободный университет Берлина), Фань Синю (Нью-Йоркский университет, Фредония) и Ван Цзинфэну (Шанхайский университет «Цзяотун»). Я также очень благодарен аспирантам Геттингенского университета, обсуждавшим со мной некоторые материалы во время занятий; я рассматривал этот процесс как полезное и воодушевляющее сочетание своей исследовательской и преподавательской работы. Вся эта поддержка со стороны академического сообщества свидетельствует о том, что, даже если историческая монография написана одним человеком, она является результатом интенсивного общения и действия внешних стимулов. Ее завершение зависит от потока идей, перспектив и обсуждения противоречий, а также в немалой степени от вдохновения и поощрения. Поэтому я нахожусь в неоплатном долгу перед множеством ученых и студентов со всего мира, но в то же время, разумеется, несу полную ответственность за любые ошибочные мнения и суждения, которые могут быть обнаружены в моей книге.

Список ученых, с которыми я обменивался мнениями и которые так или иначе внесли свой вклад в мою работу, может быть значительно расширен, тем более потому, что я исследовал жизнь Чжу Цзунъюаня в качестве докторанта. Эта работа привела к публикации под названием *Die Aufnahme europäischer Inhalte in die chinesische Kultur durch Zhu Zongyuan, ca. 1616–1660* («Введение европейских элементов в китайскую культуру Чжу Цзунъюанем, ок. 1616–1660 годов»), Monumenta Serica Monograph Series 47 (Nettetal, Ger.: Steyler, 2001). Я написал докторскую диссертацию под научным руководством Вольфганга Рейнхарда (Фрайбургский университет), Акселя Шнейдера (Геттингенский университет) и Николаса Штендерта (Католический университет Левена), и все они оказали долгосрочное влияние на мою дальнейшую академическую деятельность. Будучи докторантом, я провел два года в качестве приглашенного научного эксперта и ассистента-преподавателя в Гарвард-Яньцзинском институте (Кембридж, штат Массачусетс); Ду Вэймин, пригласивший меня туда, стал главным источником вдохновения для моей дальнейшей работы. Кроме того, в этом предыдущем проекте я получил поддержку и содействие в беседах со многими учеными, включая Питера Бола (Гарвардский университет), Уилларда Дж. Питерсона (Принстонский университет) и Дэвида Мунджелло (Бэйлорский университет), который был первым человеком, указавшим мне на труды Чжу Цзунъюаня.

Между моей работой о Чжу Цзунъюане на немецком языке и книгой «Глобальные связи человека, который никогда не путешествовал» имеется не так много совпадений. Первая работа сосредоточена на китайском контексте жизненных обстоятельств Чжу Цзунъюаня, значительное внимание в ней уделяется китайским обрядам и ритуалам, в то время как эта книга находится под определяющим влиянием новейшей литературы по всемирной и международной истории. В ней акцентирована роль международных взаимоотношений, которые одновременно структурируют и формируют историю отдельных людей и регионов.

Многочисленные различия между двумя книгами отражают вехи моего интеллектуального странствия, которое со временем приблизило меня к концепции науки, пересекающей национальные границы. Меня радует, что эта концепция является составной частью серии «Колумбийских исследований международной и мировой истории», редактором которой я теперь являюсь вместе с Кемалем Айдином (Университет Северной Каролины в Чапел-Хилл) и Тимоти Нунаном (Свободный университет Берлина). Я глубоко ценю их дух товарищеского сотрудничества, поддержку и крайне ценные отзывы о моих текстах. Кроме того, я хочу поблагодарить издательство *Columbia University Press*, особенно Кайлин Кобб, Мириам Гроссман и Майка Эшби, за динамичное и неизменно полезное сотрудничество, которое привело к своевременной публикации этой книги.

И наконец, я написал эту монографию не только как член нескольких университетских сообществ, но и как член семьи. Пока я работал над этой книгой, родились наши два мальчика, Эмиль и Альберт, с перерывом лишь в год и четыре месяца. Они принесли в наш дом много радости и оживленности — и они были причиной того, что мое домашнее сочинительство сводилось к урывкам в любое время дня и ночи. Я определенно не смог бы завершить этот проект без любви, всемерного поощрения и поддержки со стороны моей жены Флоры. Посреди ухода за нашими детьми и продолжения собственной профессиональной карьеры она обеспечила мне достаточно свободного времени не только для работы над этой книгой, но и для прочих интеллектуальных изысканий. Эта книга посвящается ей.

Введение

Чжу Цзунъюань в контексте места и времени

Оседлая жизнь, широкие связи

Жизнь Чжу Цзунъюаня была вполне обыкновенной для его окружения. Родившись примерно в 1616 году в образованной семье невысокого ранга, проживавшей в портовом городе Нинбо в Восточном Китае, он никогда не выезжал за пределы внутренних регионов страны. В сущности, нет никаких свидетельств, что он когда-либо покидал свою родную провинцию Чжэцзян. Оседлое существование Чжу резко контрастирует с биографиями многих его современников, ведших более подвижный образ жизни. В XVII веке и даже раньше путешественники в дальние страны — торговцы, наемники, миссионеры, советники и рабы — были обычным явлением в разных частях света. Людей, пересекавших континенты и океаны, можно было видеть в портовых городах мира, постепенно развивавшего международные торговые связи. Китайские торговцы, работники и авантюристы принимали участие в процессах этой торговой глобализации и часто играли важную роль в международных экономических центрах, таких как Нагасаки, Манила, Малакка или даже Гоа[1]. Чжу Цзунъюань не принадлежал к их числу — хотя, как мы убедимся, его жизнь не была тихой и однообразной.

---

[1] Исторический обзор о китайцах за рубежом см. [Wang Gungwu 2000].

Тем не менее связи Чжу с внешним миром были довольно необычными для китайского общества того времени и важными для изучения его жизни и трудов в локальной и всемирной исторической перспективе. Участие Чжу в распространении католицизма привело его к тесному контакту с иностранным религиозным и корпоративным научным сообществом. В отличие от большинства его сверстников в региональных китайских элитах периода поздней династии Мин и ранней Цин Чжу находился в постоянном контакте с европейцами — главным образом с иезуитами, но также и с некоторыми миссионерами из числа доминиканцев. Иногда Чжу даже пользовался христианским именем Косма (*Cosmas*), а его дом, как представляется, был важным опорным пунктом для раздробленной христианской общины в Нинбо и соседних регионах.

Подавляющее большинство его сверстников из числа местных элитных групп не находились в таком тесном контакте с людьми из далекой страны и не были приверженцами учения, завезенного в Китай из Европы несколько десятилетий назад. Хотя Чжу мог не заботиться о глубоком понимании общественного устройства и религии далекого Запада, он принимал участие в мессах и других богослужениях, культурный контекст которых явно отличался от китайской традиции. Он беседовал с миссионерами-иезуитами, прибывшими в Китай из отдаленных земель, и по меньшей мере обладал базовым пониманием их научной и философской традиции. Более того, он оперировал разнообразными христианскими концепциями и библейскими сюжетами, укорененными в совершенно иной культурной почве. В качестве небольшого, но показательного примера: в сочинениях Чжу, как и во многих других китайских текстах христианской направленности, далекая страна *Жудэя* (Иудея) фигурирует как место рождения Иисуса. Кроме того, Чжу видел карты мира, составленные иезуитами, и слушал их краткие, выборочные описания мировых континентов. Нам известно, что он слышал о появлении новых держав в обширном регионе Восточной Азии, так как в его сочинениях есть упоминания о колониальном присутствии Испании на Филиппинах.

Чжу Цзунъюань испытывал к христианству интеллектуальное влечение — он прочитал множество связанных с христианским учением книг и брошюр, опубликованных на китайском языке за время его жизни. Их содержание варьировало от знакомства с христианскими догматами до снабженных комментариями карт известного мира и научных работ, основанных на европейской методологии. Чжу даже стал одним из немногочисленных в XVII веке китайских авторов трудов о христианстве. Его письменное наследие включает две монографии и несколько других текстов, где он знакомит со своей верой более широкий круг китайских читателей, перелагая ее в соответствии с аспектами китайской традиции. Он также предоставил обширные размышления о зарубежных истоках христианства и об их вероятном значении для китайского общества и его традиций. Сочинения Чжу свидетельствуют о тесном знакомстве с китайской историей и философией, особенно с официальным конфуцианским каноном. Это едва ли удивительно, поскольку к тридцати годам он успешно сдал государственные экзамены на провинциальном уровне — такое достижение было бы невозможно без многолетнего прилежного изучения конфуцианства.

В своих сочинениях Чжу выходил за тематические рамки, которые, как правило, ограничивались духовными и интеллектуальными традициями Китая. Он не только пересказывал сущностное содержание Библии, но также обращался к множеству других предметов — от европейской географии, современной для его эпохи, до древнегреческой философии. Работая в этих областях, наш христианин из Нинбо не руководствовался целью ознакомления читателей с экзотическими диковинками далекого внешнего мира. Напротив, Чжу — или Косма — в конечном счете стремился продемонстрировать, что христианство достойно внимания его ученых товарищей и других членов китайского общества. Он делал это, главным образом приводя доводы в пользу того, что новое вероучение, которое в переводе на китайский называлось *тяньсюэ*, или Небесное Учение, не только совместимо с конфуцианской традицией, но и в определенном смысле является возвращением к ее первоисточнику. В этом контексте он разбирался с целым рядом интеллектуальных задач, включая вопрос о том, являются ли конфуцианские ценности внутренне присущими китайскому обществу, или же их можно рассматривать как универсальные ценности.

Было бы ошибочно полагать, что конечной целью Чжу был межкультурный синтез, достигаемый через «диалог между цивилизациями». Образ мышления, где мир подразделялся на разные цивилизации, в XVII веке был гораздо менее распространен, чем в XVIII или XIX веках[2]. Безусловно, культурная самобытность уже существовала во времена Чжу Цзунъюаня: к примеру, в растущей цепи мировых торговых центров от Гоа до Малакки можно обнаружить много подтверждений того, что отдельные люди или группы людей считали себя членами конкретной культуры с многообразными религиями и традициями[3]. Однако люди были далеки от разделения мира на четко установленные цивилизационные регионы, характеризуемые фундаментальными различиями.

Подобные идеи были далеки и от внимания Чжу Цзунъюаня. Он не смотрел на себя как на гражданина Китая в современном смысле слова, конфуцианца в репрезентативном смысле или же католика в смысле исключения из общего правила. Скорее, как у многих европейских и китайских ученых того времени, его мировоззрение сводилось к осознанию своей монокультурной цивилизации. Во всяком случае, по отношению к важнейшей проблеме определения добропорядочной и целенаправленной жизни он полагал, что в конце концов лишь одно всеобщее учение способно улучшить жизненные обстоятельства его общества и мира в целом. Можно утверждать, что такая позиция не отличала его от людей, веривших в культурное превосходство Китая. Тем не менее концепция Чжу о цивилизационной исключительности отличалась от взглядов консервативных конфуцианских

---

[2] О критических исследованиях понятия «культура» в XIX–XX веках см. [Sartori 2005].

[3] На тему религиозного и культурного плюрализма см., к примеру, [Parker C. 2010: 182–221; Subrahmanyam 2012: 274–278].

кругов его общества убеждением в необходимости расширения горизонтов познания.

Хотя тесная связь Чжу Цзунъюаня с христианством была необычной для общественной и интеллектуальной жизни Китая в XVII веке, было бы натяжкой считать его уникально «космополитичным» персонажем в государстве, замкнутом на своих внутренних интересах. За последние несколько десятилетий историки подвергли значительному пересмотру представления об императорском Китае как об изолированной стране, скрытой за высокими каменными стенами и культурным высокомерием[4]. Такие шаблонные, уничижительные мнения о китайцах стали преобладающими в XIX веке и впоследствии — в то время, когда доминирование Запада и «прогрессивного духа» способствовало определенным типам описаний мировой истории, основанных на субъективных оценочных суждениях о культурах, не принадлежащих к западному миру [Sachsenmaier 2011, esp. chap. 1]. Для изучения ранних связей между Китаем и Европой это означало как минимум косвенное противопоставление между динамичным Западом и застойной, в чем-то пассивной политикой Срединного государства, что отражено в значительной части исследовательской литературы по данному предмету.

Тем не менее Китай во времена Чжу не был застойной или интроспективной державой. Даже в ходе эпохального кризиса XVII века империи Мин и Цин оставались крупнейшими экономическими субъектами на планете, а по мнению таких ученых, как Андре Гундер Франк, Китай даже являлся центром мировой экономической системы[5]. По приблизительной оценке, Китай с населением в 140 миллионов в середине XVII века в целом превосходил Европу, население которой составляло примерно 100 миллионов человек. Это подразумевает не только обширные торговые связи, но также обмен людьми, технологиями и идеями между Китаем и остальными частями мира.

---

[4] См., к примеру, [Ropp 2010].

[5] Обстоятельное сравнение европейской и китайской экономики того времени, а также оценка взаимосвязи между ними представлены в книгах [Pomeranz 2001; Frank 1998].

Все это имеет большое значение для нашего определения широкого исторического контекста жизни и трудов китайских христиан, таких, как Чжу Цзунъюань. Нет причин полагать, что в XVII веке отношения между Китаем и странами Запада были более интенсивными, чем, к примеру, связи между Китаем и Южной Азией. Очевидно, что еще за 200 лет до момента рождения Чжу Цзунъюаня финансируемые государством китайские экспедиции и географические открытия привели к основанию аванпостов даже в таких отдаленных землях, как Африка. Тем не менее, несмотря на серьезные государственные ограничения в области международной торговли и официальной иммиграции, значительное число китайцев ежегодно отправлялись в заморские края. Более того, пришельцы из разных западных стран стали нередким явлением во многих частях китайского мира, причем не только в портовых городах. На этом раннем этапе первые признаки глобализации XVI и XVII веков становились все более очевидными в китайском обществе. Возьмем, к примеру, один из результатов товарообмена: американские злаки, такие как сладкий картофель (батат), появились в Китае и преображали жизнь людей[6]. Хотя большинство китайцев оставались в неведении о стране происхождения этих злаков, они обычно знали, что их привозят из-за рубежа.

Если внимательнее присмотреться к социальным кругам общения Чжу Цзунъюаня, будет также ошибкой предполагать, что ученые и чиновники низкого уровня в эпоху поздней Мин и ранней Цин оставались в той или иной степени в неведении о далеких странах и о растущих связях между ними и Китаем. На самом деле исследования китайских библиотек и книжного рынка в целом в начале XVII века указывают на значительный интерес к внешнему миру, во всяком случае среди образованных людей. Карты мира с комментариями миссионеров-иезуитов хорошо продавались и часто переиздавались, их также включали

---

[6] Познавательные описания связей между Китаем в переходный период между династиями Мин и Цин и окружающим миром см. в [Brook 2008; Richards 2003].

в другие географические сочинения, публикуемые в Восточной Азии[7]. Сходным образом в сфере религии, систем вероисповедания и духовных учений Китай во времена Чжу Цзунъюаня не был солипсистской культурной вселенной. Наряду с христианством, в Китае явственно ощущалось присутствие ислама, с мечетями в крупных китайских городах — от Пекина до Ханчжоу. Из-за мощного влияния ислама на торговых маршрутах Центральной Азии он имел более долгую и непрерывную историю в Китае, чем христианство. К примеру, старейшая мусульманская молельня в Пекине — *Нюцзе Либайсы,* или «Мечеть улицы коров», — была основана в 966 году и продолжала действовать в эпоху Мин и впоследствии[8].

Кроме этих монотеистических религий, чьи организационные и духовные центры находились за переделами Китая, там занимали сильные позиции и другие духовные учения зарубежного происхождения. Буддизм, присутствовавший в Китае с начала первого тысячелетия, уже давно играл там важную роль. За прошедшие столетия он пережил несколько волн гонений и ограничений, но тем не менее стал неотъемлемой частью культурной ткани Китая [DuBois 2011: 15–34, 94–105][9]. Однако его индийские корни не были забыты, и в начале XVII века многие влиятельные оппоненты буддизма снова стали подчеркивать тот факт, что Будда происходил из общества, чуждого учению Конфуция. Некоторые критики буддизма особенно беспокоились из-за сильной позиции буддизма в конфуцианских кругах.

Другие, более маргинальные вероучения зарубежного происхождения, включая христианство, тоже получили в начале XVII века возможность для процветания. Во время бедствий того времени, которые в итоге привели к крушению династии Мин в 1644 году, провинциальные администрации часто не

---

[7]   Краткий обзор см. в [Foss 2000].

[8]   «Мечеть улицы коров», или *Нюцзе Либайсы,* была расширена при императоре Канси и действует до сих пор. См., к примеру, [Franke W. 1983].

[9]   Классическое историческое описание ранней фазы буддизма в Китае см. в [Zürcher 1959].

справлялись со своими обязанностями, и жизненные условия становились крайне неопределенными. Общая политическая нестабильность подразумевала ослабление государственного контроля, что позволяло христианским миссионерам и их публикациям более свободно перемещаться между городами, поселками и деревнями. Более того, кризис государственного управления привел к периоду беспокойства и неопределенности, подтолкнувшему многих людей к поиску новых источников надежды и доверия[10]. Хотя эти настроения касались всех слоев общества, определенные перемены произошли и в элитных кругах, способствуя распространению новых религий. К примеру, многие ученые люди стали понемногу отступать от государственной идеологии и господствующих взглядов, все больше склоняясь к другим учениям.

Хотя в конце XVI века, когда в страну прибыли первые миссионеры из ордена иезуитов, христианство не получило широкого распространения на китайской территории, к 1630 году в Китае жило от 40 000 до 70 000 новообращенных христиан [Standaert 2000a]. Эти числа могут служить лишь примерным указанием из-за ненадежности свидетельств в материале основных первоисточников и трудности определения прозелитов в обществе с широким религиозным плюрализмом и синкретизмом. Но вполне определенно, что иезуиты, а впоследствии и другие миссионеры смогли основать значительные католические общины в сельских и городских районах. Некоторые миссионерские усилия были нацелены на верхние слои китайского общества, и они оказались небезуспешными. Первое поколение китайцев, обращенных в новую веру, включало нескольких высокопоставленных ученых-чиновников, таких как Сюй Гуанци (1562–1633) и Ян Тинъюнь (1557–1627), принадлежавших к верхушке административной системы поздней Мин.

Чжу Цзунъюань, живший на одно или два поколения позже, не имел положения в обществе, сравнимого с такими важными

---

[10] Более подробную информацию об этих аспектах жизни в эпоху поздней Мин см., к примеру, в [Brook 1999: 153–262].

особами, как Сюй и Ян[11]. Тем не менее его семейное происхождение, уровень образования и успешное прохождение провинциальных экзаменов отличало его от подавляющего большинства новообращенных китайцев, принадлежавших к гораздо более низким слоям общества. Иными словами, Чжу принадлежал к элитарному кругу, хотя и на провинциальном уровне. Интеллектуальные навыки позволяли ему ориентироваться в разнообразных литературных жанрах, представленных на китайском книжном рынке, включая переводы европейских сочинений и новые авторские тексты о христианстве. Все это дало ему возможность стать самостоятельным писателем и общаться с иезуитскими проповедниками из разных провинций. Чжу был связующим звеном не только между своей местной католической общиной и другими группами китайских христиан, но и между европейской сетью миссионеров и своими провинциальными кругами в эпоху поздней Мин.

Хотя Чжу во многих отношениях наводил мосты между вероучениями, было бы затруднительно описывать его деятельность как существенный вклад в общие отношения между Европой и Китаем. Его пропаганда Небесного Учения определенно не достигла уровня широкомасштабной программы «европеизации», которая обрела более широкое распространение в Китае начиная с конца XIX века. Хотя долгий упадок династии Мин и последующее маньчжурское правление подвергли китайскую государственность тяжкому испытанию на прочность, но политические, экономические и культурные основы Китая не подверглись опасности полного крушения. Элементы старого порядка

---

[11] Исследования о христианах в Китае давно были ограничены некоторой предубежденностью относительно смены поколений; в 1994 году Дэвид Мунджелло все еще писал об этой проблеме: «В то время как первое поколение христиан, включавшее "Три столпа", привлекало к себе огромное внимание, второе поколение (включавшее Хань Линя и Чжу Цзунъюаня) и третье поколение оставалось в тени и представлялось как неопределенная группа» [Mungello 1994: 70–71]. Между тем появились новые исследования об этих поколениях китайских христиан, но они остаются менее изученными, чем такие исторические персоналии, как Ян Тинъюнь, Ли Чжицзао или Сюй Гуанци.

сохранились в достаточной мере, чтобы кризис династического перехода был воспринят в основном как внутреннее бедствие[12]. Не следует представлять это событие как итог глобальных затруднений Китая в его связях с внешним миром[13].

Несомненно, появление иностранцев с Иберийского полуострова, а впоследствии и других европейских сил, включая корпорации с их территориальными претензиями, таких как английская Ост-Индская компания, произвело в некоторых регионах Юго-Восточной Азии заметные перемены[14]. В частности, это касалось территориальной колонизации, такой, как на Филиппинском архипелаге, который до тех пор был «тихой заводью» азиатской торговли [Reinhard 2011: 23–24]. Кроме того, португальцы получили непосредственный контроль над такими местами, как Ормуз, Гоа и Малакка, и стремились установить право пропускного прохода на всем протяжении Индийского океана[15]. Тем не менее после первого удара по исторически устоявшейся системе торговых связей китайские и другие азиатские торговцы нашли способы для лучшего вооружения своих судов или для обхода португальских зон влияния, вынуждая португальцев к более кооперативным отношениям с региональными игроками. За исключением Филиппин, европейские «империи» в Азии главным образом сводились к цепочке крепостей в особенно спорных водах. Иными словами, морские державы, такие как Португалия, в большей или меньшей степени получили доступ к уже существовавшим китайским, индийским, мусульман-

---

[12] О европейском колониализме в течение этого периода см. [Reinhard 2011: 20–83].

[13] Безусловно, хитросплетения мировой политики создавали обстоятельства для нападения маньчжуров на крупнейшее в мире государственное и экономическое образование. См. [Rawski 2012]. См. также [Perdue 2005]. О маньчжурском завоевании Китая см. также [Wakeman 1985].

[14] В недавних исследованиях подчеркивается роль политических и территориальных претензий со стороны таких корпораций, как Ост-Индская компания. См. [Stern 2011; Bowen et al. 2012].

[15] Обсуждение этих аспектов португальской политики см. в [Subrahmanyam 2012: 274–278].

ским и другим торговым сетям, многие из которых сохранили свою мощь в последующие столетия [Wong 2002; Mauro 1990]. Но эти события мало что значили для могущественной империи Мин, в том числе потому, что государственная администрация не придавала особого значения океанской торговле.

Помимо относительно скромного влияния на Юго-Восточную Азию, Европа раннего Нового времени не выступила как единая действующая сила в Китае или в других азиатских странах. Отдельные державы, такие как Испания и Португалия, а впоследствии и некоторые другие страны воспринимали друг друга как конкурентов в Азиатском регионе[16]. Более того, соперники в борьбе за прибыльные азиатские торговые маршруты не разделялись на «европейский» и «азиатский» лагерь или по религиозному признаку [Haneda 2009]. Вместо этого коммерческое и отчасти военное соперничество за стратегические пункты создавало изменчивый рисунок коалиций между такими разными сторонами, как, например, вооруженные силы с Иберийского полуострова и мусульманские султанаты. Точно так же, как христианские государства оказывались вовлечены в ожесточенные войны друг с другом, отношения между мусульманскими империями, такими как Османская империя, Сефевиды или Моголы, часто отличались крайней враждебностью[17]. Так же обстояли дела с морскими исламскими империями, такими как Ачехский султанат на Суматре, который, при участии разных союзников, расширял свои территории и влияние вдоль восточного побережья Индийского океана почти на всем протяжении XVII века [Subrahmanyam 2012: 141–145]. Мы можем наблюдать

---

[16] Испанские Филиппины, выступавшие в роли аванпоста испанского колониализма в Америке, были постоянным источником конкуренции с Португалией. Это соперничество усилилось во время Португальской войны за независимость, совпавшей по времени с упадком соглашения *padroado*. Основанное на предыдущих соглашениях с Римским престолом, *padroado* давало португальской короне широкие права в религиозных вопросах на ее территориях в Азии и в некоторых других частях света.

[17] Эти три имперские династии происходили от предыдущих Монгольской империи и империи Тимуридов. См. [Darwin 2007: 1–156; Parker C. 2010: 39–67].

сходные закономерности в разнообразных системах морской торговли того времени. В мире прибыли и товарообмена китайские, исламские и европейские торговые группировки заключали между собой кратковременные и ненадежные пакты. Иногда китайские и европейские силы образовывали коалиции против других европейцев, и, хотя португальцы опирались на местных азиатских помощников и вспомогательные войска, в 1620-е годы несколько тысяч португальских наемников находились на службе в разных азиатских государствах[18].

В смысле религиозных альянсов и лояльностей Европа тоже не являлась четко определенной действующей силой — даже в конкретной области миссионерской деятельности, как это было в Китае. В XVII веке трения между католическими миссионерами в Восточной Азии были очевидными в форме антагонизма между разными католическими орденами и значительных расхождений между членами Общества Иисуса. В разнообразных соглашениях со Святым престолом португальская корона гарантировала себе широкие полномочия в духовных вопросах на всех своих заморских территориях и осуществляла их уже с начала XVI века [Moffett 2005: 430–432]. Однако с появлением других европейских держав эта система соглашений — *padroado* — не привела к португальской монополии во всех азиатских миссиях. В сущности, католические священники, действовавшие под прикрытием *padroado*, часто сталкивались со священнослужителями из других европейских стран, как это происходило при соперничестве между французскими и португальскими миссиями, которое начало обостряться к концу жизни Чжу Цзунъюаня. Такие раздоры часто распространялись на отношения между иезуитами и их христианскими сторонниками. К примеру, во время «спора о китайских обрядах»[19] о приемлемости культа

---

[18] Последнее см. в [Subrahmanyam 2012: 269–274].

[19] «Спор о китайских обрядах» — спор в Католической церкви в период с 1630-х годов до начала XVIII века о том, являются ли идолопоклонством традиционные обряды китайских народных религий и подношения императору, совершаемые китайцами-христианами. — *Примеч. пер.*

предков разные группы европейских миссионеров и новообращенных китайцев рассматривали друг друга как оппонентов[20].

Все это предполагает, что нам не следует поспешно и схематично представлять небольшой мир Чжу Цзунъюаня как зону контакта между двумя четко определенными сторонами: Европой и Китаем. Взаимоотношения, образующие исторический каркас китайского христианства в XVII веке, были слишком сложны для построения таких двухсторонних моделей. Они не могут адекватно передать мировоззрения и когнитивные схемы многих важных действующих лиц той эпохи. К примеру, в XVII веке многие католические миссионеры вовсе не обязательно представляли Европу как целостную цивилизационную систему, и в отличие от многих протагонистов XIX и XX века они не проводили грубого различия между Западом и остальным миром. Характерно, что иезуиты сравнивали свою миссию в Польше и странах к востоку от нее со своей работой в азиатских обществах [Grzebień 2011][21] или что некоторые святые отцы считали жителей Бретани и Новой Франции (французских владений в Северной Америке) в равной мере невежественными людьми, нуждавшимися в просвещении и наставлении для лучшей жизни и веры [Delandres 1999: 261].

Каковы концептуальные альтернативы тому, чтобы поместить Чжу Цзунъюаня между Китаем и Европой? Мы не можем и не должны рассматривать его исключительно с китайской точки зрения. Хотя он, вероятно, никогда не покидал пределы своей родной провинции, его жизнь и работа выходили за рамки местного и даже китайского контекста. Он был составной частью других исторических реалий за пределами китайской культурной и религиозной среды: к примеру, его жизнь по праву занимает место в истории католицизма раннего Нового времени, которое, будучи официальной церковью с целым рядом отдельных тече-

---

[20] О позициях китайцев в этом споре см. [Standaert 2012].

[21] Разумеется, такие представления о Восточной Европе существовали и в Новое время, но они были основаны на концепции разрыва между более и менее развитыми обществами. См., к примеру, [Todorova 1997].

ний, переживало огромные перемены по мере своего распространения по всему миру. В более конкретном смысле биография Чжу Цзунъюаня была связана с историей одного из орденов Католической церкви, а именно Общества Иисуса. Иезуиты, члены этого общества, к тому времени уже действовали на нескольких континентах. Хотя Чжу никогда не приобретал официального членства в Обществе Иисуса, он бо́льшую часть своей жизни находился в тесной связи и сотрудничал с католическими миссионерами. Во многих отношениях он рассматривал себя как человека, преследующего с этими святыми отцами общую цель в их всемирной миссии. Однако это опять-таки не означало, что ради данной цели он пожертвовал своей верой в великие ценности китайской цивилизации, особенно конфуцианства.

Тогда как нам отдать должное этим двум определенно разным аспектам биографии Чжу Цзунъюаня и его межконтинентальным связям? Лучше всего сделать это путем сочетания макроскопической и микроскопической исторической перспективы. Для того чтобы сделать глобальное измерение его оседлой жизни более заметным, не следует его переоценивать, — иными словами, мы не должны преувеличивать глобальное историческое значение жизни и работы Чжу. Мы можем признать, что он во многих отношениях был вполне традиционным членом элиты в своем родном городе Нинбо. Помимо его непосредственных обязанностей и сочинительской деятельности, он даже не играл видной роли в китайских христианских общинах того времени. Но в качестве «Космы» Чжу Цзунъюаня можно рассматривать как одну из сторон контакта между разнообразными глобальными и локальными структурами. Его сочинения вписываются в два исторических контекста: всемирное католическое книгоиздание и процветающий книжный рынок поздней династии Мин. Вариант христианства, изложенный в этих текстах, согласуется с католическим мировоззрением XVII века и с конфуцианским ландшафтом того же периода. Сходным образом его местные христианские общины были частью всемирной церковной организации, пусть даже оставаясь глубоко укорененными в китайской общественной жизни.

Таким образом, многогранные аспекты жизни и работы Чжу занимают свое место в разнообразных, частично совпадающих контекстах. Более того, они способствовали более тесному переплетению этих контекстов, чем он сам мог представить на протяжении своей жизни. Действительно, можно рассматривать Чжу как одного из множества проводников, через которых две крупные системы, такие как всемирный католицизм и Китай эпохи поздней Мин, соприкасались друг с другом и влияли друг на друга. Такие крупномасштабные взаимосвязи на самом деле зависели от ролей, сыгранных довольно скромными и непритязательными персонажами вроде Чжу Цзунъюаня. В то же время Чжу и другие проводники не были независимыми действующими лицами, скорее они находились под давлением и испытывали ограничения, возникавшие в результате контакта между такими крупными и мощными системами, как Католическая церковь и Китай как государство и общество.

Расширение горизонтов исследования

Любая попытка объяснения сложных взаимосвязей между провинциальной жизнью Чжу Цзунъюаня и его ролью в глобальном распространении католицизма по необходимости должна опираться на научную литературу из разных областей исследования. Многие взгляды, изложенные в этой книге, основаны на уже существующих работах благодаря вопросам, которыми задавались предыдущие ученые: об истории христианства в Китае и на сходные темы. Академические труды об истории китайского христианства в период между XVI и XVIII веками за последние десятилетия претерпели ряд важных изменений, и то же самое можно сказать об исследовании более широких взаимодействий между Китаем и Европой. В общем и целом историческая наука все чаще акцентировала внимание на важной роли китайских прозелитов в формировании китайского христианства начиная с конца XVI века и далее. Это было значительным достижением, так как до 1980-х годов во многих из числа наиболее влиятельных исследований иезуиты представали в роли главных творцов синтеза между конфуцианством и христианством, который стал называться «методом аккомодации». Согласно этому прежнему мнению ведущие фигуры иезуитской миссии в Китае, такие как Маттео Риччи (1552–1610), обладали всеми необходимыми навыками для того, чтобы совместить христианство с аспектами культурной и общественно-политической среды Китая[22]. Многие авторы искренне предполагали, что знаменитый итальянский иезуит и его собратья из китайской миссии практически единолично разработали для такого синтеза изощренную теоретическую основу, которая опиралась на различные тексты — от канонических книг конфуцианства до Библии и сочинений древнегреческих философов[23].

Безусловно, такая интерпретация внедрения христианства в эпоху поздней Мин преуменьшала роль китайской стороны, превращая китайцев в пассивных реципиентов межкультурного послания, подготовленного для них европейскими миссионерами. Согласно многим сторонникам этой точки зрения, Китай лишь послужил сценой, на которой «поколение гигантов» было представлено миссионерами в роли главных актеров[24]. Как ни странно, та же самая идея — что метод аккомодации был создан исключительно европейскими миссионерами — лежит в основе некоторых, бесспорно, критических оценок политики иезуитов в Китае. Ряд ученых, которые считают синтез христианства и конфуцианства в поздней Мин и ранней Цин неким культурным навязыванием и узурпацией чужой истории, разделяют мнение о том, что китайская сторона лишь косвенно содействовала этому[25].

Но с течением времени научные исследования давали все больше оснований усомниться в такой однозначной интерпре-

---

[22] О разных историографических подходах к ведущим миссионерским фигурам, таким как Маттео Риччи, см. [Mungello 2012].

[23] См, к примеру, [Ricci 1985]. Более ранний пример, следующий той же гипотезе, см. в [Bettray 1955].

[24] Например, согласно [Dunne 1962].

[25] К примеру, [Zhang Qiong 1999; App 2010: 279].

тации. Во многих современных публикациях в этой области метод аккомодации рассматривается не как творение иезуитов, но как результат интенсивного взаимодействия между европейскими миссионерами и китайскими учеными. Несомненно, большинство миссионеров-иезуитов владело современным и классическим китайским языком и обладало внушительным знанием китайских традиций, но многие исследователи сходятся в том, что они не могли достичь профессионального мастерства, необходимого для сочинения таких книг в изящном стиле прозы династии Мин, какие появлялись на китайском книжном рынке под их именами[26]. Без активной поддержки со стороны китайских ученых им не удалось бы обеспечить толкование конфуцианских текстов, необходимое для того, чтобы сделать христианство как минимум теоретически приемлемым для ученой китайской публики. Китайские сотрудники, сделавшие это возможным, либо принадлежали к новообращенным христианам, либо были просто обученными поденщиками, которых специально нанимали для такой работы.

Представление европейского вероисповедания в эрудированном переложении на китайский язык было особенно необходимо для демонстрации связей между христианством и конфуцианством. Не менее важно было сочинение текстов с апологией христианства в таком виде, который был бы похож на китайские сочинения в этом жанре, — обычный перевод европейских текстов на литературный китайский язык того времени был бы недостаточен или неэффективен. Это было тем более важно, что китайская апологетика христианства того времени обычно изображала европейское вероучение как часть внутреннего потенциала конфуцианства. Такое требование должно было подкрепляться достаточно глубоким знакомством с этой традицией, ее концепциями, метафорами и текстами, основополагающими для конфуцианства эпохи поздней Мин и ранней Цин. Во многих христианских публикациях имелись обширные ссылки на авторитетные китайские тексты — от классического Пятикнижия до комментариев

---

[26] См., к примеру, [Standaert 1999; Mungello 2005: 15–30].

более поздних династий. Судя по всему, даже значимые аспекты европейской науки вызывали интерес у китайских читателей лишь в том случае, если они были представлены такими способами, которые демонстрировали глубокое знание китайской культуры и ее текстологических традиций[27]. Во многих отношениях исторические интересы, способствовавшие созданию метода аккомодации, можно сравнить с примерами из истории европейских открытий. Как местные проводники, которые сотрудничали с «первооткрывателями» и делились с ними туземными знаниями, становились бесценными помощниками, так и китайские ученые вносили свой неоценимый вклад в создание нового синтеза между конфуцианством и христианством.

Повышенное внимание, проявляемое современными историками к сотрудничеству китайцев в подготовке текстов для иезуитов, представляет собой лишь малую часть более обширных изменений всего поля исследований в этой области. В качестве общей тенденции существует растущий интерес к китайцам, принимавшим активное участие в создании китайского христианства XVII века [Mungello 2012]. Этот сдвиг сопровождался изменением академического сообщества, где в течение долгого времени доминировали теологи, историки европейских религиозных миссий и другие ученые, обычно не владевшие китайским языком[28]. Начиная с последней четверти XX века все больше ученых, принимавших участие в этой области исследований, были либо профессиональными китаеведами, либо учеными с солидным опытом китайских исследований[29].

---

[27] К примеру, первое сочинение иезуитов о западной астрономии, опубликованное на китайском языке, по всей видимости, потерпело в Китае неудачу, так как оно являлось более или менее прямым переводом европейского трактата. Следующий вариант, который по своей композиции, структуре и формату был гораздо ближе к китайским традициям, имел успех. См. [Magone 2012: 29n46].

[28] Это не подразумевает, что европейцы были склонны к евроцентризму в изучении данной темы. В сущности, многие ученые с европейским образованием и подготовкой весьма критично относились к позициям евроцентризма. См., к примеру, [Luzbetak 1988].

[29] См., к примеру, [Rule 1994; Standaert 1997; Zürcher 1995].

Параллельно этим событиям в западных академических кругах происходили изменения в научной среде авторов, пишущих на китайском языке. Хотя у дела изучения истории христианства было несколько видных представителей (включая ученого-католика Фан Хао) в первой половине XX века, после прихода к власти председателя Мао это поле исследований было заблокировано или по меньшей мере столкнулось с суровыми ограничениями в материковом Китае. Начиная с 1980-х годов и далее, особенно в последние несколько лет, в университетах Китайской Народной Республики возросла исследовательская активность, связанная с историей христианства эпох Мин и Цин[30], которая развивалась с оглядкой на сходные исследования в других странах. В результате сейчас появился внушительный корпус доступной китайской литературы, включающий подробные исследования на разные темы — от биографий отдельных китайских христиан до разнообразных контактов между китайцами и европейцами того периода[31]. Поскольку лишь незначительное меньшинство китайских историков знакомо с литературными источниками на латыни и европейских языках раннего Нового времени, их исследования сосредоточены главным образом на китайских текстах.

Эти перемены в китайских, западных и других университетах в целом привели к появлению множества публикаций, главным образом основанных на китайских первоисточниках. Результатом стал дальнейший отход от представления об исключительности миссионерской работы и в то же время более глубокое понимание местной специфики исторических контекстов христианства в Китае XVII века[32]. Все это значит, что китайские аспекты христианства больше не рассматриваются преимущественно как модификации европейского «экспортного товара». Истории ки-

---

[30] Более подробно об этом см. [Zhang Kaiyuan 2001].

[31] К примеру, об отдельных китайских христианах см. [Mao Ruifang 2011]. Примеры исследований на более широкие темы см. [Huang Yinong 2006; Li Shixue 2010].

[32] Благодаря расширению научной базы спектр китайских исторических документов, к которым обращаются при изучении христианства в Китае, тоже значительно расширился. Общий обзор этой темы см. в [Dudink 2000a].

тайских прозелитов теперь все чаще изучаются как часть китайского, а не европейского историко-культурного наследия. Такие ученые, как Эрик Цирхер, Николас Штендерт и Дэвид Мунджелло, уделяют пристальное внимание сложным общественным, политическим и культурным взаимосвязям поздней Мин и ранней Цин[33]. К примеру, они и многие другие исследователи стали больше интересоваться параллелями и хитросплетениями между Небесным Учением и распространением интеллектуальных школ, политических группировок и религиозных движений во время кризиса слабеющей династии Мин. Сходным образом изучение широкого спектра тесно связанных предметов — от истории науки до организации китайских христианских общин — придает бо́льшую весомость местной культурно-общественной среде как формирующей силе. В ходе этого процесса ученые становятся более чуткими к региональным различиям между разнообразными общинами китайских христиан[34].

Усиление акцента на общекитайском контексте привело к усложнению образа китайского христианства в периоды Мин и Цин. Если раньше ученые не обращали особого внимания на разнообразие черт характера китайских христиан, то начиная с конца 1980-х годов исследователи сосредоточили внимание на отдельных фигурах из множества прозелитов. Первоначально это относилось к известным личностям, таким как «Три столпа раннего китайского христианства» — ученым-чиновникам Ли Чжицзао (1565–1630), Сюй Гуанци и Ян Тинъюню, имевшим статус *цзиньши* — наиболее высокую ученую степень, присуждаемую в системе государственных экзаменов[35]. Потом ученые пе-

---

[33] Предыдущие труды этих авторов включают [Mungello 1994; Standaert 1988; Zürcher 1990a]. См. также [Liu Yu 2015].

[34] Предыдущие академические публикации действительно касались разных регионов Китая, но основной упор был сосредоточен на миссионерах. См., например, [Colombel 1895–1905; Margiotti 1958]. Более современные примеры синологических работ включают [Harrison 2013; Zürcher 1990b].

[35] Основополагающее исследование о Яне см. в [Standaert 1988]. Широкий спектр исследований о Сюе (под влиянием новых методологических тенденций), см. в [Jami et al. 2001]. Более раннее синологическое исследование о Сюе см. в [Übelhör 1968; Übelhör 1969].

решли к исследованию христианских убеждений среди других образованных китайских христиан, крестьянства и прочих социальных групп, не имевших доступа к адекватному образованию[36]. Этот разворот от истории знаменитостей к исследованию мнений и мировоззрений, распространенных в более широких нижних слоях общества, не ограничивался изучением китайского христианства. Вернее будет сказать, что обширное поле интеллектуальной и религиозной истории народа возобладало над подходом, сосредоточенным на элитных кругах — это означало, что идеи и убеждения низших социальных слоев удостоились более серьезного отношения в дискуссиях профессиональных историков [Grafton 2006: 10–11][37].

Так или иначе, историческая наука в последнее время стала более внимательной к разным типам китайского христианства и его окружения в переходный период между династиями Мин и Цин. Благодаря растущему количеству исследовательских проектов в этой области наше представление о христианстве в Китае стало гораздо более многообразным и не ограниченным перспективой ви́дения миссионеров-иезуитов. Возрожденный интерес к хитросплетениям христианской веры в Китае привел историков (не только китайских, но и остальных) к осознанию того, что даже неграмотные китайские прозелиты принимали участие в создании новых форм христианства. Это имеет немаловажное значение, поскольку во многих сельских общинах христианские скульптуры, символы и другие элементы христианской веры органично сочетались с буддийскими и даосскими обрядами, что иезуиты просто не могли контролировать в силу

---

[36] К примеру, см. [King 1998; Pan 2000]. Что касается христиан из низших слоев общества, материалы первоисточников о местных или специфических верованиях очень скудны, поэтому многим исследователям приходилось опираться на молитвенники для ученых — прозелитов и миссионеров, а также на сообщения иезуитов. В качестве примера для вышеупомянутого см. [Li Jiubiao 2007]. Другие важные работы в этой области см. в [Menegon 2010; Zhang Xianqing 2009].

[37] Область интеллектуальной истории стала более доступна для изучения межкультурных и глобальных контактов. См., к примеру, [Moyn, Sartori 2013].

малочисленности этих общин. Среди таких социальных групп культовые отправления и смешения с другими китайскими вероучениями оказывали сильное влияние на христианские обряды, как и вера в силу волшебства, заклинаний и амулетов [Li Jiubiao 2007]. Этот мир синкретизма был бесконечно далек от эрудированных, часто экзегетических дискуссий о конфуцианских и христианских концепциях между миссионерами и учеными китайцами.

Если восприятие нового вероучения в разных слоях китайского общества периода поздней Мин — ранней Цин принимало разные формы, то и современные публикации в этой области исследований также уделяют большое внимание разнообразным аспектам жизни иезуитов в Китае. Недавние работы, посвященные в основном европейской стороне христианской миссии в Китае, указывают на значительные различия, расхождения и даже конфликтующие линии в китайской общине иезуитов[38]. Авторы некоторых публикаций в равной мере обращают внимание на европейский и китайский контекст, в котором действовали такие люди, как Маттео Риччи или Джулио Алени (1582–1649)[39]. Другие исследования проливают свет на разносторонний характер деятельности иезуитов в Китае, включая научную работу, встречи и деловые отношения с представителями китайской бюрократии, научное сотрудничество и регулярные богослужения наряду с проведением отдельных обрядов, таких как исцеление священной силой креста[40]. Сходным образом члены Общества Иисуса не так уж тщательно выбирали круги своего общения, как было представлено в более ранних сочинениях. Действительно, некоторые иезуиты, такие как Иоганн Адам Шаль фон Белл (1591–1666), много лет работали при дворе императора, и большинство миссионеров регулярно контактировало с местными элитными кругами; тем не менее многие святые отцы проводили

---

[38] См., к примеру, [Brockey 2007; Brockey 2014].

[39] Хорошим примером биографии, примерно в равной степени основанной на китайских и европейских первоисточниках, является [Hsia 2010].

[40] Более подробно см. [Magone 2012].

значительную часть своего времени среди низших слоев китайского общества [Brockey 2007, chap. 8]. Это вполне правдоподобно с учетом того, что нескольким десяткам иезуитов в Китае эпохи поздней Мин к 1640-м годам удалось обратить в христианство десятки тысяч человек.

Широкое разнообразие социальных контактов и религиозных предприятий иезуитов в Китае в определенном смысле было наследием их далекой родины. Во многих европейских странах для клирика практическое использование христианской веры самыми разными способами было обычным делом: к примеру, он мог принимать участие в богословских диспутах и в то же время заниматься экзорцизмом. В современном мире мы более расположены считать такие элементы несовместимыми или даже взаимоисключающими, но в Европе XVII века высокая и низкая культуры не имели столь четкого разделения[41]. Такая позиция была совместима с духовным ландшафтом Китая XVII века, где высокообразованные ученые люди часто занимались отправлением ритуалов, которые через сотни лет считались бы «суевериями»[42].

В любом случае каналы связи и контактные зоны христианской миссии в Китае выходили далеко за пределы ученых бесед между начитанными людьми. Встреча между двумя чрезвычайно сложными и многонациональными мирами привела к изобилию новых интерпретаций, синкретизмов и творческих трений[43]. Небесное Учение могло принимать разные формы, что во многом зависело

---

[41] Введение в эту тему, основанное на современных научных представлениях, см. в [Blanning 2007, chaps. 7, 10].

[42] О последней классификации см. [Goossaert 2006: 320–322].

[43] Современные исследовательские тренды, которые я описываю, подрывают и обесценивают идею о том, что через христианскую миссию в Китае произошел контакт между двумя отдельными квазимонолитными культурами: конфуцианским Китаем и латинским христианством. В 1982 году французский синолог Жак Жерне опубликовал работу, где он рассматривает европейскую и китайскую культуру как монолитные сущности, которые не поддаются синтезу. Он предположил, что миссия была обречена на неудачу, поскольку концептуальные миры Европы и Китая слишком далеко отстояли друг от друга для полноценного общения и достижения межкультурного синтеза. См. [Gernet, 1990].

от индивидуальных особенностей китайских прозелитов и от европейских миссионеров с их разным социальным происхождением, личными связями, местными общинами, а в конечном счете с их специфическими религиозными толкованиями.

Вопросы, контексты и перспективы

В этой книге один человек — Чжу Цзунъюань — представлен в качестве отправной точки, позволяющей заглянуть в обширный и богатый мир китайского христианства XVII века с его разнообразными контекстами. Как будет показано, глобальные и локальные аспекты биографии Чжу неотделимы друг от друга; скорее, они находятся друг с другом в сложном переплетении. С одной стороны, провинциальная жизнь в Китае эпохи поздней Мин — ранней Цин была подвержена влиянию внешних сил даже за пределами портовых городов и торговых центров, таких как Нинбо. С другой стороны, общемировая динамика XVII века не формировалась отдельными глобальными процессами, но была совокупностью множества местных историй, переплетенных между собой[44]. Поэтому возможно и даже желательно изучать жизнь таких людей, как Чжу Цзунъюань, не по отдельности в контекстах его личной, региональной или всемирной истории, но в совмещении этих трех контекстов. Эти уровни анализа часто оказываются тесно связаны друг с другом — фактически сочетание локальной и глобальной перспективы составляет значительную часть современной литературы, которая ассоциируется с понятием всемирной истории. В частности, между такими родственными областями исследований, как микроистория и всемирная история, наблюдается растущий интерес друг к другу[45].

---

[44] О всемирной и международной истории в целом см., к примеру, [Iriye 2013; Conrad 2016; Manning 2003]. См. также [Sachsenmaier 2014a; Hunt 2015].

[45] См., к примеру, [Medick 2016; Andrade 2010; Gerritsen 2012; Zemon Davis 2011]. Более общий взгляд на взаимоотношения между микроскопической и макроскопической перспективой см. в [Colley 2007; Peltonen 2001].

Независимо от перспективы жизнь Чжу Цзунъюаня оставалась сравнительно малоизученной и на английском языке не было содержательных исследованной, посвященных ему[46]. Между 1940-ми и 1970-ми годами Фан Хао, видный историк китайского христианства, включил имя Чжу в некоторые справочные работы [Fang Hao 1947; Fang Hao 1967–1973, 2: 91–98], но на западных языках о нем было написано очень мало[47]. В Китае растущий интерес к христианским прозелитам в переходный период между династиями Мин и Цин привел к появлению нескольких недавних исследований о Чжу Цзунъюане, включая дипломные работы, докторские диссертации[48] и некоторые статьи[49], посвященные различным аспектам жизни Чжу и его работы.

Фрагментарную информацию о Чжу Цзунъюане можно найти в целом ряде источников, но совместно они представляют собой лишь приблизительный очерк его жизни, с несколькими светлыми пятнами, пробивающимися через смутную биографическую канву. Таким образом, даже если бы целью этой книги было составление биографии Чжу Цзунъюаня, относительная скудость сведений о личной и профессиональной жизни Чжу оказалось бы досадно недостаточной для глубокого понимания его личного развития, его непосредственного окружения и близких взаимоотношений. Было бы еще менее вероятно предоставить описание его внутренних надежд и опасений, включая личные причины его обращения к Небесному Учению[50].

---

[46] Главным западным сочинением о Чжу Цзунъюане до сих пор остается моя книга, написанная на немецком языке (где рассматриваются разные темы из этой монографии) [Sachsenmaier 2001].

[47] Эта неопубликованная диссертация, написанная по-французски, в основном посвящена аспектам философских принципов Чжу Цзунъюаня; см. [Okamoto 1969]. В своем капитальном сочинении о маньчжурском завоевании Китая Фредерик Уэйкман-младший вкратце обсуждает труды Чжу Цзунъюаня, в основном опираясь на текст Окамото [Wakeman 1985: 735–736].

[48] См. [Li Yeye 2008; Wang Zeying 2011; Hu Jinping 2007; Wen Liqin 2007; Zhao Dianhong 2006].

[49] См. [Mo Zhengyi 2016; Wang Zeying 2010a; Gong Yingyan 2006; Zhu Pingyi 2013].

[50] Что касается более известных китайских христиан, то доступные материалы позволяют историкам реконструировать значительную часть их биографий. Это особенно касается «Трех столпов» раннего китайского христианства.

Бóльшая часть этой книги посвящена изучению главных следов, которые Чжу оставил после себя, — его сочинений. Как было упомянуто, Чжу написал две монографии и несколько более коротких работ; мы также находим его имя в нескольких вступительных разделах других христианских книг. Я не буду обсуждать весь спектр предметов, рассматриваемых в его сочинениях, отдавая приоритет тем частям его трудов, где Чжу размышляет об интеллектуальных переменах, возникающих в результате столкновения местной жизни с глобальным вероучением. К примеру, среди этих частей есть его рассуждения о взаимосвязи культурной специфики с универсальной этикой и его соображения о важности зарубежных влияний в истории китайской цивилизации.

В нижеследующих главах обсуждаются разные грани жизни Чжу, и в первую очередь его трудов в местном и более общем контексте. В каждой главе один из аспектов личности нашего христианина из Нинбо рассматривается в качестве исходной точки для анализа множества локальных и более общих взаимосвязей и хитросплетений. Такой подход позволяет мне подробно исследовать ключевые элементы великой встречи двух грандиозных структур: Католической церкви, выходившей на глобальный уровень[51], и Китайского государства и общества периода поздней Мин. Взаимодействие между этими структурами и их соответствующими организациями необязательно было гармоничным, и возникающие трения могли приводить к непредусмотренным результатам. Сосредоточенность на конкретном человеке как на узловой точке сложных взаимосвязей вокруг католицизма XVII века, по моему мнению, позволяет нам стать более восприимчивыми к многообразному взаимодействию сил, идео-

---

См., к примеру, [Peterson 1982; Standaert 1988]. Творческий способ компенсации скудной информации первоисточников об отдельных людях через введение вымышленных персонажей в академическое исследование см. в [Mungello 1994].

[51] В последние годы растущее количество исследований посвящено изучению глобальных аспектов католической истории раннего Нового времени. См., к примеру, [Hsia 2005; Clossey 2008; Hsia 2006, chaps. 20–23].

логических и институциональных, сопровождавших этот контакт. В конце концов, Небесное Учение не являлось плодом исключительно духовных исканий и интеллектуальных усилий. Скорее, гегемонистские претензии, с одной стороны, и организационный контроль, с другой стороны, играли важную роль как в период его формирования, так и в дальнейшем.

В главе первой предпринимается попытка реконструкции фрагментов биографии Чжу Цзунъюаня посредством сочетания китайских и европейских первоисточников. Там показано, каким образом кругооборот провинциального и межрегионального товарного и культурного обмена влиял на жизнь портового города, такого как Нинбо. Также там отмечены важные общественные и экономические преобразования, помогающие нам лучше понять специфический подход Чжу Цзунъюаня к Небесному Учению, в том числе упадок некоторых образованных классов и приватизация конфуцианского учения в определенных кругах. Отчасти в связи с этим контекстом данный раздел представляет картину эпохальных кризисов, которые окружали и сопровождали жизнь Чжу Цзунъюаня и в конце концов привели к маньчжурскому завоеванию Китая. Там показано, как, будучи частью местной элиты и членом иностранной религиозной организации, Чжу Цзунъюань был вынужден тщательно лавировать между невзгодами своего времени. Становится ясно, что во многих отношениях ему приходилось жить в мире конфликтующих лояльностей и неразрешимых противоречий.

В главе второй показано, что противоречивые констелляции и непрерывные конкурентные баталии тоже были характерной чертой жизни Чжу Цзунъюаня в католических общинах. Кроме того, там рассматриваются ролевые модели поведения Чжу в качестве христианина, в том числе связанные с его жизнью ученого-конфуцианца и члена верхних эшелонов общества Нинбо. К примеру, он писал монографии о связи христианства с конфуцианством и выступал в роли связующего звена между местными христианскими кругами и европейскими миссиями, расположенными в разных регионах Китая. Однако там утверждается, что его жизнь как христианина не была — и не могла быть — полностью изолированной от китайской общественной жизни. Именно поэтому она характеризовалась множеством внутренних противоречий. Обе стороны контакта между католицизмом и китайским обществом должны были находить организационные компромиссы, и конечный результат не всегда делал Небесное Учение более приемлемым для китайской аудитории. Как и другие тексты в русле христианской апологетики, сочинения Чжу Цзунъюаня (которые обсуждаются в двойном контексте: книжного рынка поздней Мин и зарождающегося всемирного рынка католической литературы) были предназначены для продвижения к этой цели. Тем не менее они не могли решительно преодолеть конфликт между реальностями китайского христианства XVII века.

В главе третьей обсуждаются внутренние напряженности, характеризующие Небесное Учение на уровне идей, доктрин и концепций. Я привожу доводы в пользу того, что так называемый метод аккомодации был результатом не только ученых диалогов и аккуратного гносеологического синтеза, но и компромиссов, возникшим на основе контакта между двумя крупными системами влияния, каждая из которых имела свои амбициозные притязания и внутренние слабости. С католической стороны это был многогранный мир трений и противоречий, который привел к синтезу христианства и конфуцианства, и опорная конструкция этого синтеза была установлена к началу XVII века. Другой стороной диалога был не менее сложный и разнообразный, а иногда и противоречивый ландшафт конфуцианских учений, где антихристианские инициативы, санкционированные государством, оставались неизменным источником потенциальных угроз. Пользуясь сочинениями Чжу Цзунъюаня и их историческим контекстом в качестве главной точки отчета, я стараюсь доказать, что контуры Небесного Учения обозначались на зыбкой почве нейтральной полосы между прерогативами Вселенской церкви с одной стороны и Китайского государства времен поздней Мин — с другой стороны. На этой сильно пересеченной местности католицизму было трудно «китаизироваться» таким образом, который бы позволил ему органично вписаться в среду китайских учений XVII века или по меньшей мере добиться прочной связи с любым из главных конфуцианских лагерей того периода.

В главе четвертой рассматриваются способы, с помощью которых Чжу Цзунъюань пытался прийти к согласию с иностранным происхождением своей веры. Это было нелегкой задачей, так как по самым разным причинам Небесное Учение акцентировало внимание на идеях, обрядах и символах не китайского, но явно европейского происхождения. Кроме того, многие факторы культурной и интеллектуальной жизни эпохи поздней Мин практически не позволяли преуменьшить или нивелировать чуждые истоки христианства. Рассуждая в этом ключе, автор исследует, каким образом Чжу Цзунъюань мог анализировать взаимоотношения между универсальными ценностями и китайской культурой, между концептами «срединных государств» и «иностранных государств». Ради того чтобы выстроить свою аргументацию, Чжу глубоко проник в репертуар конфуцианского учения и китайской историографии. Как показано в этом разделе, именно здесь — создавая доказательную базу для межкультурного взаимодействия — Чжу был вынужден оперировать своими аргументами в строгих интеллектуальных рамках хорошо образованного конфуцианца.

Глава пятая сосредоточена на необыкновенно подробных представлениях о Европе и иезуитах в сочинениях Чжу. Он окрашивает Европу в цвета китайских идеалов конфуцианства, и его портрет этого континента подразумевает древний золотой век, описанный китайскими классиками. Сходным образом в трудах Чжу миссионеры-иезуиты предстают конфуцианскими мудрецами, прибывшими издалека ради помощи китайскому обществу, которое, с точки зрения Чжу, более не позволяло взращивать семена древнего знания. Как показано в этой главе, такая идеализация европейских концепций распространялась другими китайскими прозелитами новой религии наряду с европейскими миссионерами. Хотя это вовсе не означало, что подобные воззрения будут восприняты как должное китайскими читателями, они реагировали на другие, очень разные представления о Европе и католицизме, циркулировавшие в Китае XVII века. Ясно, что Чжу учитывал изменения в представлениях образованных китайцев о региональном и глобальном положении дел в соответствии с умножением их источников информации. Такие события, как испанская колонизация Филиппин, вызывали во многих китайских кругах озабоченность и тревогу о том, что христианство служит интересам европейских держав. Такие опасения, по моему мнению, усугублялись этническим самоопределением в организационной структуре католицизма эпохи поздней Мин. Вопреки универсальным идеалам, подразумеваемым в Небесном Учении, отдельным китайцам во времена Чжу Цзунъюаня фактически воспрещалось становиться христианскими священниками.

В эпилоге главные темы книги помещаются в более широкий и общемировой контекст исторических представлений о мире в период жизни Чжу Цзунъюаня. Там рассматриваются такие проблемы, как изменение роли разных религий на трансконтинентальных торговых маршрутах и их взаимодействия с различными, часто противостоящими друг другу силовыми структурами. Там показано, что история католической миссии в Китае является лишь незначительным аспектом глобальных преобразований и контактов, происходивших во всех краях света. В конечном счете все эти контакты и трения проходили через обычных людей, с их страхами и надеждами, и всем им приходилось пролагать путь для своих устремлений через многочисленные препятствия и ограничения. В личности Чжу Цзунъюаня есть нечто исключительное, но в то же время в своем интересе к идеям, далеким от его повседневного мира, и в убеждении, что они могут оказаться полезными для его собственного окружения, он имел множество единомышленников из других мест, с другими религиозными представлениями.

Глава 1
Провинциальная жизнь и ее глобальный контекст

Нинбо: между Китаем и остальным миром

Нинбо, родной город Чжу Цзунъюаня, расположен у входа в залив Ханчжоу на восточном побережье Китая. Как и сейчас, во времена династии Мин этот город был частью провинции Чжэцзян. На первый взгляд Нинбо не выглядел крупным торговым узлом; он был обнесен мощной стеной более чем восьмиметровой высоты, и в центральной части практически не имелось более высоких зданий[1]. Однако на протяжении почти всей истории Нинбо эта стена предназначалась не столько для оборонительных целей, сколько для защиты внутренней торговой зоны. Будучи портом в регионе с интенсивной коммерческой деятельностью, Нинбо был теснее связан с дальними торговыми маршрутами, чем большинство китайских городов со сравнимой численностью населения. В течение многих столетий этот город играл важную роль в системах товарообмена, соединявших низовья Янцзы с огромной и сложной системой китайских рукотворных каналов, а также с океаном. Через его порт проходили всевозможные товары, включая железо, слоновую кость и перец с юга, шелковые ткани с севера, древесину из Японии и фарфо-

---

[1] Хотя обычные люди проживали в одноэтажных домах, жилища состоятельных горожан были двухэтажными. См. [Fu Xuancong 2009, 3: 291, 428].

ровые, лакированные и бумажные изделия для заморской торговли[2].

После относительного упадка значение Нинбо снова возросло в XVI веке, когда центральное правительство ослабило ограничения на зарубежную торговлю, а гавань соседнего Ханчжоу — одной из крупнейших региональных метрополий Китая — начала зарастать илом[3]. Во времена поздней Мин в Нинбо находился ряд производств, в том числе ориентированных на экспорт. Другим свидетельством возрастающего благосостояния города были семь новых торговых факторий, основанных в непосредственной близости от Нинбо между 1468 и 1560 годами. В течение этого периода родной город Чжу Цзунъюаня снова превратился в один из главных портов Китая и с несколькими перерывами сохранял этот статус до начала XX века. Он также стал высокоразвитым финансовым центром, где располагались крупные правительственные учреждения[4].

Нинбо имел долгую историю связующего звена между Китаем и другими регионами. Тем не менее на протяжении значительной части жизни Чжу Цзунъюаня в первой половине XVII века он был лишен прежнего благополучия. Растянутый во времени кризис слабеющей династии Мин и наступающая консолидация правительства Цин сильно повлияли на северную часть провинции Чжэцзян[5]. Эти события усугубили экономический упадок в регионе Нинбо, где спад на домашнем и заморском рынке привел к перепроизводству и инфляции[6]. К этому добавлялось

---

[2] Об истории заморской торговли в Нинбо см. [Li Qingxin 2007]. О торговле фарфором см. [Pierson 2012].

[3] См., к примеру, [Shiba 1977].

[4] При династии Мин в Нинбо располагались такие учреждения, как Инспекция по делам морской торговли (*shibosi*), а впоследствии он служил гарнизонной штаб-квартирой войск Цин в провинции Чжэцзян. См. [Brook 1993: 250–251].

[5] Подробное описание см. [Fu Xuancong 2009, 3: 185–235; 4: 3–25].

[6] Более подробно на эту тему см. [Wills 1974: 6–10; Brook 1993: 252–253]. Эти работы основаны на предпосылке, что кризис в Нинбо продолжался лишь в 1628–1655 годах.

то обстоятельство, что власти уходящей Мин и усиливающейся Цин жестко ограничивали зарубежную торговлю и ввели суровые иммиграционные правила. Но такую политику, как правило, было трудно осуществлять — с учетом длинного морского побережья Китая и малочисленности таможенных чиновников. Более того, плохая работа государственных учреждений и коррумпированность чиновников открывали новые возможности для многих иностранцев, в том числе для купцов, соперничавших за прибыльные торговые потоки.

Тем не менее в середине XVII века сеть международных обменов Нинбо была ослаблена, хотя и не ликвидирована. Трансконтинентальные связи со своей долгой историей продолжали оказывать влияние на жизнь горожан. К примеру, в верхних эшелонах китайского общества в Нинбо и в других местах оставались модными зарубежные ткани и мебель [Zheng Yangwen 2012, chap. 6][7]. Другие потребительские привычки китайцев находились под влиянием глобальных преобразований того времени. Кукуруза уже стала в Китае известным злаком, несмотря на свое мексиканское происхождение. Табак, другое растение из Нового Света, получил такое распространение, что в 1639 году император Чжу Юцзянь, правивший под девизом «Чунчжэнь» («Возвышенное счастье»), под страхом смерти запретил его продажу в столице [Brook 2008: 121–123]. Императорский двор был сильно озабочен тем, что фермеры, особенно в низовьях Янцзы, отказывались от выращивания пищевых злаков и других основных продуктов питания ради более соблазнительного урожая, который в буквальном смысле превращался в дым.

Кроме того, значительная часть серебра, проходившего через руки Чжу Цзунъюаня, очевидно, имела зарубежное происхождение: в конце династии Мин употребление испанских серебряных монет с портретами европейских монархов и другими иностранными

---

[7] Некоторые из этих товаров поступали из Европы. Для эпохи, когда взаимоотношения между Европой и Китаем еще не определял империализм, нам нужно воспринимать эти аспекты европейской жизни в Китае как указание на культурную открытость Китая, а не признак западного превосходства. Размышления на эту тему см. в [Bentley 2007: 20–23].

мотивами было широко распространено в прибрежных областях [Wills 2011b: 54]. Однако эти испанские монеты необязательно были изготовлены из европейского серебра: во времена Чжу около половины мировой добычи серебра было сосредоточено в таких местах, как Потоси, на территории современной Боливии. Долгое путешествие этого серебра часто заканчивалось в Китае эпохи Мин, чья крупная экономика поглощала значительную часть всемирной выработки серебра, несмотря на усилия правительства по ограничению импорта [Flynn, Giráldez 1995; Brook 2008: 152–184][8].

Кроме того, Нинбо издавна был притягательным местом для внутренней и зарубежной миграции. При разных династиях в этом портовом городе размещались многочисленные мусульманские общины, а также другие торговцы из далеких стран. Источники поздней Мин сообщают, что в городских центрах экономически сильных регионов, таких как дельта Янцзы, личное знакомство с иностранцами не было чем-то необычным для большинства населения [Brook 2008: 264]. Поэтому, когда Чжу Цзунъюань прогуливался по оживленным улицам Нинбо, люди с явно некитайской внешностью все еще были довольно привычным зрелищем в городе, где уже давно существовали товарные производства и активная торговля. Среди мигрантов были португальцы и другие европейские торговцы, селившиеся на островах у побережья Нинбо с начала XVII века. То, как они называли Нинбо — Лиампо — являлось отражением развитой системы международного товарообмена[9]. Это название широко использовалось европейцами и, вероятно, было заимствовано из кантонского произношения — родного языка большинства китайцев, которые служили толмачами для португальских торговцев того времени[10].

---

[8]   См. также [Glahn 1996: 166–208].

[9]   Уже в середине XVI века португальский историк Жуан де Барруш упоминал о названии Лиампо как о неправильной транслитерации. См. [Barros 1988: 336–337].

[10] Во времена династии Сун Нинбо был известен как Минчжоу, а в письменных текстах город часто назывался Юн по названию главной реки или Сымин — по близлежащему горному хребту. О названиях Нинбо см. [Playfair 1971: 353–354].

Присутствие европейцев в регионе было одним из аспектов эпохи, начавшейся в XV веке, когда межконтинентальные контакты стали более обширными и устойчивыми. Кризис, разразившийся в середине XVII века, замедлил этот процесс, но не обратил вспять более долговременные преобразования. Были установлены новые морские маршруты между разными частями света, и дальняя торговля стала гораздо более масштабной [Pomeranz, Topik 2006]; активный обмен товарами широкого потребления, такими как хлопок, сахар, перец и другие специи, создавал новые связи между регионами[11]. В Китае, где государство регулировало значительную часть трансграничного товарообмена, как и в других азиатских странах, эта торговля контролировалась европейскими державами в значительно меньшей степени, чем предполагалось во многих более ранних исторических описаниях. Европейские торговцы и миссионеры были всего лишь одной из частей многокрасочного мира с взаимодействием множества разных игроков [McNeill, McNeill 2003: 155–212].

Возрастающее значение международной торговли оказывало сходное влияние на регионы с мощной экономикой, расположенные на разных континентах [Lieberman 2003; Lieberman 2009, esp. 494–576][12]. Китайские экономические центры, такие как расположенные на востоке Китая область Цзяннань и провинция Чжэцзян (родина Чжу Цзунъюаня), во многом развивались параллельно с европейскими центрами производства и потребления, такими как Англия или Голландия [Pomeranz 2001]. В таких регионах плотность населения достигала невиданного ранее уровня, в некоторых случаях не превзойденного даже в наши дни [Parker G. 2008: 1059]. Более того, в европейских и китайских экономических центрах растущая коммерциализация привела к особенно плотной населенности специализированных торговых

---

[11] Множество историков писали сочинения на тему всемирной истории товаров широкого потребления. См., к примеру, [Dalby 2000; Riello 2013; Beckert 2014; Mintz 1985].

[12] Либерман также указывает на значительное своеобразие китайского рынка, например на раннее начало культурной интеграции.

городов, и в этой протокапиталистической экономике произошло возникновение обширного и свободного рынка наемного труда на краткосрочной и долговременной основе [Fan Shuzhi 1990]. В течение большей части этого периода оба региона испытывали значительный рост городов, торговой активности и распространения новых технологий, связанных с интенсификацией всемирной торговли [Fletcher 1995: 3]. В этих и других местах возрастал уровень грамотности, а глобализация торговых рынков сопровождалась ростом социальной мобильности [Lieberman 1997: 464–470].

Эти связи и общие преобразования сопровождались притоком новых знаний и компетенций. Торговцы из разных частей света стали делиться сведениями о ценах и рынках сбыта в дальних краях, а в некоторых мореходных частях Азии импровизированный и упрощенный вариант португальского языка стал *lingua franca* для общения между европейцами и местными жителями [Subrahmanyam 2012: 292–293][13]. Новые технологии и связанные с ними навыки пересекали социальные границы, часто с помощью специалистов, которые покидали родину и предлагали свои услуги иностранным правителям. Сходным образом новые знания о далеких культурах распространялись во многих странах, стимулируя межкультурный интерес, — не только в образованных слоях европейского общества, но и в других частях света, включая Китай.

Некоторые ученые дошли до того, что стали обобщать эти сходства и взаимосвязи через такие концепции, как создание евразийской общности, или даже через идею о специфически евразийском раннем Новом времени[14]. Нам следует быть осто-

---

[13] Статус португальского языка как *lingua franca* сохранялся даже в период морского владычества Голландии; см. [Reinhard 2011: 35].

[14] Концепция глобального, или евразийского раннего Нового времени была темой жарких дискуссий, особенно с 1990-х годов. Обзор основных дебатов см. в [Bentley 2007]. Дальнейшие критические дискуссии, частично посвященные разным европейским регионам (критика касается использования терминов «ранний» и «новый»), см., к примеру, в [Pomeranz 2012]. Более ранний вклад в эти дискуссии см. в [Wong 2002; Subrahmanyam 1997].

рожными и не усматривать между этими общими направлениями слишком большое сходство: несмотря на взаимообмен, важнейшие аспекты общественного строя, политическая и интеллектуальная культура во многих регионах мира, включая Китай и Европу, оставались разными[15]. Тем не менее когда мы помещаем отношения между Европой и Китаем XVII века в глобальный контекст, эти два макрорегиона больше не кажутся совершенно различными. Действительно, многие путешественники того периода рассказывали о встречах со знакомыми реалиями в разных частях света. К примеру, в сообщениях иезуитов о Китае это большое и далекое царство не выглядит совершенно чужеземным или экзотичным[16]. Их описания были основаны на непосредственном восприятии растущих глобальных связей, особенно заметных в центрах морской торговли, таких как Нинбо.

Эпохальные кризисы

Китай во времена Чжу Цзунъюаня ни в коей мере не переживал золотой век. Напротив, значительная часть его жизни совпала с периодом упадка, смерти и разрушения. В течение десятилетий государство пребывало в состоянии полной дестабилизации, особенно начиная с 1600-х годов, когда Китай оказался под ударом нескольких кризисов, каждый из которых готовил почву для следующего. Цепочка мятежей и зарубежных вторжений в конце концов истощила ресурсы династии Мин. Более подробное знакомство с аспектами этой истории напоминает чтение захватывающего романа. Уже в последние десятилетия XVI века Императорский двор, возглавлявший государственное устройство великой Мин, был подточен раздорами между соперничающими фракциями, коррупцией и интригами. Некоторые императоры, или Сыновья Неба, добровольно уединялись в своем личном

---

[15] Краткое, но интересное обсуждение этой темы см. в [Hoffmann, Hu Qiuhua 2007: 312–316].

[16] Краткий обзор см. в [Sachsenmaier 2000].

мире; другие были вынуждены к этому. Одним из примеров служит император Чжу Юцзяо (девиз правления — «*Тяньци*», или «Небесное руководство», годы правления: 1620–1627), который провел большую часть своего правления, занимаясь плотницкой работой, пока страна переживала свой первый упадок под фактически авторитарным руководством евнуха Вэй Чжунсяня (1568–1627). Другие императоры умирали молодыми, оставляя за собой еще более юных и плохо подготовленных преемников; в общем и целом, обладатели высших государственных должностей сменялись, как мигающие огоньки. Совокупность действующих сил в центральном правительстве Мин и во всем государственном аппарате стала настолько сложной и насыщенной внутренними конфликтами, что даже самые эффективные и способные чиновники приходили в отчаяние[17]. В такой ситуации все больше чиновников покидало государственную службу в поисках более эффективного применения своих способностей. Другие ученые люди даже не мечтали сделать официальную карьеру, и мы можем причислить к ним нашего героя Чжу Цзунъюаня.

Однако дряхлеющую династию терзали не только внутренние раздоры и паралич государственного сектора. С первых лет XVII века (а в 1630-х годах положение только ухудшилось) целый ряд неурожаев поразил крупные регионы страны. Сочетание засух, наводнений и нашествий саранчи лишило средств к существованию множество людей во всех провинциях империи. По следам этой разрухи пришли эпидемии, тяжело ударившие по населению, ослабленному голодом и скудным питанием. Шаткая бюрократическая система мало что могла поделать для смягчения этих бедствий, особенно потому, что испытывавшее финансовые трудности правительство Мин постоянно увеличивало военные расходы и не существовало общественной кредитной системы для государственных займов. Вследствие этого китайский Императорский двор предпринял резкое повышение налогов, сильнее всего ударившее по крестьянам и ремесленникам. Голодное

---

[17] Общий обзор ситуации см., к примеру, в [Atwell 1988].

государство взыскивало доходы с голодающего населения: к примеру, в Нинбо налоги в последние годы династии Мин удвоились [Fu Xuancong 2009, 3: 185–186], несмотря на уже отчаянное положение многих горожан.

Обстановка в Китае становилась все более безнадежной. Источники того времени повествуют о продаже детей, убийствах и детоубийствах, ощущении безысходности и массовой безработице. Неудивительно, что во многих частях государства Мин, включая Нинбо и его окрестности, начались восстания и разбойные нападения. В 1620–1630-е годы призыв жителей соседних стран для солдатской службы в Северном Китае неоднократно приводил к мятежам и массовым волнениям. В то же время разные правительственные ведомства принимали меры против пиратов, приводившие к значительному кровопролитию. В 1627 году китайские войска сражались с мародером Линь Цилао, якобы сотрудничавшим с голландскими наемниками и даже объявившим себя императором [Там же: 190]. В середине 1630-х годов последовали ожесточенные сражения с Лю Сяном, который воспользовался состоянием, нажитым на морской торговле, для создания собственных вооруженных сил [Wang Ji 1967: 3770–3771]. В конце концов Лю покончил с собой на одном из своих судов, но лишь после долгого конфликта, оставившего полную разруху во многих регионах, включая прибрежные районы Нинбо. В более широком смысле общественное беспокойство и отчаяние быстро приводили к региональной неустойчивости и конфликтам[18].

Почти повсюду в государстве Мин положение было ненамного лучше. Группы изгоев и мятежников, сначала небольшие, в 1630-х годах, когда Чжу достиг зрелого возраста, значительно умножились. Многочисленные отряды мародеров (часто не получавших регулярного жалованья из-за налогового кризиса) состояли из мятежных солдат, иногда связанных с религиозными культами, такими как секта «Белого лотоса». Вместе с другими головорезами они создавали все более крупные вооруженные формирования, и уже через несколько лет повстанческие армии

---

[18] Более подробно об этом см. [Wakeman 1985, 2: 624–633].

общей численностью в несколько сотен тысяч человек действовали в нескольких регионах Китая, особенно в центральных и северо-западных провинциях. В начале 1640-х годов, после неудачной попытки объединения сил, командиры крупнейших армий приступили к систематическому расширению своих территорий[19]. Самый видный мятежник, Ли Цзычэн (1606–1645), который даже провозгласил создание новой династии, весной 1644 года завоевал Пекин, оставив небольшой выбор для императора Чжу Юцзяня, последнего официального наследника Драконьего трона, который повесился на дереве в Запретном Городе в возрасте 33 лет.

Но династия Шунь, основанная Ли Цзычэном, оказалась недолговечной — не потому, что остатки династии Мин объединились для ее свержения, но из-за существования другой силы, уже некоторое время представлявшей угрозу для Китая. В первые десятилетия XVII века союз кочевых племен (в основном чжурчжэней, но также монголов и представителей других народностей) превратился в сплоченную ударную силу под руководством харизматического лидера. К 1630-м годам эта сила обладала еще лучшей организацией, военными технологиями и боевым опытом. Целый ряд племен объединился под общим названием «маньчжуры» и провозгласил создание новой династии. Этот Правящий дом Цин уже занимал территории к северо-востоку от Великой Китайской стены [Guy 2002], но никто не мог предполагать, что он будет править до начала XX века и станет последней императорской династией в истории Китая.

Благоприятный момент для Цин наступил после того, как генерал династии Мин У Саньгуй выступил летом 1644 года с предложением о временном сотрудничестве. Командовавший Северо-Восточной армией Мин У, который отказался подчиниться мятежнику Ли Цзычэну, объявившему себя новым императором, возложил свою последнюю надежду на союз с маньчжурами. Но после вступления в столицу осенью 1644 года маньчжурские предводители поспешили изменить обстановку в свою пользу,

---

[19] Современное описание этих событий см. в [Brook 2010b: 242–259].

объявив Сыном Неба ребенка, облаченного в желтые одежды. Они смогли быстро укрепить свою власть и добиться официального статуса у своих влиятельных союзников из ханьских родов Китая[20]. В следующие несколько лет их объединенные войска проникли в южные части Китая, а такие важные регионы империи, как дельта Янцзы и провинция Чжэцзян, оказались под их владычеством к концу 1646 года. Примерно через год они утвердили свою власть на большей части территории Китайского государства.

Разумеется, династия Мин к концу 1640-х годов не была полностью уничтожена. Очаги сопротивления, часто сплоченные вокруг отпрысков Императорского дома Мин, сохранялись до начала 1680-х годов, но задолго до этого было ясно, что старая династия стала достоянием истории. Успешное основание династии Цин означало, что объединение племен, еще поколение назад способное выставить не более 70 000 воинов, завоевало империю, составлявшую 10 % земной суши и 35 % мирового населения [Struve 2004b: 1–2]. Руководство Цин старалось найти баланс между сохранением своей маньчжурской идентичности и переосмыслением себя в качестве законной власти, правящей в Китае. Его первоначальная политика отражала это противоречие: с одной стороны, каждый китайский мужчина был обязан носить типичную маньчжурскую стрижку, с выбритым лбом и длинной косой позади[21], а с другой стороны, новая династия стремилась к возобновлению конфуцианской системы государственных экзаменов, хотя и с введением квоты, гарантирующей маньчжурским кандидатам определенную долю ученых степеней и государственных должностей.

Отдельные части китайского общества, особенно на севере страны, оказывали династии Цин безусловную поддержку, тем более когда стало ясно, что она способна объединить и заново укрепить империю. Но на юге завоеватели столкнулись с сопротивлением, прежде всего среди образованных кругов. Сотни

---

[20] Наиболее подробным сочинением на английском языке, описывающим переход между династиями Мин и Цин, остается [Wakeman 1985].

[21] Краткое обсуждение этой политики см. в [Spence 1991: 38–39].

ученых людей совершили самоубийство, после того как осознали, что после поражения Ли Цзычэна правление Мин не может быть восстановлено в прежнем виде [Wakeman 1985: 600–604]. Некоторые регионы вступили в ожесточенные схватки, когда маньчжурские войска и их китайские союзники начали продвижение на юг, но это вооруженное противостояние было сломлено, когда стало ясно, что против новых правителей нельзя добиться согласованного и организованного движения. Все больше китайских городов и регионов шли на добровольную капитуляцию, чтобы избежать сурового наказания со стороны маньчжуров. Эти волны опустошения и невзгод прокатились и над Нинбо, вынуждая таких людей, как Чжу, тщательно маневрировать, чтобы остаться на плаву.

С учетом того, что бóльшая часть Китая находилась в огне, Чжу едва ли мог осознать, что кризис середины XVII века имел не только региональное, но и глобальное измерение [Rawski 2004; Rawski 2015]. Фактически жизнь Чжу примерно с 1616 по 1660 год совпала с бурным и жестоким периодом, который многие историки называют «глобальным кризисом XVII века», когда в разных частях света происходили крупные войны и восстания. Самые значительные примеры включают Тридцатилетнюю войну в Центральной Европе, династический переход в Китае, революционные события в Дании и Шотландии, гражданскую войну в Империи Моголов и неоднократные бунты в португальской Бразилии. Почти синхронное проявление этих кризисов породило массу исторических соображений и научных дискуссий. Некоторые ученые интерпретируют их как результат сочетания роста численности населения с жесткими административными мерами, которые не помогли справиться с экономическими и политическими проблемами [Goldstone 1993][22]. Другие объяснения сосредоточены на доступности новых военных технологий [McNeill, McNeill 2003: 199], а в некоторых исследованиях подчеркивается

---

[22] Другие исследователи указывают на кризис политического строя, возникавший в результате более непосредственных отношений между центральной властью и крестьянством. См. [Lieberman 1997: 525–529].

роль климата, проявившаяся в глобальном похолодании начала и середины XVII века, с его негативным воздействием на урожаи [Parker G. 2013].

Региональные кризисы и потрясения не были изолированными явлениями — война в одном регионе могла оказывать значительное влияние на другой. К примеру, Тридцатилетняя война в Европе, в сочетании с почти полным истощением серебряных рудников в обеих Америках и с политическим кризисом в Японии, привела к росту всемирного спроса на серебро и к его нехватке в Китае[23]. Это было ударом по крайне уязвимому аспекту китайской экономики в то время, когда фискальная система государства Мин уже была напряжена до предела, и усугубило налоговые проблемы Императорского двора. Более того, крупномасштабные военные действия на Западе причиняли ущерб китайской экономике из-за резкого падения европейского спроса на шелк, что ослабляло соответствующие отрасли китайской экспортной индустрии. Разумеется, в то время едва ли кто-либо мог постигнуть изменение взаимосвязей в системе всемирного товарообмена. Люди страдали у себя дома, будь то в Гамбурге или в Ханчжоу. И Чжу Цзунъюань был одним из них.

Поиск своего пути в неспокойные времена

Поскольку Чжу Цзунъюань умер около 1660 года, он не дожил до окончательного завершения военных действий между последними приверженцами династии Мин и династией Цин. Тем не менее он более десяти лет прожил в мире, где худшие бедствия уже закончились. Организационная структура Китайского государства изменялась, но, что более важно, она восстанавливала прежнюю связность и стабильность. По некоторым оценкам, затяжная агония Мин и рождение Цин обошлись Китаю в 15 миллионов жизней, однако вскоре уже могло показаться, что эти раны были нанесены в давно ушедшую эпоху.

---

[23] Научную дискуссию по этому предмету см. в [Brook 1999: 208, 289n140].

В те времена наихудшими местами для жизни в Китае были северные и северо-западные регионы, где война и природные катастрофы причинили наибольшее опустошение. Однако родной город Чжу вовсе не был обойден событиями, которые в европейском контексте того времени могли бы быть описаны как «четыре всадника Апокалипсиса». В годы правительственного коллапса — особенно вокруг 1644 года, после падения династии Мин, но до появления новых правителей на юге, — возникла сложная конфигурация местных элит, бандитов и народного ополчения, соперничавших за влияние в районе Нинбо ценой большого количества загубленных жизней [Wills 2004: 186–189]. Через год или два войска Цин обрушились на этот регион, и у нас есть свидетельства о чудовищных жестокостях по отношению к гражданским лицам. Один из жителей Нинбо писал об обез-главленных трупах, валявшихся на улицах, о реках крови и о без-утешной скорби выживших [Fu Xuancong 2009, 3: 4][24].

Эта тягостная ситуация не разрешилась и в 1646 году, когда маньчжуры захватили бóльшую часть провинции Чжэцзян. Там были ожесточенные стычки между группами, желавшими сдаться, и решительными поборниками сопротивления, такими как Армия вечной преданности, действовавшая в гористой местности вокруг Нинбо [Wakeman 1985: 734–736]. Напряжение достигло кульминации в 1647 году, когда патриотические силы при поддержке морского разбойника, который базировался на прибрежных островах Чжоушань, организовали антиманьчжурское восстание. Они были преданы, и мятеж закончился провалом, что привело к массовым арестам и казням, в значительной степени затронувшим образованные высшие круги Нинбо[25].

После неудачного мятежа войска Цин постепенно утвердили свою власть над региональной политикой. Они подавили последние очаги сопротивления в горах Сымин рядом с Нинбо и одновременно подтвердили полпомочия добровольно капитулиро-

---

[24] Перевод избранных описаний из первоисточников, свидетельствующих о зверствах маньчжуров во время покорения Китая, см. в [Struve 1993].

[25] Более подробно см. в [Jin Wei 1997; Struve 1988: 693–694].

вавших бывших чиновников Мин на их административных постах. Новое правительство быстро провело очередные провинциальные экзамены, которые по своей форме и содержанию были в целом основаны на прежней системе. Целью было привлечение чиновников, лояльных новой династии, поэтому государство допускало к экзаменам кандидатов из еще не покоренных провинций [Zhongguo renmin daxue qingshi yanjiuyuan suobian 1985, 1: 123]. Как и во времена династии Мин, многие кандидаты из провинции Чжэцзян успешно выдержали экзамен, причем большинство из них происходило из Нинбо и соседних округов [Cheng Xiaoli 2009: 11].

Новая стабильность была ненадолго прервана северной военной кампанией Цзэн Чэнгуна (известного в западных источниках как Коксинга — от китайского «госинъе», или «господин с императорской фамилией»), который оккупировал Нинбо и окрестности, но войска Цин через несколько месяцев отвоевали этот регион [Wakeman 1985: 573–587], и с тех пор город больше не подвергался вооруженным конфликтам. Впрочем, к тому времени Чжу Цзунъюань уже почти достиг конца своей недолгой жизни. Как ему удалось пережить эти бурные и бедственные времена? Хотя у нас есть довольно подробное представление об участи его родного города во время переходного периода между Мин и Цин и мы знаем, что он принадлежал к «покоренному поколению»[26], о самом Чжу сохранилось очень мало сведений. К примеру, его жизнеописание отсутствует в провинциальных ведомостях (*дифанчжи*), освещавших политические, общественные и культурные достижения регионального чиновничества. В этих сборниках содержалась информация о прошлых и нынешних местных элитах, в том числе биографии людей, пользовавшихся определенным влиянием. Однако там нет упоминаний о Чжу Цзунъюане, — возможно, потому, что наш христианин из Нинбо был недостаточно заметен, чтобы его могли включить в такие сочинения, как *Нинбо фучжи* под редакцией Цао Биньжэня 1733 года. Или же возможно, что имя Чжу было опущено

---

[26] О концепции «покоренного поколения» см. [Struve 2004a].

в этой работе времен средней Цин, поскольку в то время христианство считалось в Китайском государстве болезненной темой.

Горстка доступных источников проливает свет лишь на разрозненные фрагменты биографии Чжу Цзунъюаня, включая его позицию по некоторым наиболее спорным вопросам того времени. В поисках Чжу нам приходится взять на себя миссию фактологического анализа, который приводит нас к первоисточникам из разных исторических областей — от всемирного католицизма до местной общины Нинбо. Эта почти детективная работа с фрагментарными свидетельствами иногда требует такого погружения в детали, которое представляется утомительным. Один пример раскрывает уровень проблем, связанных с попытками составить представление о Чжу Цзунъюане, — это вопрос о годе его рождения.

Год рождения Чжу не имеет четкого упоминания ни в одном известном источнике. Фан Хао, китайский историк середины XX века, который считается автором первого научно-биографического очерка о Чжу, предполагал, что он родился в 1609 году [Fang Hao 1967–1973, 2: 91–92]. Фан пришел к этому выводу, сложив воедино отдельные фрагменты информации, которые содержатся в сочинениях Чжу. В предисловии к раннему изданию его труда «Ответы на вопросы гостя» отмечено, что автор написал его в возрасте 23 лет [Zhu Zongyuan 2001a: 1a], а в более позднем предисловии из репринта 1693 года указан тот же возраст[27]. Далее, в основном тексте «Ответов на вопросы гостя» содержится замечание, что иезуиты находятся в Китае уже 50 лет [Там же: 47b][28]. В местных хрониках девятый год правления императора Чжу Ицзюнь (девиз правления — *Ваньли*, или «Бесчисленные годы»; 1581) последовательно указан как год прибытия миссионеров. Фан Хао определил, что текст был написан около 1632 года, — таким образом, двадцатитрехлетний Чжу Цзунъюань должен был родиться примерно в 1609 году. Однако фрагмент из «Ответов», на который ссылается Фан, следует рассма-

---

[27] Об этом предисловии см. [Dudink 1993: 11].

[28] Первоначальный вариант с предисловием Цзан Нэнсиня был переиздан в Гуанчжоу в 1697 году.

тривать лишь как приблизительное указание, а не твердый исторический факт. Упоминая о том, что иезуиты находятся в стране уже пятьдесят лет, Чжу не стремился к исторически обоснованному утверждению, скорее он подчеркивал то обстоятельство, что иностранные миссионеры едва ли могли руководствоваться низменными побуждениями, так как ничего подобного не проявилось за десятилетия их пребывания в Китае.

Другой намек на дату рождения Чжу мы находим в манускрипте об истории Азии, написанном по-португальски Антонио де Гувеа (1592–1677), который служил миссионером в Китае с 1636 по 1665 год. В начале девятнадцатой главы своего сочинения де Гувеа сообщает, что другой миссионер, по имени Луиджи Бульо (1606–1682), был временно назначен руководителем большой миссии в Ханчжоу после смерти Жуанао Фроиша (1591–1638)[29]. В том же фрагменте де Гувеа упоминает о том, что в том году Косма (христианское имя Чжу Цзунъюаня) совершил путешествие из Нинбо в католическую миссию Ханчжоу для обряда крещения [Gouvea 2005, chap. 19][30]. Оба события, судя по всему, произошли одновременно, а поскольку Фроиш умер в 1638 году, это и был год крещения Чжу Цзунъюаня. Исходя из того, что двадцатитрехлетний Чжу был уже обращен в христианство к тому времени, когда написал «Ответы на вопросы гостя» и ранее сочинил небольшой текст о пользе христианства под названием «Трактат о разрушении предрассудков»[31], он не мог родиться раньше 1615 года, но, по всей вероятности, родился еще позже[32].

---

[29] Несколько биографий отдельных иезуитов можно найти в следующих исторических сочинениях: [Pfister 1932; Dehergne 1957].

[30] Об этой работе см. [Golvers 2000].

[31] В предисловии к «Ответам» Чжу Цзунъюаня другой новообращенный христианин, Цзан Нэнсинь, упоминает о Чжу как об авторе «Трактата». См. [Zhu Zongyuan 2001a: 3a].

[32] Фан в [Fang Hao 1967–1973, 2: 92] также цитирует китайские переводы выдержек из вышеупомянутого сочинения Гувеа, но не принимает в расчет временные рамки. Начало главы 19 (*Asia Extrema*) не содержит точной даты, но ее можно вычислить по дате смерти Фроиша.

Третье доказательство содержится в вышеупомянутом предисловии к «Ответам» и находится в раннем издании этого текста, сохранившемся во Французской национальной библиотеке. Труд Чжу вошел в ее собрание как часть старой Королевской библиотеки, но долгое время оставался неизвестным из-за неправильно оформленного каталожного заголовка [Sachsenmaier 2012][33]. В авторском предисловии Чжан Нэнсиня упоминается, что он впервые увидел неопубликованную рукопись летом 1640 года[34]. Сочетание этих косвенных свидетельств подразумевает, что Чжу было 23 года между 1638 и 1640 годами, поэтому он должен был родиться где-то между 1615 и 1617 годами.

Однако нам мало что известно о конкретных обстоятельствах рождения Чжу или о его родителях. Мы можем быть уверены, что он родился в семье, которая как минимум отчасти принадлежала к высшим эшелонам общества Нинбо. Чжу Ин, дед Чжу Цзунъюаня, занимал разные государственные посты, включая должность помощника провинциального уполномоченного по делам надзора за торговлей (аньча цяньши). Это была довольно высокая степень в жесткой административной системе Мин, помещавшая его в разряд 5а в девятиуровневой системе имперской бюрократии[35].

Мы вполне можем предполагать, что семья Чжу Цзунъюаня не полностью растеряла свое влияние после славных времен его деда. В то же время мы не можем понять, до какой степени трагедии той эпохи повлияли на их жизненные обстоятельства и семейные отношения. Однако нам известно, что в молодости Чжу имел средства для общего образования, которое в тот момент было доступно лишь для 10 % мужского населения. Впоследствии он получил привилегию обширного конфуцианского образования,

---

[33] Другие экземпляры работы Чжу не сохранились до настоящего времени.

[34] «Летом 1640 года господин Фэн Шиху впервые показал мне эту книгу» [Zhu Zongyuan 2001a: 1a]. Из текста предисловия становится ясно, что в то время «Ответы» еще не были опубликованы.

[35] Упоминание о Чжу Ине, деде Чжу Цзунъюаня, который получил степень цзюйжэнь в 1573 году, см. в [Dudink 2000a: 118]. Там также есть краткое упоминание о Чжу Цзунъюане и о его главных сочинениях.

открывавшего доступ к системе государственных экзаменов, где он добился значительного успеха. Хотя Чжу не добился наивысшей ученой степени (ее можно было получить лишь по результатам столичных экзаменов, проводившихся раз в три года), в 1646 году он прошел нижний уровень из трех государственных экзаменов первой ступени, что давало ему официальный статус *шэнъюань* (низшая из трех ученых степеней в системе государственных экзаменов). В течение долгого времени этот статус означал видное положение в обществе и получение государственной стипендии, которая предназначалась для поддержки обучения в официальных школьных учреждениях и подготовки к экзаменам более высокого уровня. Даже при значительном росте количества лиценциатов во второй половине династии Мин они представляли лишь малую часть китайского населения. Судя по разным оценкам, с середины до конца XVII века в стране имелось от 30 до 50 тысяч обладателей этой ученой степени при общем населении от 150 до 200 миллионов человек[36].

Однако Чжу Цзунъюань не довольствовался первой ступенью китайской экзаменационной лестницы. Через два года, в 1648 году, он выдержал первый экзамен на степень *цзюйжэнь* (в буквальном переводе — «зарекомендовавший [себя] человек»), сохраненную при династии Цин. Во времена поздней Мин обладание такой степенью было бы еще более престижным, и ее было труднее получить, чем в предыдущие столетия, поскольку, в то время как число обладателей нижних степеней сильно выросло, квота на степень *цзюйжэнь* оставалась ограниченной. К 1630-м годам лишь 2,6 % от всех официально зарегистрированных обладателей ученой степени прошли высший уровень провинциальных экзаменов и стали «зарекомендовавшими себя людьми» [Elman 2000: 140–143]. Если поместить это в более широкий контекст, в то время степень *цзюйжэнь* имело лишь 0,03–0,05 % от общего населения [Peterson 1998a: 715][37].

---

[36] Наиболее высокая оценка представлена в [Dardess 2012: 87]; нижнюю оценку см. в [Peterson 1998a: 713].

[37] О ранней Цин см. также [Ho P. 1967: 184].

Успех Чжу на императорских экзаменах дает нам не только общее представление о его образовании и общественном положении, но и намек на его политическую позицию во время ключевого этапа китайской истории XVII века. Участие в экзаменах 1646 и 1648 годов — первых в его провинции, проведенных при династии Цин, — показывает, что Чжу не принадлежал к числу активных противников маньчжурского правления в Китае и не вступил на путь пассивного сопротивления. Напротив, Чжу с самого начала должен был принять новую династию, а возможно, он принадлежал к значительной части высших классов Нинбо, которая поддержала Цин ради спасения города от разрушений еще до прибытия маньчжурских войск[38]. Однако нам не известно, занял ли Чжу такую позицию по убеждениям, из-за отчаяния или по другой причине[39].

Но нам известно, что сотрудничество Чжу с новым правительством не было нормой в ученых кругах Нинбо того времени. Как свидетельствует заговор 1647 года с целью свержения маньчжурской власти в городе, в то время, когда Чжу Цзунъюань выдержал первый экзамен и получил государственную степень ученого лиценциата, многие представители местной элиты были далеки от признания новой династии. Даже его единоверцы, китайские христиане или люди, близкие к христианским кругам, активно противостояли маньчжурам и пострадали за это, вплоть до смертных приговоров за их политические взгляды[40]. Одним из них был

---

[38] Об ученых, принимавших участие в экзаменах при ранней Цин, см. [Duan Lihui 2009]. О сторонниках Цин в Нинбо см. [Brook 1993: 264].

[39] В одной из дипломных работ, представленных в парижской Сорбонне в 1960-х годах, предполагается, что рассуждения Чжу Цзунъюаня о концепциях «срединного» и «варварского» были написаны в поддержку маньчжурского завоевания — не в последнюю очередь для того, чтобы заручиться доверием новых правителей; см. [Okamoto 1969]. Уэйкман следует этой интерпретации [Wakeman 1985: 734–736], но в сочинениях Чжу нет свидетельств в пользу такого предположения, а его главные рассуждения на эту тему можно найти в «Ответах на вопросы гостя», впервые опубликованных в 1642 году, задолго до маньчжурского вторжения.

[40] О судьбе Чжан Нэнсиня, а также о сдаче Чжу Цзунъюанем экзаменом в период ранней Цин см. [Gong Yingyan 2006]. См. также [He Zongmei 2003: 300].

Чжан Нэнсинь, который еще в 1642 году был достаточно близок к Чжу, чтобы написать предисловие к его «Ответам на вопросы гостя». В тексте Чжана содержатся наиболее личные замечания о Чжу Цзунъюане, сохранившиеся до настоящего времени.

Такое расхождение во взглядах между знакомыми людьми не было чем-то необычным: многие китайские католики и миссионеры оказывались на противоположных сторонах по вопросу об отношении к новым правителям Цин [Rule 2011]. Представляется вероятным, что те, кто избрал другой путь, обвиняли Чжу в низкопоклонстве и оппортунизме. Возможно, он аргументировал свое решение тем, что сейчас общество в первую очередь нуждается в мире и стабильности. Можно предполагать, что в 1650-е годы, когда правительство Цин постепенно находило равновесие между интересами и приобретало легитимность, личные трения между членами разделенных семей, друзьями и единоверцами начали ослабевать.

Прохождение экзаменов в 1640-х годах было более легким, чем до и после этого: во время первых экзаменов при династии Цин существовала расширенная квота на поступление, и это означало, что выдержать экзаменационные испытания удалось большему количеству кандидатов [Elman 2000: 140–143]. Новое правительство отчаянно нуждалось в новых служилых чиновниках, выходцах из ханьского большинства, хотя и ввело систему квотирования для создания группы ученых-чиновников маньчжурского происхождения. Кроме того, соперничество на местных экзаменах в Нинбо 1646 года и на провинциальных экзаменах в Ханчжоу 1648 года было более ограниченным, чем обычно. Многие образованные люди из Нинбо были арестованы или убиты во время смены власти в городе; другие могли уйти в подполье или же просто отказывались от прохождения государственных экзаменов при правительстве, которое они считали незаконным.

Так или иначе, после получения двух ученых степеней Чжу, как и многие другие, не выбрал для себя служебную карьеру: его имя не значится в соответствующих списках. Однако мы по крайней мере можем исключить вероятность, что карьера Чжу на государственной службе была невозможна из-за его христианской веры. Дело в том, что вступивший в должность окружной инспектор Нинбо и соседних регионов, по имени Тун Гоци (ум. 1684), чья жена была христианкой, давно имел связи с христианскими кругами [Zhou Yan 2013: 429–433][41]. Тун, племянник супруги императора Айсиньгьоро Фулиня (девиз правления — «*Шунь-чжи*», или «Благоприятное правление»), в итоге сам крестился в 1675 году, однако еще до этого он поддерживал строительство церквей и находился в тесном контакте с миссионерами и новообращенными христианами. Два христианских сочинения, опубликованных в то время с участием Чжу Цзунъюаня, включали предисловия, написанные окружным инспектором[42]. Таким образом, мы имеем все основания полагать, что Чжу имел хорошие связи с местным правительственным аппаратом.

Учение, вера и принадлежность

В период жизни Чжу Цзунъюаня *цзюйжэни* и члены их семьи пользовались большим уважением в местном сообществе, что подразумевало определенное влияние. Однако в то же время понятие государственной карьеры претерпело значительные изменения. В течение этого долгого периода разница между образованным средним классом и группами торговцев оказалась размытой [Feng Xianliang 2003]. Это было особенно заметно в богатом городе Нинбо: уже в начале правления династии Мин пахотные земли вокруг города все больше сосредоточивались в реках нескольких семей. По мере того как владение собственностью превращалось в основу экономической деятельности, многие члены верхних классов становились «конфуцианскими

---

[41] О Тун Гоци (с другой датой его крещения) см. [Hummel 1943, 2: 794].

[42] См. [Dias 1680] См. также [Gravina 1659]. Первое сочинение также снабжено предисловием Чжу Цзунъюаня. В этой книге ссылки на Мануэля Диаса относятся к Диасу-младшему, известному под китайским именем Ян Мано, которого не следует путать с его современником Мануэлем Диасом-старшим (ок. 1561–1639). О младшем и старшем Мануэлях Диасах см. [Leitão 2008: 99–100n1]. О Мануэле Диасе-старшем см. [Pina 2007].

предпринимателями», то есть учеными людьми, получавшими прибыль от торговли и сельского хозяйства [Wu Renshu 2007][43]. Такие новшества способствовали дальнейшему ослаблению традиционной роли ученых-чиновников.

Разумеется, изменчивая структура элиты порождала не только победителей. Параллельно с этим многие образованные семьи приходили в материальный упадок, особенно неискушенные в мастерстве извлечения прибыли. В их кругах преобладали варианты конфуцианства с жесткой позицией по отношению к богатству и власти, иногда доходившие даже до отрицания государства [Xu Lin 2004]. Таким образом, многие обладатели ученых степеней в местном сообществе отказывались от политических должностей и вместо этого, к примеру, вступали в благотворительные организации или религиозные группы. Некоторые делали это в силу необходимости — из-за малочисленности государственных должностей; для других это был принципиальный выбор, поскольку кризис поздней Мин сделал государственную службу непривлекательной, а иногда даже опасной[44]. Так или иначе, ученая степень, даже заслуженная тяжким трудом, больше не считалась входным билетом в китайский бюрократический аппарат.

Все это имело значительные последствия для характера самоорганизации и авторитета разных религий в китайских образованных кругах. В качестве общей тенденции проявилась бо́льшая склонность к частной сфере — не только по отношению к экономической и профессиональной жизни, но и в смысле этики и религии. Формы религиозности, имевшие сравнительно отдаленное отношение к государству, — буддизм, даосизм и некоторые синкретические верования, — испытали возрождение даже в наиболее элитарных кругах[45]. Эта трансформация четко просле-

---

[43] См. также [Brook 1993: 252–253, 266–268] (особенно о мелкопоместном чиновничестве в Нинбо).

[44] О социальных переменах в период Мин см. [Brook 1993: 311]. См. также [Elman 2000: 153].

[45] О культурном разнообразии во второй половине периода Мин см. [Bol 2008: 261–265]. Эрик Цюрхер говорит об «эффектном возрождении» буддизма ближе к концу периода Мин [Zürcher 1990b: 419].

живается в родной провинции Чжу, где с давних пор находились влиятельные буддистские центры, открытые для мирян [Greenblatt 1975: 122]. В Нинбо XVII века буддийские монастыри и храмы пользовались значительной финансовой поддержкой от состоятельных семей [Shiba 1977: 423–424; Brook 1993: 253–264]. Среди них был знаменитый храм Лоусинь, основанный при династии Тан и существующий до сих пор [Fu Xuancong 2009, 3: 435–436][46].

В юности Чжу Цзунъюань, по всей вероятности, был хорошо знаком с пересекающимися мирами конфуцианства, буддизма и даосизма. Скорее всего, кто-то из его ближайшего окружения или знакомых его семьи исповедовал буддизм, в то время как другие были ближе к даосским жрецам, а остальные уделяли наибольшее внимание конфуцианским текстам. В первом сочинении Чжу «Ответы на вопросы гостя» проявляется глубокое понимание этих религий. В более поздней работе «Сводный обзор о спасении мира» Чжу указывает, что он долго изучал «три учения» [Zhu Zongyuan 2001d: 1a–1b] — термин, используемый для конфуцианской, буддийской и даосской традиции. Впрочем, иное было бы крайне необычно, так как амбициозные молодые люди во время поздней династии Мин были обязаны знакомиться с этими учениями. Позднее Чжу, как и многие католические прозелиты из верхних эшелонов китайского общества, восстал против этого плюрализма религий, нападая на учения Будды и Лао-цзы и рассматривая свою христианскую веру не как отход от конфуцианства, но как его продолжение и усовершенствование.

Свод учений Конфуция, или — в более общем смысле «Школа ученых» (*жуцзя*)[47], составлял основу образования Чжу. Подготовка к императорским экзаменам требовала многолетнего прилежного изучения классических трудов конфуцианства и комментариев к ним; кандидаты также должны были иметь хорошие познания в китайской истории, ритуалах и классической

---

[46] Название храма «Лоусинь» было изменено на «Цита».

[47] Этот термин также обозначает конфуцианство как таковое. — *Примеч. ред.*

литературе[48]. Чжу было необходимо ознакомиться с официальным толкованием классических сочинений, которое все еще во многом опиралось на комментарии видных ученых эпохи Сун, таких как Чжу Си (1130–1200). Но наряду с официальной линией в начале XVII века существовали разнообразные школы конфуцианской мысли, и при знакомстве с трудами Чжу складывается впечатление, что он глубоко разбирался в этих течениях.

Мы не можем точно знать о принадлежности Чжу к какому-либо из конфуцианских объединений, действовавших в Нинбо во время его жизни[49]. Нам лучше известны обстоятельства, вызвавшие интерес Чжу к Небесному Учению, которые привели к его крещению в довольно молодом возрасте. Чжу упоминает о своем пути к обращению в новую веру в одном из редких фрагментов, где он говорит от первого лица. В начале своей второй монографии, «Сводный обзор о спасении мира», он утверждает, что пришел к болезненному осознанию бренности человеческого бытия, тщеты мирской славы и ограниченности человеческого разума, а также к мысли о том, что даже духи должны находиться в подчинении у высшего существа. Он добавляет, что подробно изучил «три учения» и в конечном счете обнаружил, что ни одно из них не предлагает путь к правильному и подлинному смыслу жизни, во всяком случае в их нынешнем виде [Там же]. После упоминания о знакомстве с христианскими книгами Чжу пишет: «Совершенно естественно и без малейших задних мыслей я начал открыто говорить: "Это истинный Путь! Это истинный Путь! <...> Я и раньше считал свое мнение правильным, но теперь оно поистине верное... Какая удача могла привести меня к знакомству с этими принципами?"» [Там же: 2–2b].

В своем более раннем «Трактате об устранении сомнений о христианстве» Чжу пишет, что он *внезапно* был пробужден из нереального мира мнимых образов и сновидений словом Владыки Небесного [Zhu Zongyuan 2001с: 1a–1b]. Этот фрагмент

---

[48] Более подробные сведения о подготовке к экзаменам см. в [Peterson 1998a: 709–712].

[49] Общий обзор см. в [Fu Xuancong 2009, 3: 418–419].

помещен в метафору сновидения, образующую начало и конец короткого текста: во вступительной части Чжу описывает свое духовное пробуждение (*цзюэ*) с обретением христианства, а завершает текст рассуждением, что если его читатели распознают лежащий в основе принцип земли и неба, то они тоже могут пробудиться от сна и жить в иной, высшей реальности. Во времена Чжу рассказы о личном просветлении были распространенной темой в разных ветвях китайской литературы, включая буддийские трактаты, общие размышления о нравственности и неоконфуцианские тексты [de Bary 1975: 183][50]. Эта метафора, где используется привычная концепция спонтанного обретения Пути (Дао), имеет буддийское происхождение и особенно характерна для старинного китайского учения чань-буддизма. Таким образом, мы можем рассматривать слова Чжу преимущественно как литературную преамбулу, но у нас нет веских оснований полагать, что наш герой на самом деле не испытал внезапное осознание, которое он рассматривал как определяющий момент своей жизни.

Вполне возможно, что его обращение произошло очень быстро, — возможно, в результате озарения. Другие личные соображения, которые могли подтолкнуть Чжу к обращению в христианство, остаются неясными. Возможно, он находился в поисках духовной опоры во времена политического кризиса и социальных потрясений; при этом он мог испытывать определенную неудовлетворенность существовавшими тогда школами конфуцианства. У нас нет исчерпывающего ответа, каким образом эта неудовлетворенность могла привести его к вере в христианского Бога: исходный материал слишком ограничен, чтобы прийти к ясному выводу. Однако мы можем быть уверены, что довольно быстрое решение о крещении не означает, что Чжу не испытывал интеллектуального интереса к христианской религии, — фактически его труды демонстрируют обратное. Более того, как и в случае с многими другими китайскими христианами, мы не должны интерпретировать обращение Чжу в христианство

---

[50] О просветлении Ван Янмина см., к примеру, [Tu Wei-ming 1976: 95].

как акт отречения от всех остальных традиций[51]. Даже под своим новым, христианским именем Косма он продолжал солидаризироваться с конфуцианскими учениями и считал их нормы и ценности абсолютно совместимыми с миром Владыки Небесного, христианского Бога. Тем не менее он критически относился к некоторым толкованиям конфуцианской традиции — точно так же, как он был твердым противником буддизма и считал даосизм мошенническим учением. Однако совсем не ясно, было ли его крещение причиной такого неодобрения, или же оно придало ему новую, более выразительную форму.

Иезуитские источники сообщают, что Чжу Цзунъюань вырос вне христианского окружения и что он был первым членом своей семьи, который обратился в христианство. Его родители, согласно вышеупомянутому манускрипту Антонио де Гувеа, изначально были настроены против христианской религии, и Чжу Цзунъюань не рассказывал им о своем крещении до возвращения из Ханчжоу. Однако де Гувеа сообщает, что его родители заинтересовались христианством, когда выслушали объяснения сына, который затем пригласил в Нинбо отца Луиджи Бульо из миссии иезуитов. Судя по всему, его мать крестилась во время визита Бульо [Gouvea 2005, chap. 19][52].

В другом иезуитском манускрипте, под названием *Sinarum Historia*, написанном Фомой Дунином-Шпотом, вероятно, в самом начале XVIII века, содержится дополнительная информация о семье Чжу[53]. Опираясь на иезуитские источники XVII века, Дунин-Шпот сообщает о визите в Нинбо в 1641 году Жуана Монтейру (1602–1648), который упоминает о трех братьях — Петре, Косме и Матфее «de familia Chu Literatorum», то есть об

---

[51] О термине «обращение» в контексте мировоззрения китайских апологетов христианства см. [Mungello 1994: 144]. О разных типах религиозного обращения в целом см. [Rambo 1993].

[52] Гувеа дает понять, что Бульо приехал в Нинбо вскоре после того, как получил приглашение. О визите Бульо см. также [Le Petit Messager 1911–1939: 173–174].

[53] Сочинение Дунина-Шпота состоит из двух томов, освещающих периоды с 1580 по 1640 и с 1640 по 1657 год. Об этом сочинении см. [Golvers 2000: 196–197].

ученой семье Чжу [Dunin-Szpot 1690, 2: 10][54]. Христианские имена братьев указывают на то, что все они были крещены. Фактически в XVII веке для целых семей обращение в христианство с одновременным крещением не было необычным явлением [Zürcher 1987: 124]. Дунин-Шпот пишет, что трое братьев были известны своим превосходным характером и глубокой верой. Он в особенности подчеркивает интеллект, прилежание, доброту и дружелюбное отношение Космы [Dunin-Szpot 1690, 2: 10]. О китайских именах братьев Чжу точных сведений нет[55].

Хотя Чжу и члены его семьи не были первыми христианами в Нинбо, следующие поколения христиан, судя по всему, считали их ранними адептами новой религии. Миссионерская деятельность в этом городе началась с раннего детства Чжу, когда иезуит Родриго де Фигуредо (1594–1642) посетил округ Нинбо в 1627 году. За год до этого новообращенный китаец вернулся из Пекина и основал несколько христианских общин в сельской местности вокруг Нинбо [Standaert 2000c][56]. На следующий год, когда Фигуредо приехал в город, он окрестил более 80 верующих и таким образом заложил основу для католической общины Нинбо [Dehergne 1957: 19], к которой впоследствии присоединился Чжу Цзунъюань. Предположительно, христианские тексты, с которыми Чжу Цзунъюань, по его словам, познакомился

---

[54] См. также [Fang Hao 1967–1973, 2: 93]. О пребывании Монтейру в Нинбо см. [Pfister 1932: 245–246].

[55] Поскольку среди близких родственников не было редкостью иметь один или два общих иероглифа в именах, возможно, что Чжу Биюань из Нинбо был братом Чжу Цзунъюаня. Имя Чжу Биюаня можно найти рядом с именем Чжу Цзунъюаня в списке ученых, внесших свой вклад в один из текстов Жуана Монтейру. См. [Monteiro 2000]. О публикации и ее дате см. [Xu Zongze 1949: 337–339]. Некий Чжу Цзунвэнь из Нинбо, который, как и Чжу Цзунъюань, выдержал экзамен на степень *цзюйжэнь* в 1648 году, не мог быть одним из четырех родственников, так как есть свидетельства о его активных занятиях буддизмом в 1651 году. Экзаменационный список содержится в [Siku quanshu 1736: 522, 699]. В 1651 году Чжу Цзунвэнь опубликовал *Liuxiang yixian* [«Обзор (буддийских) монастырей на реке Люсян»]. См. [Brook 1988: 171].

[56] См. также [Pfister 1932: 258].

в ранней юности, происходили из книжных собраний других католиков в его родном городе[57].

Чжу Цзунъюань был заметной фигурой в христианской общине Нинбо, особенно после 1647 года, когда смена династий утвердилась окончательно. Помимо его связей с новым политическим руководством и, предположительно, с влиятельными кругами местных элит, Чжу поддерживал тесные связи с европейскими миссионерами. Несколько таких визитов имеют письменные свидетельства: к примеру, кроме Жуана Монтейру, Чжу Цзунъюань пригласил Мануэля Диеша-младшего (1574–1659), который тогда возглавлял христианскую миссию в Ханчжоу, посетить его родной город[58].

Впоследствии присутствие миссионеров-иезуитов в Нинбо и его окрестностях стало менее заметным. С 1646 по 1650 год единственным иезуитским священником во всей провинции Чжэцзян был Мартино Мартини (1614–1661), и он лишь изредка посещал город [Le Petit Messager 1911–1939: 236–238][59]. Не сохранилось никаких записей о посещении Нинбо иезуитами в течение 1650-х годов, но возможно, что Франческо Бранкати (1607–1671), который жил в Шанхае с 1649 года, несколько раз приезжал туда[60]. Иными словами, крайняя ограниченность штатного состава иезуитов в Китае начиная с 1640-х годов затронула и христианскую общину Нинбо. Это ограничивало возможности личного контакта с миссионерами, особенно для человека, жившего вдалеке от активных центров христианской деятельности, таких как Пекин, Шанхай или Ханчжоу.

В последние годы своей жизни Чжу Цзунъюань сблизился с доминиканскими миссионерами, которые начинали разворачи-

---

[57] См. [Gouvea 2005, chap. 19], где сказано о решении Чжу поехать в Ханчжоу после чтения христианских книг. Лишь после этого он сообщил родителям о своем крещении.

[58] Об этом визите и о приглашении Чжу Цзунъюаня см. [Mungello 1994: 19]. См. также [Gouvea 2005, chap. 19].

[59] О Мартини см. [Mungello 1994: 19–28]. Есть свидетельства, что в 1648 году Нинбо посетил Джулио Алени, но у нас нет никаких подробностей [Dunin-Szpot 1690, 2: 85].

[60] О Бранкати см. [Dehergne 1957: 35].

вать свою проповедническую деятельность в провинциях Чжэцзян и Фуцзянь [Menegon 2010: 102–106; Biermann 1927: 92–93]. Активность доминиканцев беспокоила иезуитов и привела к призывам о подкреплении. К примеру, в письме генералу ордена в Риме от 1651 года Франческо Бранкати запросил больше новых миссионеров для противодействия «нищенствующим монахам» от захвата иезуитской миссии в области Цзиннань [Sebes 1978: 196]. Отношения между двумя орденами после прибытия доминиканцев в Китай в 1630-х годах были напряженными, поскольку иезуиты рассматривали их не только как соперников, но и как подрывную силу для их миссии в Китае[61]. Визиты доминиканцев в важные места, такие как Нинбо, по всей вероятности, воспринимались в иезуитских кругах как вторжение доминиканцев в христианскую общину, давно находящуюся под попечительством иезуитов. Политические и межрелигиозные распри, уходившие корнями в Европу, начиная с 1640-х годов и далее сделали уже и без того напряженные отношения почти враждебными.

До какой степени Чжу Цзунъюань мог быть в курсе локальной и глобальной конкуренции между разными ветвями Католической церкви и насколько это могло тревожить его? Трудно ответить на эти вопросы; мы вполне можем предполагать его осведомленность о том, что *ecclesia catholica* не всегда была прибежищем любви, дружбы и гармонии. К примеру, часто случалось, что высокообразованные адепты новой религии погружались как минимум в теологические аспекты тех ожесточенных дебатов, которые велись в Священной курии. Иезуиты иногда спрашивали новообращенных об их мнении насчет раскола в отправлении церковных обрядов и по другим спорным вопросам [Zürcher 1994: 31–32]. Доминиканцы организовывали встречи с христианскими учеными в разных местах, включая Чжэцзян, где обсуждали свои споры с иезуитами. Одно из таких собраний произошло в Нинбо в 1659 году с участием как минимум семи доминиканских миссионеров [Biermann 1927: 98].

---

[61] О доминиканской миссии в Китае см. [Menegon 2010].

Неизвестно, присутствовал ли Чжу на этом собрании, поскольку к тому времени его здоровье, возможно, уже пришло в упадок.
Но мы знаем, что в следующем году доминиканец Хуан Баутиста
де Моралес (1597–1664) засвидетельствовал безвременную кон-
чину Чжу Цзунъюаня. Фактически Моралес лично соборовал
Чжу Цзунъюаня в Нинбо [Margiotti 1975: 180n15][62]. Как он пишет
в своей работе *Relatio et Libellus Supplex*, написанной в провинции
Чжэцзян и опубликованной в составе его более обширного сочинения в 1699 году, Чжу Цзунъюань умер в 1660 году [Morales
1699: 74][63]. По его словам, Чжу был ученым человеком, глубоко
сведущим в делах христианства, и автором трактата «Ответы на
вопросы гостя», его самой популярной книги.

---

[62] В 1659 году Моралес уплыл из провинции Чжэцзян в Манилу. См. также
[Biermann 1927: 94].

[63] О Моралесе см. [González 1955–1967, 1: 21–25].

Глава 2
Вселенская организация христианства и жизнь китайского христианина

По следам автора

Нельзя сказать, что к концу своей жизни Чжу Цзунъюань оставил потомкам выдающееся собрание сочинений; тем не менее он создал ряд значительных текстов. Две монографии и несколько опубликованных эссе составляют основной корпус его работ, но он также участвовал в подготовке трудов, написанных китайскими прозелитами и европейскими миссионерами. Тексты, написанные Чжу, были почти исключительно посвящены поддержке Небесного Учения, то есть разбору сочетания религиозных, этических и политических вопросов. Но по сравнению с некоторыми другими новообращенными китайцами он никогда глубоко не вникал в такие предметы, как европейская математика или мировая география. Как писатель он не уделял особого внимания и другим темам, распространенным в Китае в его время, от популярной литературы до путеводителей.

Сам Чжу определенно не рассматривал свои сочинения как специфически «христианские», и мы тоже не будем этого делать. Разумеется, он делился с читателями основами Писания, но все его тексты были написаны в духе конфуцианской традиции и задумывались в качестве оперативного вмешательства для исправления ситуации в том, что Чжу Цзунъюань рассматривал как кризисный период этой традиции. В общем и целом, мы можем поместить сочинения Чжу в два основных контекста книжного производства и распространения. С одной стороны, они принадлежат к истории китайского книжного дела XVII века. С другой стороны, их нужно понимать в контексте глобального распространения католических сочинений в XVII веке. Китайский книжный рынок эпохи поздней Мин — ранней Цин, подвергшийся общему влиянию кризисов переходного периода, тем не менее был оживленным и процветающим. Фактически родной регион Чжу Цзунъюаня, находившийся на стыке восточной части области Цзяннань и северной части провинции Чжэцзян, был важным центром китайской книжной культуры. Здесь сравнительно высокий процент образованного населения, особенно в некоторых городах и их окрестностях, обеспечивал мощную базу читателей. Это неудивительно, поскольку средний уровень жизни в этом экономически развитом регионе был одним из наиболее высоких в Китае наряду с уровнем грамотности.

Тем не менее книжный рынок в том виде, как он развивался с середины правления династии Мин, отражал процесс фрагментации системы, где высокая культура оставалась жестко отделенной от культуры популярной [Li Bozhong 2001][1]. Теперь происходило слияние этих культур, поскольку состоятельные люди покупали книги, варьировавшие от популярных романов до порнографии. В то же время рыночные условия оставались благоприятными для религиозных книг и нравоучительных текстов — от учебников для прохождения экзаменов до буддийской литературы. К примеру, в период литературной деятельности Чжу были в ходу сочинения, посвященные сближению позиций между буддизмом и конфуцианством. В такой среде его работы по апологетике христианства и его связи с конфуцианским учением не были чем-то необычным.

Менее обычным было предпочтение христианства буддизму, однако литература с попытками синтеза разных религий тоже стала процветающим жанром. Как и в других религиозных тек-

---

[1] См. также [Chow 1994: 22; He 2013: 245–248].

стах, христианских или иных, в своих сочинениях Чжу обычно пользовался разговорной речью. Тем не менее хотя он старался выражаться понятно, он включал в некоторые разделы текста такое обилие скрытых или явных ссылок на классические конфуцианские трактаты, что лишь высокообразованные люди могли уловить их смысл. Вероятно, не слишком удивительно, что в качестве физического товара христианские книги в Китае не нарушали китайских общепринятых условностей того времени. Хотя уже входил в употребление наборный шрифт, но литература, связанная с Небесным Учением, обычно воспроизводилась копиистами и граверами, которые вырезали символы в зеркальном отображении на деревянных ксилографических табличках, соскабливая поверхность дощатого блока между ними [Brook 2010b: 197]. В период жизни Чжу город Нинбо, наряду с такими местами, как Сучжоу и Ханчжоу, был одним из центров изготовления книг [Li Bozhong 2001: 94–107].

Тем не менее нельзя упускать из виду второй главный исторический контекст, в котором находились сочинения Чжу Цзунъюаня: всемирный рынок католической литературы. Действительно, в то самое время, когда Чжу писал свои книги в Нинбо, другие тексты, связанные с Римской католической церковью, издавались на многих языках от Мезоамерики на западе до Японии на востоке [Hsia 2005: 182–186]. В большинстве стран христианская литература, переведенная на неевропейские языки, была представлена в основном литургическими или молитвенными текстами. Китай был исключением, так как значительная часть текстов, написанных иезуитскими миссионерами, новообращенными христианами или смешанными группами, была связана с разными областями европейской науки, включая географию. Согласно одной оценке для XVII века, из 590 изданий по меньшей мере 120, или около 20 %, было связано с предметами, не имевшими прямого отношения к христианству [Standaert 2008b: 177–178].

Иезуиты очень быстро научились пользоваться благоприятными условиями китайского книжного рынка ради собственной выгоды: в конце концов, мало где в мире значительная часть населения была не только грамотной, но и могла позволить себе покупку книг[2]. Распространение европейской науки, картографии, мнемотехники и других областей знания в Китае было составной частью кампании прозелитизма, осуществляемой орденом иезуитов. Поскольку многие представители китайских высших классов проявляли желание знакомиться с чужеземными научными традициями, существовала надежда на то, что это желание укрепит доверие и создаст предпосылки для принятия и распространения христианства. В некоторых случаях, как произошло с высокообразованными прозелитами вроде Ли Чжицзао и Сюй Гуанци, это оказалось эффективным. Вероятно, их интерес к европейской науке положил начало процессу их обращения в христианство [Peterson 1982: 140].

Во многих текстах иезуиты не пытались скрывать свое культурное происхождение за ширмой универсального учения и синтеза между конфуцианством и христианством. К примеру, уже на раннем этапе важные европейские богословские трактаты как минимум частично были переведены на китайский язык[3] без особого внимания к тому, что необычные концепции в этих текстах могут вызвать отчуждение у китайских читателей. Сейчас трудно оценить, насколько успешной была эта одновременная попытка перевода и культурной адаптации. Не вызывает сомнений, что на протяжении XVII века становилось все труднее приобретать новообращенных сторонников в высших слоях китайского общества. Оценка частных литературных собраний периода поздней Мин свидетельствует о том, что сочинения о европейской науке часто приобретались китайскими читателями, не обращенными в христианство, в то время как наиболее религиозные труды китайских христиан и западных миссионеров не пользовались столь широким распространением [Hsia 2005: 185; Standaert 1985].

Таким образом, бо́льшая часть сочинений, открыто пропагандировавших христианство, в основном имела хождение среди

---

[2]   О том, что некоторые иезуиты были поражены распространением грамотности в Китае, см. [Brook 2010b: 200].

[3]   Общий обзор см. в [Dudink, Standaert 2000].

верующих и, возможно, в их ближайшем окружении. Здесь Китай находился в фарватере всемирного католического книгоиздания XVII века. По всему церковному миру христианские тексты публиковались в первую очередь и главным образом для тесного круга новообращенных и на множестве разных языков формулировали основные принципы католицизма — как правило, с адаптацией к местным условиям. Сочинения Чжу Цзунъюаня имеют много общих тем, интерпретаций и концепций с большим числом других христианских текстов, опубликованных под именами миссионеров-иезуитов или китайских прозелитов. Авторская оригинальность не являлась первостепенной задачей, и обвинение в плагиате во времена поздней Мин не вызвало особых опасений[4].

В какой контекст мы можем поместить сочинения Чжу? Можно рассматривать их как дополнения к общему корпусу христианской литературы в Китае во время переходного периода между династиями Мин и Цин. Он позаимствовал многие элементы существующей литературы этого жанра, а другие авторы в свою очередь заимствовали у него. Фактически Чжу внес свой вклад в публикацию трудов целого ряда миссионеров, включая фрагменты *De Imitatione Christi* Фомы Кемпийского (ок. 1380–1471), переведенные на китайский Мануэлем Диашем. Они были опубликованы посмертно в 1680 году в томе под названием «Золотая книга о презрении к мирской суете» (*Цинши цзиньшу*)[5]. Чжу также организовал издание другой пространной работы Диаса, под названием «Подробное описание десяти заповедей священного учения Небесного Владыки» (*Тяньчжу шэнцзяо шицзе чжицюань*) [Dias 1659: 5a–5b][6]. Для этой книги Чжу написал

---

[4]   См. [He 2013: 140–142].

[5]   Имя Чжу упоминается в конце предисловия. Об этой книге см. [Xu Zongze 1949: 50–52].

[6]   Чжу упоминает, что Диас прислал ему экземпляр книги, и это доказывает, что он не имел прямого участия в ее составлении. Об участии Чжу см. [Fang Hao 1967–1973, 2: 93]. Об этой и следующих публикациях с участием Чжу см. [Pfister 1932]. См. также [Xu Zongze 1949].

одно из предисловий, где он описывает сущность Пятикнижия и в особенности превозносит десять заповедей, которые, с его точки зрения, превосходят мудрость всех когда-либо написанных книг.

Существует также предисловие Чжу Цзунъюаня к сочинению Жуана Монтейру «Комментарии к Небесному Учению о разнице между (правоверными и еретическими) способами оказывать уважение» (*Тяньсюэ бяньцзин лу*), где он описывает уважение как источник всех добродетелей [Monteiro 1642a: 10a–12b][7]. Истинное уважение, по словам Чжу, следует оказывать не только родителям и мирским правителям, но прежде и превыше всего Богу, который создал вселенную и рассматривает человечество как своих детей. Чжу пишет, что, когда человек всем сердцем почитает Владыку Небесного, он испытывает нравственное очищение и избавляется от вечного проклятия. Чжу также редактировал этот текст Монтейру, как и два других произведения того же автора: «Четыре зерцала Небесного Учения» (*Тяньсюэ сыцзин*) и «Введение в Небесное Учение» (*Тяньсюэ люэи*). Кроме того, Чжу принимал участие в издании «Хрестоматии самостоятельного исправления» (*Тицчжэн бянь*) Джироламо де Гравины (1603–1662) — иезуита, который временно находился в католической миссии Ханчжоу. Он внес свой вклад в перевод трудов схоласта раннего Нового времени Франсиско Суареса (1548–1617), чьими переводами на китайский иезуит Мартино Мартини занимался с 1648 по 1650 год. Но работа Мартини осталась незавершенной, поскольку в 1651 году он был отозван в Рим [Dunin-Szpot 1690, 2: 89][8].

Чжу Цзунъюань написал ряд собственных сочинений[9]. Судя по всему, его первой опубликованной работой было короткое

---

[7] Это издание включает предисловия, написанные Чжан Нэнсинем, Шуй Жунбао и другими авторами.

[8] Запись от 1648 года также указывает, что Чжу Цзунъюань помогал Мартини в работе над этим переводом.

[9] Список работ Чжу можно найти в [Fang Hao 1967–1973, 2: 91–97] и в [Huang Yinong 1997: 76–77]. См. также [Wang Zeying 2010b: 55–59].

эссе — не более семи или восьми двойных страниц, отпечатанных ксилографическим способом с типичного деревянного клише того времени, позволявшего поместить две страницы на одной стороне листа бумаги. Эта короткая работа получила название «Трактат о разрушении предрассудков» (*Помилунь*). В ней содержится очерк концепции о сущностном сходстве христианского и конфуцианского учения. За исключением нескольких незначительных исправлений и дополнений, этот текст идентичен «Трактату об устранении сомнений о христианстве» (*Тяньчжу шэнъцзяо хои лунь*). Точная дата публикации этого второго сочинения неизвестна, поскольку сохранился лишь репринт 1680 года[10]. Реакция на короткую первую работу, по-видимому, разочаровала молодого Чжу. Чжан Нэнсинь в своем вышеупомянутом предисловии к «Ответам на вопросы гостя» (*Да кэвэнь*) сообщает о том, что Чжу Цзунъюань решил написать второй, более пространный текст с апологией христианского учения после того, как его первый «Трактат» не возымел желаемого эффекта [Zhu Zongyuan 2001a: 3a–3b].

Чжан, который впоследствии оказался на противоположной стороне по вопросу о маньчжурском правлении, приводит интересную историю о судьбе второго манускрипта. Судя по всему, оригинал рукописи «Ответов на вопросы гостя», предназначенной для полноценной книжной публикации, был утрачен. Это случилось после того, как Чжан впервые увидел манускрипт в доме своего друга Фэн Шиху летом 1640 года, когда у группы его соратников уже возникли подозрения по поводу завистливых людей или злых духов. Через два года Чжу Цзунъюань лично посетил Чжана; при этой встрече присутствовал их общий знакомый Цянь Фагун, только что вернувшийся из поездки в Южный Китай[11]. Выяснилось, что Цянь скопировал текст Чжу перед своим отъездом; при этом известии члены группы облегченно рассмеялись. В следующем году Чжу

---

[10] Этот репринт вышел под редакцией Станислао Торренте. О Торренте см. [Dehergne 1957]; об этой публикации см. [Xu Zongze 1949: 175–176].

[11] Миссионер Жуан Монтейру тоже присутствовал на этой встрече.

написал еще десять глав и попросил Чжан Нэнсиня просмотреть текст [Там же: 1a–3a][12].

Первое значительное сочинение Чжу Цзунъюаня, насчитывавшее 59 двойных страниц, написано в форме диалога между христианином и его гостем, проявляющим интерес к вере хозяина, но незнакомым с этой религией. Роль гостя в основном сводится к вопросам и возражениям, предположительно отражавшим распространенные сомнения насчет христианства в литературных кругах того времени. В сочинении Чжу эти возражения неизменно сопровождаются гораздо более подробными объяснениями хозяина. Диалог начинается с общих мест наподобие вопроса о том, каким образом можно примирить христианство с первостепенными принципами конфуцианства или с концепцией тройственной религиозной доктрины Китая (конфуцианство, буддизм и даосизм). Диалог приводит к подробному разбору нескольких крупных тем. Разные конфуцианские концепции обсуждаются в свете христианских представлений, где вымышленный хозяин разделяет неприязнь иезуитов к неоконфуцианским школам философии. Буддийские идеи и традиции осуждаются с христианской и конфуцианской точек зрения; то же самое относится к практикам даосизма.

В значительной степени текст сосредоточен на взаимосвязи христианского богослужения и конфуцианских ритуалов. В заключительной части содержится подробное обсуждение того, может ли христианство, как предположительно «варварское» учение, быть органически включено в китайскую культуру. В этом фрагменте Чжу стремится привести доказательства в пользу искренности и доброжелательности западных миссионеров. Текст завершается сетованиями хозяина на глупость простолюдинов, которые отказываются от обращения в христианство и тем самым обрекают себя на вечные мучения. Форма

---

[12] Предисловие Чжан Нэнсиня. Этот исторический анекдот свидетельствует о том, что издание 1643 года с предисловием Чжан Нэнсиня является оригиналом, а не репринтом версии 1631 года, как предполагал Фан Хао. См. [Fang Hao 1967–1973, 2: 94]. О разных изданиях «Ответов» Чжу см. [Dudink 1993: 11].

диалога позволяет Чжу постепенно знакомить читателя с элементами христианской веры, так что во второй половине книги он обсуждает библейские темы, теологические концепции и католическое богослужение. Общая композиция текста отражает изменение позиции гостя, который переходит от скептического любопытства к отдельным уступкам и наконец к подлинному интересу к христианской вере. Один из последних вопросов гостя звучит следующим образом: «Что мне нужно сделать, если я решу следовать этим путем?»

У обоих персонажей «Ответов» отсутствуют личностные характеристики; даже изменение позиции гостя по отношению к христианству передается исключительно через содержание его вопросов, а не через эмоциональную реакцию. Такая форма — гипотетический диалог, выстроенный для обсуждения разных предметов, — принадлежит к китайской литературной традиции, весьма популярной во времена поздней Мин. В сущности, ближе к концу правления династии Мин публиковалось все большее количество экзаменационных сочинений в форме диалога, — вероятно, это восходило к раннему влиянию буддийской традиции [Schmidt-Glintzer 1976: 132][13]. Это также напоминало европейский жанр вымышленных интеллектуальных диалогов, распространенный в схоластических и политических текстах того периода. Безусловно, иезуиты, проживавшие в разных частях света, пользовались этим жанром [Clooney 1999][14], как это было в знаменитом опусе Маттео Риччи «Истинное значение Владыки Небесного», впервые опубликованном в 1603 году. Таким образом, сочинения Чжу можно поместить как в китайский, так и в европейский культурный контекст — или, наверное, где-то посредине между ними[15].

Второе основное сочинение Чжу, «Сводный обзор о спасении мира» (*Чжэнши люэшо*) на 66 двойных страницах, не было пред-

---

[13] Дональд Хольцман полагает, что после периода упадка влияние буддийских диалогов испытало возрождение во времена поздней Тан [Holzman 1956: 224].

[14] См. также более раннее описание в [Luk 1982: 175–176].

[15] О работе и жизни Риччи см. [Hsia 2010].

ставлено в форме диалога. Вместо этого Чжу знакомит читателей с идеями христианства в 28 главах. В предисловии к «Обзору» он описывает формальные различия между двумя своими главными сочинениями следующим образом: «Сначала я увлекался дебатами и опубликовал "Ответы на вопросы гостя". Теперь я собрал главные темы во множестве разделов и назвал [книгу] "Сводный обзор о спасении мира"» [Zhu Zongyuan 2001d: 3b].

Судя по всему, «Сводный обзор о спасении мира» был опубликован один раз, в начале правления династии Цин, но точная дата публикации неизвестна. Хотя в главе о сотворении мира есть предложение: «Лишь 6844 года прошло с сотворения Земли и Неба до нынешнего года *цзяшэнь* в правлении под девизом Шуньчжи [1644]» [Там же: 16b][16], это уточнение необязательно означает, что книга была издана в том же году. В сущности, крайне маловероятно, чтобы сочинение, в котором признавалась новая династия, тогда могло быть опубликовано в дельте Янцзы, которая оставалась под контролем династии Мин до второй половины 1645 года. Более того, в указанном фрагменте Чжу пишет, что в отличие от своей новой книги при сочинении «Ответов» он выбрал дискуссионную форму, потому что «сначала увлекался дебатами». Термин *ши* («начало») явно указывает на молодость Чжу и подразумевает, что он писал «Сводный обзор» на другом жизненном этапе. С учетом того, что Чжу написал «Ответы» незадолго до 1640 года, вряд ли можно ожидать, чтобы всего лишь через несколько лет он стал намекать на большой промежуток времени между двумя произведениями. Таким образом, упоминание первого года правления Шуньчжи предположительно означало лишь указание на текущее царствование. Поскольку период правления Шуньчжи закончился уже после смерти Чжу Цзунъюаня, мы можем быть уверены лишь

---

[16] Традиционные китайские даты определялись девизом императорского правления (который не совпадал с именем императора и не всегда совпадал со всей продолжительностью его правления), а обозначение давалось по конкретному году шестидесятилетнего цикла. Айсиньгьоро Фулинь, первый император Цин, правил под девизом «*Шуньчжи*» («Благоприятное правление») с 1644 по 1661 год; год *цзяшэнь* был первым годом его правления.

в том, что он написал эту книгу до своей болезни в 1659 году и что она, вероятно, была опубликована вскоре после завершения рукописи.

«Сводный обзор» Чжу организован следующим образом. После яркого пассажа, описывающего важность прижизненной подготовки к загробной жизни, в первой главе Небесное Учение сравнивается с главными китайскими учениями. По утверждению Чжу, только христианство, учрежденное самим Небесным Владыкой и провозглашаемое на земле, не имеет изъянов. По сравнению с ним конфуцианство, которое сначала было благотворным и многообещающим, сбилось с пути, а буддизм и даосизм не более чем ереси. Это утверждение сопровождается изложением библейских тем, таких как сотворение мира, Троица, воплощение Бога на земле и идея первородного греха, которую Чжу иногда связывает с конфуцианской традицией. Следующие несколько глав сосредоточены на важности христианства для индивидуальной подготовки к жизни после смерти, в сочетании с описаниями небес и преисподней. Затем Чжу обращается к ритуалам: он на разных основаниях отвергает буддийские и даосские ритуалы, в более взвешенной манере повествует о конфуцианских обрядах и, наконец, знакомит читателей с некоторыми аспектами католического богослужения. Затем он предлагает высказывания на разные темы, включая важность страдания, разницу между Китаем и остальным миром и высокие моральные принципы миссионеров-иезуитов. В последней главе изображается грядущий конец света, описанный в Откровении святого Иоанна Богослова, — судя по всему, это предназначалось для психологического воздействия на читателей.

По сравнению с остальными трудами Чжу, упомянутыми до сих пор, его короткое эссе «Обряды почитания небес и богов земли и урожая служат во славу Высшему Властелину» (*Цзяошэ чжи ли сои ши шанди е*)[17] не написано с однозначно христианской точки зрения. В тексте объемом всего лишь шесть страниц автор

---

[17] Название этого текста является цитатой из *Чжунъюн* («Доктрина о среднем») [*Zhongyong* 19, 6].

избегает употребления таких специфически христианских терминов, как «Небесное Учение» (*тяньсюэ*) или «Владыка Небесный» (*тяньчжу*). Тем не менее Чжу в целом придерживается христианских взглядов на китайские государственные ритуалы. В стиле конфуцианского рассуждения Чжу пытается показать, что два наиболее важных императорских жертвоприношения на самом деле являются данью почтения к Высшему Властелину (*шанди*), упоминаемому в конфуцианской классике. По форме «Обряды» выглядят как опубликованное экзаменационное сочинение, что не было редкостью при поздней династии Мин[18].

Немногие сочинения, написанные китайскими прозелитами, пережили своих авторов, когда вышли на книжный рынок. Чжу был одним из достаточно талантливых сочинителей, чтобы стать исключением из этого общего правила. Перепечатки «Трактата об устранении сомнений о христианстве» и «Ответов на вопросы гостя», вышедшие в 1680 и 1697 годах, свидетельствуют о сохраняющейся актуальности его произведений[19]. Эти перепечатки появились в тот период, когда общины иезуитских миссионеров столкнулись с уменьшением количества новообращенных из кругов элиты и были вынуждены бороться с финансовыми трудностями и ограничениями. В такой ситуации было предпочтительнее переиздавать старые тексты, нежели заказывать новые [Brockey 2007: 276]. Это означало, что в конце XVII века труды Чжу по-прежнему читали в сообществах китайских христиан; в сущности, эти сочинения, особенно «Ответы на вопросы гостя», были предметом дискуссий в контексте вышеупомянутого «спора о китайских обрядах».

Этот спор вращался вокруг вопроса о том, можно ли продолжать отправление китайских ритуалов, таких как культ предков, после обращения в христианскую веру. Многие иезуиты уже

---

18 О частой публикации экзаменационных сочинений в первой половине XVII века см. [Schmidt-Glintzer 1976: 132]. См также [Fang Hao 1967–1973, 2: 97].

19 «Сводный обзор о спасении мира», который почти определенно был опубликован лишь один раз до 1660 года, был другим исключением; он упомянут вместе с «Трактатом» в письме францисканского миссионера Хосе Наварро от 8 февраля 1698 года. Это письмо можно найти в [Margiotti 1975: 292–293].

давно утверждали, что подобные обычаи являются не более чем символическими жестами, не имеющими религиозного значения, поэтому церковь может относиться к ним терпимо. Другие группы, особенно представители нищенствующих орденов, выражали решительное несогласие с такой политикой. Они считали культ предков и другие традиционные ритуалы элементами языческих религий, еретическими для крещеных христиан. Это привело к более обширным трениям в Католической церкви — к ожесточенным дискуссиям, которые велись на западных языках и практически без участия китайцев. Так или иначе, ударные волны «спора о китайских обрядах» разошлись достаточно широко, чтобы в нескольких случаях привлечь внимание Священного престола в Риме. Понадобилось много времени, чтобы разрешить это противоречие, что произошло лишь к середине XVIII века[20].

Сочинения Чжу имели в этом споре интересную «загробную жизнь», поскольку фрагменты из его работ использовались для аргументации против иезуитских интерпретаций китайского культа предков. Краткий отрывок из «Ответов» сыграл особенно важную роль в данном отношении: там вымышленный гость спрашивает, дозволено ли христианам кланяться перед скульптурными изображениями их предков. Хозяин отвечает, что всегда уместно чтить своих предков за их добродетельность. Однако далее в тексте сказано, что обычай прошения об удаче и защите перед храмовыми скульптурами предков является святотатством, так как это подразумевает, что покойные считаются божественными вершителями судеб [Zhu Zongyuan 2001a: 30a–30b].

Оппоненты иезуитов в «споре о китайских обрядах» указывали на эти слова как на свидетельство того, что иезуиты ошибочно истолковали роль культовых церемоний, считая их светскими представлениями. Иными словами, пренебрежительное отношение Чжу к определенным проявлениям культа предков было использовано как свидетельство в поддержку того, что добропо-

---

[20] Общий обзор см. в [Standaert 2000f].

рядочный католик обязан считать всю эту традицию неприемлемой. К примеру, францисканский миссионер Антонио де Санта Мария Кабальеро (1602–1669) в сентябре 1660 года составил меморандум, где приводил цитаты из разных сочинений, включая вышеупомянутый фрагмент из «Ответов», как подтверждение своей гипотезы о том, что китайское поклонение духам предков является глубоко укорененным предрассудком и не должно соблюдаться новообращенными христианами [Zürcher 1994: 41n16]. Сходным образом Доминго Наваррете (1618–1689), доминиканский миссионер в Китае, который впоследствии стал архиепископом островов Карибского моря, в 1676 году написал, что в своих «Ответах» Чжу Цзунъюань самостоятельно пришел к выводу, что китайский культ предков несовместим с христианством [Navarrete 1676: 19][21].

Хуан Баутиста де Моралес, другой доминиканский миссионер в Китае (который сообщил о смерти Чжу), тоже ссылается на латинский перевод этих слов из его сочинения [Morales 1699: 74–75][22]. Вслед за цитатой Моралес отмечает, что Чжу Цзунъюань доказал ошибочность мнения иезуитов, изображавших культ предков как чисто символический акт, свободный от каких-либо суеверий. Далее доминиканец добавляет, что, будучи китайским ученым мужем, Чжу гораздо глубже разбирался в собственном культурном контексте, чем европейские миссионеры, и что его мнение обладает большей весомостью. Он подчеркивает, что мнение Чжу не было единичным, но разделялось тысячами образованных китайских христиан.

Некоторые критики китайского культа предков даже обвиняли иезуитов в изменении самого спорного фрагмента в оригинальном тексте нового издания «Ответов». Обвинения в том, что фрагменты «Ответов» были изменены или опущены иезуитами, также содержатся в письме иезуитского священника Фердинанда Вербиста (1623–1688), крупной фигуры в китайской миссии,

---

[21] См. также [Cummins 1962, 1: 73].

[22] Этот фрагмент приведен в [Zhu Zongyuan 2001a: 30a–30b] издания ок. 1643 года, хотя Моралес упоминает о с. 28.

к Алессандро Филипуччи (1632–1692), который, в дополнение к другим обязанностям, тогда был главой отделения иезуитской миссии в Гуанчжоу. В письме, датированном февралем 1685 года, указано, что доминиканец Григорио Лопес пожаловался на эти исправления члену Общества Иисуса[23].

В редких документированных случаях сам Чжу и его труды становились объектами критики. К примеру, францисканец Лукас Томаш в письме 1701 года характеризует «Сводный обзор» и «Ответы» как плод суеверий автора, хотя и не приводит никаких объяснений своей точки зрения [Margiotti 1975: 702–703][24]. Однако вполне может быть, что среди европейских миссионеров в эпоху богословских противоречий в Европе «загробная жизнь» трудов Чжу Цзунъюаня большей частью заключалась в единственном спорном фрагменте о китайском культе предков. С другой стороны, в китайских христианских общинах его работы, вероятно, получили среди читателей более широкое распространение. По крайней мере, факт переиздания двух его сочинений в 1680 и 1697 годах намекает на это. Так что в данном смысле труды Чжу имели разную историю восприятия на разных языках, несмотря на то что ни один из них не был полностью переведен с китайского оригинала на другой язык.

Взаимоотношения в запутанных сообществах

Письменные сочинения Чжу Цзунъюаня циркулировали во многих провинциях Китая и даже в Европе, но его личное влияние не простиралось далеко за пределы его родного города Нинбо, и даже там он не был грандиозной фигурой, чья репутация могла стать символом эпохи в местной истории. Тем не менее сравнительно высокое положение на имперской экзаменационной

---

23 Письмо Фердинанда Вербиста к Алессандро Филипуччи, февраль 1685 года. См.: Ajuda Library, Lisbon. JA 49-IV-63. No. 419. Fol. 185v–188r.

24 Письмо датировано 22 декабря 1701 и адресовано Шарлю Магро. В связи с этим фрагментом также см. [Zürcher 1994: 41].

лестнице придавало ему статус и респектабельность в местных христианских общинах. Эти общины, основанные иезуитами, не бросали вызов социальной иерархии в отличие от более радикальных религиозных движений периода поздней Мин. Иными словами, официальные титулы кое-что значили для большинства китайских христиан, и в широком смысле они определяли общественное положение человека в общине.

Так или иначе, ученая степень *цзюйжэня* была в местных христианских общинах того времени редкостью. По скудной статистике 1636 года, примерно за десять лет до того, как Чжу последовательно выдержал местные и провинциальные экзамены, можно оценить его исключительный статус в местном обществе. По современным оценкам, тогда в Китае насчитывалось около 40 000 новообращенных христиан, но лишь 11 из них имели степень *цзюйжэня*, и около 290 человек преодолели нижний уровень государственных экзаменов [Standaert 2000a: 387]. В то время это число примерно соответствовало доле обладателей ученых степеней в китайском обществе в целом, однако в следующие десятилетия количество обладателей высших степеней стало уменьшаться, и это могло лишь укреплять положение выдающихся людей, таких, как Чжу Цзунъюань.

У нас мало сведений о том, какие именно должности занимал Чжу Цзунъюань в местных христианских обществах на позднем этапе своей жизни, особенно после успеха на провинциальных экзаменах в 1648 году. Мы знаем, что он привлек внимание иезуитов и других католических миссионеров, которые посещали Нинбо и рассматривали поддержку местных элит как необходимую часть своей общей миссионерской стратегии в Китае [Zürcher 1993: 83]. Так было и после 1630-х годов, когда многие из новообращенных ученых христиан столкнулись с противодействием большей части китайского общества, а иезуиты стали больше полагаться на свое влияние при Императорском дворе в Пекине, нежели на покровительство местных элит.

Тот факт, что имя Чжу упоминается в разнообразных иезуитских записях как единственное из горстки христиан в Нинбо, свидетельствует о сго ведущем положении. Источник, предо-

ставивший сведения о семье Чжу, также намекает на его роль
среди католиков Нинбо. В рукописи Фомы Дунина-Шпота сообщается, что Жуан Монтейру гостил у разных людей, включая
трех братьев — Петра, Косму и Матфея, — поскольку тогда
в городе не было церкви или здания иезуитской миссии. Он
благоприятно высказывается об изобилии христианских ста-
туэток в домах братьев [Dunin-Szpot 1690: 2: 8, 10][25]. Дом Чжу
мог служить одним из мест для регулярных собраний христианской общины в Нинбо; в сущности, Чжу упоминает о том, что
верующие и миссионеры регулярно встречались в его доме[26].
Это не было чем-то исключительным, особенно во времена
политической смуты периода поздней Мин и ранней Цин. Об-
щинные занятия, включая катехизические наставления и со-
вместные молитвы, нередко проводились в частных домах.
В зависимости от доступности рукоположенного священника
там могли даже служить мессу.

Но вклад Чжу в католическую жизнь не ограничивался по-
строением христианской общины. Пользуясь современным
жаргоном, мы могли бы назвать его «сетевым работником» —
человеком, который поддерживал тесные контакты с влиятельными европейскими миссиями по всему Китаю. Письменные
свидетельства о нескольких визитах иезуитских священников
или доминиканских братьев, посещавших его дом, судя по всему,
были лишь пресловутой вершиной айсберга, так как Чжу написал
ряд текстов в сотрудничестве с учеными-иезуитами, включая
таких выдающихся деятелей из китайской миссии, как Мануэль
Диас-младший, Жуан Монтейру и Мартино Мартини. Это указывает не только на определенное взаимоуважение, но и на
личные встречи и как минимум на регулярную переписку.

В китайском обществе связи Чжу Цзунъюаня более или менее
ограничивались его домашним регионом. Он не был человеком

---

[25] Этот фрагмент относится к 1640 году.

[26] В связи с описанием характера иезуитов Чжу с явным преувеличением пишет:
«Я ежедневно встречался со всеми [этими] благородными людьми» [Zhu
Zongyuan 2001c: 5b].

калибра Сюя Гуанци, способным неоднократно выступать в интересах иезуитов при дворе императора. В источниках иезуитского ордена нет прямых упоминаний о Чжу как о главе сообщества (*хуэйчжан*) или о «законоучителе», как называли новообращенных, которые управляли христианскими общинами или сетью общин и во многих отношениях выступали как полуофициальные заместители священнослужителей, а иногда даже обладали властью совершать таинство крещения. Он не принадлежал и к той горстке китайских коадъюторов, которые играли важную роль в организации китайской миссии[27]. Тем не менее мы можем быть уверены, что Чжу выполнял очень важную функцию, поддерживая канал связи между европейскими миссионерами и христианскими общинами в Нинбо.

Во многих отношениях китайские католические общины можно рассматривать как синтез между общественной жизнью поздней Мин и традициями христианских церковных приходов. Этот синтез необязательно был гармоничным: многочисленные трения между глобальными и локальными структурами, между Католической церковью и китайским обществом оставались неразрешенными не только в Китае, но и в других частях Азии. В начале XVII века, примерно ко времени рождения Чжу Цзунъюаня, во всей Азии находилось около 1800 католических священников. За редкими исключениями все эти религиозные путешественники родились в Европе. Между тем общее число португальцев в том же регионе составляло 15 000, включая метисов, рожденных в смешанных браках от португальцев и местных женщин. С тех пор количество священнослужителей, по сравнению с общим количеством европейцев в Азии, больше никогда не было таким высоким [Godinho 1978][28]. Тем не менее соотношение между священниками и христианским населением в Азии

---

[27] Коадъюторы были связаны такими же обетами, как и священники-иезуиты, но по ряду причин не были рукоположены в церковный сан. Об их ведущей роли в организации китайских христианских общин см. [Brockey 2007: 350–356].

[28] О метисах, которые часто играли роль посредников и толмачей для европейцев, см. [Skinner 1996].

в целом оставалось гораздо более низким, чем в Европе. В общем и целом в начале XVII века в Азии проживало около полутора миллионов христиан, но лишь в нескольких регионах имелись священники местного происхождения, поэтому там не приходилось полагаться исключительно на европейских клириков. Помимо общин в Японии, к их числу принадлежали христиане из Кералы, существовавшие там до начала европейских морских экспедиций на восток от мыса Доброй Надежды и имевших местные клерикальные традиции.

В такой бюрократически организованной религии, как католичество, новые общины прозелитов требовалось включать в церковную административную систему. Будучи частью экспансии европейского общественного порядка в разных частях света, азиатская церковь была разделена на клерикальные единицы, такие как приходы и епископаты. И точно так же, как в средоточии латинского христианства, церковные филиалы в азиатских странах тесно сотрудничали с мирскими властями ради обеспечения стабильности своей административной структуры. В эпоху европейской экспансии это означало, что церковь была прочно состыкована с европейским колониализмом и заморской торговлей, но эти организационные иерархии никогда полностью не смешивались друг с другом. В начале XVII века на территории Западной и Восточной Азии был учрежден ряд епископатов; религиозный центр находился в Гоа, с собственным архиепископом и примерно шестью сотнями клириков [Parker C. 2010: 192][29]. К другим важным узлам церковной сети относился Макао, который, в дополнение к его экономическим и военным функциям, уже давно был центром католической деятельности во всем регионе. Миссионеры, направлявшиеся в Китай, Японию и другие соседние страны, обычно получали там дополнительные знания языка, местной культуры и миссионерской практики. Многие из тех, с кем Косма — Чжу встречался в Нинбо, провели значительное время в этом центре обмена товарами, знаниями и вероучениями.

---

[29] См. также [Alberts 2013].

Но хотя церковная администрация следовала европейскому образцу, сама церковь как общественное и политическое учреждение в большинстве стран Азии не могла воспроизводить европейские модели. Во многих государствах, от Империи Моголов до Японии, иезуиты и другие европейские миссионеры зависели от благожелательности правителей, которые не являлись христианами. В то же время им приходилось выстраивать свои административные структуры без прямой поддержки со стороны государственных властей. Во многих отношениях миссия иезуитов в Китае была типичным примером более общего устройства вещей. Штаб-квартира ордена иезуитов в Риме поддерживала усилия по созданию ведомственной иерархии для организации новых католических общин, учреждаемых в Китае. С самого начала было ясно, что эту организацию нужно было выстраивать и управлять ею совершенно независимо от китайской бюрократии. Фактически наиболее желательным итогом было полное невмешательство этой бюрократии в работу христианских приходов.

Европейские миссионеры уже давно испытывали трудности с концепцией рукоположения китайского духовенства, что было главной причиной нехватки местных священников в китайских христианских общинах, и эта ситуация сохранялась на всем протяжении жизни Чжу Цзунъюаня. Ни в один период XVII века на территории Китая не насчитывалось более 40 иезуитских миссионеров, но при этом количество новообращенных и католических общин продолжало расти. Ближе к концу жизни Чжу Цзунъюаня в Китае существовало около 400 официальных конгрегаций, распределенных по множеству провинций и климатических зон. Христианские группы проживали в крупных метрополиях, в городах, поселках и деревнях. К примеру, в 11 административных округах провинции Чжэцзян к середине XVII века лишь в трех не было христианской общины [Dehergne 1957: 13][30]. Вместе с общинами, сравнимыми по размеру с церковными приходами, также существовало множе-

---

[30] О количестве конгрегаций см. [Standaert 2008b: 176–177].

ство более специализированных организаций, таких как братства ревностных верующих или нищенствующие сообщества, которые занимались самобичеванием, постом и плотским воздержанием[31].

По ряду причин идея о создании многочисленного китайского духовенства — в то время эта тема была предметом широких дискуссий — в XVII веке так и не воплотилась. В результате миссионеры иезуитского ордена испытывали острую нехватку кадров, особенно в середине века, когда многие миссионеры были заняты продвижением своих интересов в столице. Хотя современные ученые акцентируют внимание на миссионерской работе с элитой, на диалогах о связи между конфуцианством и христианством, на публикациях и научных исследованиях, отдельные иезуиты значительную часть времени занимались регулярной приходской работой среди новообращенных, состоявших в основном из неграмотных людей, принадлежавших к низшим слоям китайского общества [Brockey 2007: 328–331].

В этой системе многие обязанности, начиная от молитв и других аспектов общинной жизни до некоторых клерикальных функций, были делегированы китайским помощникам. Тем не менее европейские священнослужители оставляли за собой право на определенные церемонии, такие как причастие и исповедь [Standaert 2000g]. Во время своих коротких визитов в местные христианские общины они осуществляли главные таинства и пользовались возможностью разработать широкий спектр дополнительных задач — от переговоров с лидерами общин до решения административных проблем.

Как нам относиться к этому созвездию европейских миссионеров, выполнявших роль приходских священников, которым было нелегко дотянуться до собственных прихожан? Было бы ошибочно предполагать, что эта модель отношений была систематической, то есть тщательно обдуманной и запланированной заранее. Напротив, она развилась в результате сочетания ряда факторов, многие из которых были непредвиденными во време-

---

[31] О разных видах христианских ассоциаций см. [Brockey 2007: 114–117].

на Маттео Риччи и других первых миссионеров, прибывавших на берега Китая. Конфигурация китайских христианских общин — и их связей с европейскими священниками, действовавшими в Китае, — возникла в ходе столкновения распространявшейся по миру Католической церкви и мощного политического образования в виде государства Мин. К примеру, Китайское государство наложило жесткие ограничения на количество европейских миссионеров на своей территории, при этом часто препятствуя их деятельности. В то же время Католическая церковь XVII века еще не достигла согласия по вопросу о структуре своей глобальной организации. Это замедлило процесс формирования китайского духовенства, которое в следующие века послужило связующим звеном между Ватиканом и китайскими католическими общинами[32]. Между тем церковь рассчитывала на китайских прозелитов в административных, литургических и доктринальных вопросах. Такая ситуация сложилась по необходимости, но при этом она сочеталась с политикой иезуитов в разных частях света, включая Европу. Во многих обществах святые отцы стремились превратить мирян из простых реципиентов учения в активных партнеров по созданию местной церкви[33].

Поэтому во многих отношениях положение дел в Китае нельзя было сравнить с европейскими условиями. В мире латинского христианства почти вся территория, контролируемая Католической церковью, была разделена на приходы и епископаты. Это означало, что деятельность иезуитов проходила в рамках плотной сетевой системы высшего и низшего духовенства и опиралась на давние христианские традиции. По сравнению с этим Китай в целом представлял собой *terra nova* для продвижения христианской веры, и лишь несколько десятков священников прилагали усилия для окормления стотысячной паствы новообращенных христиан, рассеянных среди многомиллионного населения и по территории, превышавшей совокупную территорию католиче-

---

[32] По смежным вопросам см. [Cohen 2008: 203–206; Hsia 2005: 207–208].

[33] Более подробно см. [Brockey 2007: 331–338].

ской Европы. Более того, по сравнению с Европой все священники в Китае периода поздней Мин не были местными уроженцами, а происходили из весьма отдаленной части света. Есть свидетельства того, что иезуитские миссионеры пользовались своей необычной внешностью, как и незнакомыми образами из христианской символики, делая их частью своей стратегии по обращению в новую веру. Этническая принадлежность, показной экзорцизм и театрализованный характер нерегулярных визитов европейских священников к их китайской пастве — это феномен, заслуживающий более внимательного рассмотрения[34].

С учетом вышеперечисленных факторов становится понятно, что китайские традиции и обычаи во многих христианских общинах играли важную роль [Xiao Qinghe 2015]. Действительно, миссионеры-иезуиты терпимо относились к некоторой адаптации христианской веры. Они не только принимали разные типы культа предков, но и доходили до ассоциации между местными божествами и христианскими святыми. Тем не менее во время своих визитов эти священнослужители часто выражали свою досаду при виде того, что они считали неприемлемыми формами христианского служения. К примеру, некоторые миссионеры с тревогой отмечали традиции религиозного синкретизма во многих слоях китайского общества. Повсюду, особенно в сельской местности, христианские образы и символы зачастую сочетались с чуждыми элементами буддийского и даосского вероучений[35]. Иными словами, многие люди обращались за помощью и поддержкой к христианскому Богу или католическим святым, но в то же время почитали местных божеств или буддийских бодхисатв. Многие миссионеры убеждались в том, что обряд крещения необязательно означал то, что церковь могла бы считать обращением в истинную веру. Иначе говоря, не все проникались идеей всемогущего Бога, не позволяющего почитать других божеств. В отдаленных районах эти эклектичные виды богослужения —

---

[34] Более подробно об этом см. в четвертой и пятой главах данной книги.

[35] По смежным вопросам см. [Standaert 2008b: 176–177]. См. также [Menegon 2007].

согласно католической догме все они считались ересью — было трудно контролировать.

Не только в сельском Китае, но и в привилегированных кругах существовали формы христианской самоорганизации, которые казались сомнительными для европейских миссионеров. К примеру, иезуиты стремились запретить практику взимания членских взносов в некоторых христианских организациях [Brockey 2007: 372–373]. Другие местные элементы встречали более радушный прием у святых отцов: они терпимо относились к тому, что многие христианские общины имели общие черты с влиятельными и широко распространенными китайскими ассоциациями. В таких общинах представители высших и средних классов имели особый статус и пользовались всеобщим уважением.

Из-за настороженного отношения к государственной службе в XVI и начале XVII веков возникало все большее количество независимых благотворительных обществ и академий (*шуюань*) [Zhao Yuan 1999, chap. 4]. Несмотря на наличие исторических предшественников, академии поздней Мин, благодаря своему количеству, размеру и характеру деятельности, воспринимались наблюдателями того времени как достаточно новый феномен[36]. Привилегированные лица могли вступать в группы, варьировавшие от обществ взаимопомощи до дискуссионных клубов по вопросам морали, нередко связанных с частными академиями[37]. Эти академии преимущественно служили площадками для интеллектуальных дебатов, учебы и тщательного изучения текстов, но ученые люди также принимали участие в общественной деятельности, связанной с народным благополучием и инфраструктурными проектами — задачи, которые становились все более важными, по мере того как местные организации, учрежденные государством во времена ранней Мин, приходили в упадок, а финансовая ситуация в стране неуклонно ухудшалась. С точки зрения некоторых ученых, писавших в последние годы

---

[36] Обзор академий см. в [Bol 2008: 256–266].

[37] О видах ассоциаций см. [Standaert 2000g]. О буддистских благотворительных организациях см. [Brook 1993: 105]. См. также [He Zongmei 2003].

династии Мин, участие в таких организациях было единственным оставшимся способом вести праведный образ жизни и культивировать Дао во времена хаоса и коррупции [Hoffmann, Hu Qiuhua 2007: 354].

Таким образом, христианские общины вписывались в уже существующую мозаику традиционных ассоциаций, которые часто с равной энергией занимались коллективной декламацией, общественной деятельностью, нравственным самоанализом и самосовершенствованием. Фактически существовали очевидные связи между многими недавно основанными христианскими общинами и китайскими организациями. К примеру, некоторые новообращенные христиане, которые раньше состояли в буддистских группах, учреждали христианские ассоциации. Более того, некоторые христиане, принадлежавшие к китайской элите и имевшие конфуцианское образование, учреждали отдельные ассоциации, членство в которых было ограничено представителями высших слоев местного общества. Они поддерживали нравственное самосовершенствование, которое рассматривали как вклад в политическую стабильность, — в этом отношении они были схожи с многими конфуцианскими группами[38].

Совпадающие черты христианских общин и других ассоциаций отражались в их терминологии. Многие христианские группы пользовались для своего обозначения термином *хуэй* («общество, союз»), распространенным в названиях других китайских ассоциаций. Более того, главы христианских общин назывались *хуэйчжан*, как и руководители сравнимых по размеру китайских ассоциаций. У нас нет подробной информации о большинстве христианских *хуэй*, но есть веские основания полагать, что многие из них находились под глубоким воздействием местных традиций. К примеру, в более привилегированных христианских кругах конфуцианские темы продолжали обсуждаться наряду с христианскими элсментами, поскольку Нсбсснос Учснис рас-

---

[38] О конфуцианских представлениях, что нравственное совершенствование, а не контроль и принуждение, должно быть основой стабильного и процветающего государства, см., к примеру, [Rainey 2010: 45–61].

сматривалось как прямое возвращение к истокам конфуцианства, а не отклонение от «Пути Учителя».

На первый взгляд складывается впечатление, что в контексте организационной культуры и социальных взаимодействий христианские общины не сильно отличались от мира китайских ассоциаций, во всяком случае от его основных сегментов. Хотя мы имеем достаточно оснований полагать, что христианские общины встраивались в общую картину китайских ассоциаций того времени, тем не менее нам не следует рассматривать их только в локальном смысле. Это важно не потому, что они исповедовали религию, прибывшую из далекой страны, а потому, что некоторые ключевые элементы повседневной жизни и организационной структуры христианских общин были связаны со всемирной организацией — Католической церковью. По контрасту с руководителями других ассоциаций глава христианской общины фактически являлся частью глобальной структуры церкви и нес ответственность перед ней. Как и в других местах, иезуиты вводили в китайских христианских общинах систему сдержек и противовесов, с обоюдным контролем между своими китайскими помощниками и визитами европейских миссионеров. Эта система служила разным целям, не последней из которых была гарантия того, что руководитель общины не зайдет слишком далеко в смешении христианства с местными традициями. Приемлемые для церкви параметры не могли быть нарушены, — по крайней мере, миссионеры старались это обеспечить.

Иезуиты стремились внедрить минимальные стандарты католических обрядов и вероучения во всех китайских общинах. Они старались убедиться в том, что все кандидаты на крещение отреклись от других религий и знакомы с основными доктринами новой веры. Религиозные наставления сопровождали жизнь новообращенных христиан, и Общество Иисуса следило за тем, чтобы они регулярно выполняли основные элементы церковной жизни, такие как исповедь. Многие ведущие христиане китайского происхождения также считали эти элементы чрезвычайно важными, поэтому неудивительно, что в своих сочинениях Чжу Цзунъюань объясняет значимые литургические практики, включая священные таинства, и защищает их от потенциальных возражений[39].

Настойчивость в соблюдении основных доктрин, регулярных богослужений и чтения молитв была всемирной политикой Общества Иисуса от Гудзонова залива и Патагонии до Южной Азии, Китая и Японии [Brockey 2007: 411–415]. Хотя многие наиболее важные молитвы и ритуалы были переведены на китайский, орден иезуитов не предпринимал реальных усилий для адаптации христианского благовестия к конфуцианству или к другим элементам китайской культуры. К примеру, такие аспекты, как непорочное зачатие, распятие и воскресение Иисуса были выведены в деятельности христианских общин на центральное место, а не оставались на обочине. Эта практика отличалась от значительно более конфуцианской интерпретации Небесного Учения, представленной во многих ученых текстах и интеллектуальных беседах китайских христиан.

Иными словами, доктринальные и литургические принципы занимали в жизни христианских общин Китая значительное место. Возможно, даже более важно, что они сохранялись в неизменном виде через систему связей и управления между китайскими проповедниками, отдельными миссионерами и в конечном счете со всемирной штаб-квартирой иезуитов в Риме. Вокруг этих неизменных доктрин возникали различные адаптации, главной из которых был широко известный синтез христианства и конфуцианства. Руководствуясь ими, христианские общины в Китае функционировали в сходной манере с широким спектром других китайских ассоциаций. Однако сами доктрины оставались в целом не затронуты попытками адаптировать, интегрировать или локализовать католичество в Китае.

Если мы всерьез подходим к рассмотрению сложной природы местной христианской жизни, нам необходимо глубокое понимание таких персонажей, как Чжу Цзунъюань, и их жизненных перипетий. На протяжении всей своей жизни Чжу оставался

---

[39] К примеру, Чжу описывает некоторые таинства, включая мессу, в [Zhu Zongyuan 2001d: 48a–53a].

глубоко укорененным в своем родном городе, и его биографию необходимо воспринимать из местной исторической перспективы. Но он также принадлежал к всемирной католической системе, включая Общество Иисуса. Глобальный и локальные миры, где существовал Чжу, не были отделены друг от друга; там не существовало четкого разделения между намерениями, обязанностями и ощущением собственной принадлежности. Впрочем, это не означает, что они находились в полной гармонии. Многие аспекты жизни Чжу были сформированы гибридными системами, сложившимися в результате сочетания различных глобальных и локальных сил. Трения и противоречия сохранялись, и их следы можно обнаружить в сочинениях Чжу.

Глава 3
Доктрина, выросшая из ограничений

Многоуровневое взаимодействие

Чжу Цзунъюань не был инициатором межкультурного синтеза. Хотя он развивал собственные идеи, но не выдавал себя за автора и создателя новой теологической структуры. В то время, когда издание книг необязательно подразумевало предложение оригинальных идей, сочинения Чжу тоже не были предназначены для демонстрации интеллектуальных прорывов в кругу образованных читателей, жаждущих новых откровений. Он действовал в рамках уже определенных догматов Небесного Учения, сохраняя идеологическую верность основным принципам китайско-иезуитского католицизма. Используемые им апологетические христианские тексты включали брошюры, а также более содержательные очерки и монографии, которые оставались влиятельными сочинениями в последующие десятилетия и даже столетия. Одним из примеров служит хорошо известный текст «Истинное значение Небесного Владыки», опубликованный под именем Маттео Риччи в 1594 году[1].

Китайские ученые раннего Нового времени и миссионеры-иезуиты разработали основу для интерполяции христианства в различные контексты китайской культуры — той самой основы, которая впоследствии стала известна как «метод аккомодации». Их метод опирался на предпосылку, что истинные принципы

---

[1] Комментированный английский перевод см. [Ricci 1985].

конфуцианства абсолютно совместимы с благой вестью христианского учения. Последняя, представленная в виде Небесного Учения, помогала возродить первоначальную мудрость, заключенную в классических конфуцианских текстах, якобы утраченную за столетия после смерти Конфуция в 479 году до н. э. Будучи откровением Божественного Творца, христианство могло обеспечить этическую определенность и онтологическую уверенность, необходимую для очищения китайской интеллектуальной среды от предположительных дурных влияний буддизма и даосизма. В данном смысле письменное наследие Конфуция и слово Божье считались взаимодополняющими и вполне совместимыми друг с другом.

Существует тенденция к неправильному истолкованию фактической программы, социальной основы и происхождения метода аккомодации. К примеру, он не предназначался для охвата всего спектра католических верований и обрядов в Китае XVII века и почти не представлял интереса для новообращенных в малых городах, поселках и среди городской бедноты — для групп, составлявших основу католической паствы на протяжении этого периода[2]. Эта сложная интеллектуальная система предназначалась для китайских элит и социальных групп, наиболее тесно связанных с учением Конфуция. Тактика сближения с конфуцианством не только способствовала дискуссиям с представителями высших слоев китайского общества, но и повышала вероятность того, что государство проявит терпимость к католическим начинаниям. Для такого религиозного ордена, как иезуиты, было важно, чтобы некоторые его члены находили способы тесного контакта с китайской бюрократией. В этом контексте приходят на ум такие персонажи, как придворный астроном Адам Шалль фон Белль или группа иезуитов, чьи технологические познания обеспечили косвенную военную поддержку династии Мин и пришедшей ей на смену династии Цин [Di Cosmo 2004: 141–155].

---

[2] О формах христианского вероисповедания в нижних слоях китайского общества см., например, [Luo Qun 2012]. См. также [Zürcher 1997a].

Помимо общей системы адаптации к католичеству, метод аккомодации предлагал обширный набор китайских терминов для описания христианских концепций, от воскресения до Царствия Небесного и от греха до преисподней. Многие из этих выражений имели гораздо более старую историю — не только в конфуцианских школах, но и в китайском буддизме. Так или иначе, к 1620-м годам, когда Чжу научился читать, канон христианских выражений уже полностью сложился. Этот канон не являлся незыблемым, и некоторые термины оставались спорными в среде европейских миссионеров еще много десятилетий, но в целом концептуальная сфера иезуитского католицизма в Китае имела прочную основу уже во втором десятилетии XVII века. Таким прозелитам, как Чжу Цзунъюань, больше не приходилось искать новые термины и концепции для описания иностранного вероучения[3], но отдельные авторы вносили свой вклад по мере разработки аспектов новой веры. Как и другие образованные христиане, Чжу старался добавлять свои элементы к существующему литературному канону.

Метод аккомодации не был самостоятельно и независимо создан ведущими иезуитами, как подразумевают некоторые относительно старые образцы исторической литературы. Вместе с тем он не был и продуктом исключительно китайского переосмысления или локализации католических верований и обрядов. Точнее будет сказать, что синтез между конфуцианством и христианством появился в результате целого ряда сложных взаимодействий. При размышлении о его природе нужно принимать во внимание две оговорки. Во-первых, было бы упрощением и даже заблуждением рассматривать эти взаимодействия главным образом как следствие контакта между европейцами и китайцами. Это было бы недооценкой большого разнообразия обеих цивилизаций: к примеру, китайские буддисты не принимали участия в культурном диалоге, который привел к синтезу конфуцианства

---

[3] В последнее время изучение глобальных концепций стало постоянно расширяющейся областью научных исследований. См., к примеру, [Pernau, Sachsenmaier 2016].

и христианства, и то же самое относилось к крупным сообществам европейских христиан, таких как протестанты. По сути дела, метод аккомодации следует рассматривать как результат диалога между двумя действующими силами: членами Общества Иисуса и представителями китайской элиты.

Кроме того, мы уклонились бы в неверную сторону, если бы воспринимали систему взаимосвязей между христианством и конфуцианством как интеллектуальную конструкцию, произвольно выбранную из неограниченного количества возможностей. Метод аккомодации не просто результат ученого диалога, и его основные контуры не были сформированы только интеллектуальными альтернативами и предпочтениями — к его созданию причастно множество факторов — от китайского законодательства до гегемонистских представлений. Взятые в совокупности, они наложили многочисленные идеологические и правовые ограничения на европейских и китайских представителей, участвовавших в переносе католических доктрин ордена иезуитов на культурную почву Китая эпохи поздней Мин.

Для начала, с последней четверти XVI века Китай находился в глубоком кризисе, хотя и не вошел в фазу полного распада общественного и государственного устройства. Фактически его сила позволяла государству диктовать условия взаимоотношений с европейцами. Эти взаимоотношения проявлялись разными способами и в различной обстановке, включая Макао, который в исторической литературе обычно рассматривается как часть Португальской империи. Но в действительности определенный баланс сил и интересов между португальскими поселениями в Макао и императорским Китаем продолжал существовать: китайское правительство требовало выплаты ежегодной ренты и контролировало доступ в пределы города. Китайско-португальские отношения также символизировала надпись на воротах, обращенных к материковому Китаю, где жирные буквы увещевали путников «бояться нашей силы и уважать нашу добродетель» [Ptak 1980: 46]. Хотя мы можем рассматривать Макао как форпост европейского колониализма и один из центров всемирной христианизации[4], португальская цитадель также свидетельствовала о сравнительно слабой позиции держав Иберийского полуострова по сравнению с древними и могущественными азиатскими державами, особенно с Китаем.

Кроме того, для китайской миссии регуляторные функции государства оставались силой, с которой следовало считаться даже в худшие годы переходного периода между династиями Мин и Цин. В разгар острого кризиса китайские государственные ведомства продолжали налагать строгие ограничения и как минимум частично выполнять их по отношению к европейским торговцам и миссионерам в Китае [Wills 2011b: 47–48]. Далее, иезуиты были подвержены повторяющимся враждебным действиям со стороны государственных чиновников, которые обычно начинались с письменных нападок и время от времени приводили к арестам и даже к широкомасштабным репрессиям по всему Китаю. Одним из примеров является волна антихристианских гонений в Нанкине около 1616 года, которые были относительно скромными по масштабу, но могли привести к повсеместным репрессиям, которые серьезно угрожали бы присутствию иезуитов в Китае.

Все это требовало от иезуитов серьезного отношения к китайской государственной структуре и к ее основным принципам, когда они работали над китаизированным вариантом своей веры. Вероятно, многие святые отцы — иезуиты и сами благоприятно относились к конфуцианскому учению в его различных аспектах, но они не могли игнорировать официальную точку зрения и господствующие взгляды. Если иезуиты хотели получить признание по официальным каналам и уважение в высших эшелонах обще-

---

4   Этот город, безусловно, обладал такими характеристиками: его многонациональное население и неоднородная христианская община наглядно представляли собой концепцию церкви, пересекающей культурные и этнические границы. К примеру, в Макао XVII века 2000 португальских жителей были меньшинством среди общего населения в 40 000 человек, которое, наряду с китайцами, включало значительные общины из Восточной Африки, Индии и Юго-Восточной Азии, имевшие политическое влияние. См. [Ptak 1980: 80–84]. См. также [Souza 1986].

ства, близких к этим каналам, им нужно было представить свою религию как силу, подкрепляющую конфуцианскую школу (жу-цзя), а не ставящую ее под сомнение. Определенные ритуалы и основополагающие принципы нельзя было осуществлять на практике, не поставив под угрозу благополучие миссии в целом. В то же время культурно-политический ландшафт поздней Мин допускал знакомство с христианством как с конфуцианским вариантом Небесного Учения.

Но и с католической стороны сохранялись многочисленные ограничения: как уже упоминалось, иезуиты имели собственную теологическую структуру с установленной системой сдержек и противовесов. К тому же им приходилось формулировать идеи конфуцианско-христианского синтеза в обстановке непрерывных дебатов с мощными оппонентами внутри Католической церкви и за ее пределами, которых возмущало терпимое отношение многих иезуитов к китайским ритуалам, таким как культ предков, наряду с уравниванием христианских и конфуцианских концепций. Во многих отношениях способы китаизации христианства, принятые иезуитами, по меньшей мере частично были сформированы под давлением оппонентов. В качестве ордена Католической церкви и подразделения глобальной сети распространения христианства иезуиты не имели полной свободы выбора действий, желательных для сочетания своей веры с китайскими концепциями.

При рассмотрении этих факторов становится ясно, что синтез между конфуцианством и христианством не мог возникнуть как новшество, созданное с чистого листа. Напротив, он возникал постепенно из сложного узора ожиданий и ограничений. Внедрение миссионеров иезуитского ордена и их религии в общественную ткань поздней династии Мин не было чисто лингвистической задачей и не опиралось исключительно на концептуальную работу, в ходе которой святые отцы решали, какие элементы духовного и научного наследия Китая можно совмещать с католичеством. Как и в случае со всеми организационными аспектами христианской жизни в Китае, последующие компромиссы необязательно принимали вид связной и последовательной теологической структуры. Скорее, за интеллектуальными проблемами стояли более насущные государственные и политические проблемы. В конечном синтезе, который теперь называется методом аккомодации, оставалось множество противоречий, в основном проистекавших от того, что две стороны не были эквивалентны друг другу. С восточной стороны это было государство Мин или Цин в качестве империи с обширным территориальным и культурным ландшафтом. С западной стороны это было Общество Иисуса с обширной сетью международных миссий, тесно связанное с процессами глобализации Католической церкви и с европейскими колониальными державами. Обе структуры претерпели в ходе XVII века значительные изменения.

Трения и разногласия в расширяющейся церкви

В период жизни Чжу изменения организационного устройства Католической церкви в Азии приводили к непрестанному давлению на китайских миссионеров Общества Иисуса. Постепенный упадок Португальской империи совпадал по времени с прибытием в государство Мин новых католических деятелей, затруднявших работу иезуитов, чьи полномочия были ранее согласованы с Римом. Хотя *pardoado* — ряд договоренностей между Ватиканом и португальским правительством — гарантировал короне Лузитании высокую степень сюзеренитета в церковных вопросах, после второго десятилетия XVII века эта система начала разрушаться. Португальская империя пыталась давать отпор, и в течение некоторого времени инквизиция в таких местах, как Гоа, в основном занималась гонениями на европейских миссионеров, действовавших вне юрисдикции системы *pardoado* [Reinhard 2016: 135]. В некоторых отношениях основание *Sacra Congregatio de Propaganda Fide*, или Священной конгрегации по распространению веры (ныне Конгрегация евангелизации народов), учрежденной папой Григорием XV в 1622 году, нужно воспринимать в контексте слабеющего влияния Португалии и появления в регионе европейских конкурентов.

Священная конгрегация предназначалась для дальнейшего освобождения церкви от влияния имперских держав Иберийского полуострова и их европейских преемников. Она стремилась установить новую миссионерскую систему, со своими коллегиями и региональными штаб-квартирами [Meier 2010: 377]. В своих попытках создания альтернативной структуры за рамками контроля Португальской империи Священная конгрегация даже постаралась учредить независимую административную систему [Standaert 2000d].

Более того, Ватикан пересмотрел свою прежнюю политику, согласно которой Общество Иисуса, действовавшее под эгидой португальской короны, наделялось исключительными правами обращения в католичество на территории Китая и Японии. Важный результат был достигнут в 1633 году, когда папа Урбан VIII выпустил буллу, открывавшую католикам всех стран и орденов доступ в Юго-Восточную Азию [Collani 2000: 295–297]. Это означало, что миссионерами в Китае становилось все больше испанцев, а это было резким отходом от уложений *pardoado*, запрещавших даже испанским членам Общества Иисуса приезжать в Китай. Именно такая ограничительная политика была причиной безраздельного преобладания португальцев, итальянцев и немцев в рядах иезуитов, служивших в Китае [Clossey 2008: 154–157].

Эта политика не только привела к трениям между Ватиканом и Португальской империей [Wills, Cranmer-Byng 2011], но также превратила Китай в арену ожесточенного соперничества между разными орденами Католической церкви — к примеру, между иезуитами и францисканцами. Вероятность конфликтов возрастала в силу того обстоятельства, что папский престол не осуществлял общую координацию усилий Католической церкви по обращению иностранцев в христианство. Каждый орден имел свою администрацию в Европе, и разные подразделения Католической церкви часто обладали таким же глобальным охватом, как и сама церковь. Многие ордены имели историю миссионерства за пределами Европы, осуществляли собственную политику и боролись с внутренними распрями, а также с трениями между центральной штаб-квартирой и зарубежными миссиями[5].

Общество Иисуса принадлежало к числу наиболее успешных католических миссионерских организаций в эпоху раннего Нового времени. В 1626 году, когда Чжу Цзунъюань был десятилетним мальчиком, иезуиты имели по всему миру 444 коллегии, плюс еще 100 школ и семинарий, обслуживаемых более чем 15 000 рукоположенных членов общества[6]. Вскоре после своего основания в 1534 году Общество Иисуса наметило для себя глобальную повестку, и уже в 1540 году Франциск Ксаверий, его первый заморский миссионер, отправился в Индию [Alden 1996]. В последующие десятилетия иезуиты развернули по всему миру хорошо организованную сеть миссий, действовавшую от Южной Америки до Японии[7]. Общество направляло святых отцов на постоянное проживание в местах их работы, и к началу XVII века от 8 до 12 % его членов были расквартированы за границей, образуя весьма плотную и упорядоченную систему католических миссий, где жили ученые люди, принесшие обет безбрачия.

Таким образом, странствия иезуитов приводили их в разные регионы мира — от Патагонии до Юго-Восточной Азии. Миссионеры обосновывались в культурах и климатических зонах, резко отличавшихся друг от друга; при этом им, как правило, приходилось учить местные языки. Будучи всемирной организацией, Общество Иисуса обладало широким спектром лингвистических

---

[5]   Об ограниченных технологиях коммуникации того времени и об их децентрализующем влиянии на всемирные католические структуры см. [Clossey 2008: 45–67].

[6]   Хорошее контекстное резюме ранней истории иезуитов см. в [Hsia 2005: 27–33].

[7]   В течение долгого времени историческая наука была сосредоточена на изучении жизни и практического опыта иезуитов в отдельных регионах; лишь недавно появился растущий интерес к Обществу Иисуса как к несомненно всемирной организации. См. [O'Malley 2013]. Миссии в Юго-Восточной Азии пользовались среди иезуитов определенной популярностью; многие подавали заявки и проходили тщательный отбор, прежде чем получить назначение на Востоке. См. [Grzebień 2011: 183–184].

познаний, хотя общение между его членами происходило на латыни и некоторых европейских языках раннего Нового времени. Поскольку иезуиты в определенной мере допускали местные адаптации своей веры, это означало, что реальные формы и обряды христианства, соблюдаемые членами Общества, могли существенно различаться между теми, кто работал с коренными американцами в бассейне Амазонки, и теми, кто пытался обратить в свою веру какого-нибудь даймё в Стране восходящего солнца[8]. В то же время разнообразные общественно-политические реалии их потенциальной паствы влияли на организационный характер местных иезуитских учреждений. К примеру, в Южной Азии иезуитские миссионеры располагались главным образом в колониальных прибрежных городах, а поскольку там значительную часть населения составляли католики, то их церковная жизнь отчасти напоминала европейскую. С другой стороны, в Китае иезуиты были иностранными резидентами, работавшими в разных сообществах, разбросанных по всей территории огромной империи.

Тем не менее Общество Иисуса также имело глобальную архитектуру, разделенную на сеть региональных филиалов (*ассистенций*) с подведомственными провинциями и вице-провинциями. Эти менее крупные организационные подразделения обычно находились под управлением нескольких коллегий и других миссионерских цитаделей. К примеру, святые отцы, с которыми общался Чжу Цзунъюань, принадлежали к китайской вице-провинции, которая была частью португальской *ассистенции*, которая, в свою очередь, была образована из индийской провинции и японской вице-провинции[9]. Структура управления секциями и подразделениями была сложной и запутанной, без четкого распределения полномочий, задач и обязанностей. Это придавало значительную роль *visitatores*, или выездным инспекторам Общества в Азии. Такие инспекторы, наиболее известным из

---

[8] Примеры сравнительных исследований с изучением деятельности локальных миссий иезуитского ордена в разных регионах см. в [Prieto 2017; Hosne 2013].

[9] Более подробно см. в [Harris 1999: 217–223].

которых, вероятно, был Алессандро Валиньяно (1539–1606), надзирали за административной и религиозной жизнью возглавляемых иезуитами христианских общин в Азии[10] и служили главными представителями Общества Иисуса в регионе.

Помимо своих религиозных предприятий, Общество Иисуса также вело активную экономическую деятельность[11]. Региональные подразделения, такие как китайская миссия, испытывали хроническое недофинансирование с недостаточными и нерегулярными пожертвованиями от своего официального покровителя — португальской короны. Иезуиты пользовались знакомством своих китайских единоверцев — мирян с тонкостями азиатской торговли и собственными связями в обществе для изыскания дополнительных источников дохода [Pina 2012: 123–129]. К примеру, в Японии, где с середины XVI века Общество Иисуса пользовалось некоторыми территориальными правами в важном портовом городе Нагасаки, иезуиты помогали португальским торговцам получать более широкий доступ на японский рынок сбыта. К тому времени, когда иезуиты были вынуждены покинуть Японию, они контролировали значительную долю торговли между Китаем и Японией, бо́льшая часть которой проходила по неофициальным каналам и по маршрутам, которые торговцы, получившие привилегии от португальской короны, не могли полностью освоить. Разумеется, прибыль уходила на финансирование миссионерской деятельности, но участие в торговле также помогало продвигать миссионерские инициативы. Сравнительно терпимое отношение к иезуитам в Японии фактически объяснялось их большим значением для международной торговли. Но это означало, что местная поддержка Общества Иисуса в XVII веке, после появления конкурентов из Голландии и других стран, недружественных к Португалии, сократилась и пришла в упадок [Reinhard 2011: 23–24].

По сравнению с другими глобальными религиозными орденами иезуиты уделяли особое внимание просвещению, что обычно

---

[10] Биографию инспектора Андре Пальмейро (1569–1635) см. в [Brockey 2014].

[11] Исследование этого предмета см. в [Alden 1996]. См. также [Qi Yinping 2017].

включало языковые и культурные директивы. Они были твердо убеждены в необходимости личного знания местной обстановки — будь то для миссионерской деятельности, для формирования политических связей или для иных целей. Общество Иисуса содержало ряд школ и колледжей по всему миру, чьи наставники были опытными строителями мостов между европейскими и местными формами знания. Перед назначением на свои посты миссионеры проходили суровую выучку в этих школах, с пониманием того, что образовательная база наделяет их общественным уважением и культурным авторитетом, благотворным для дальнейшей работы. Однако политика уважения к другим формам культурного наследия (и активного участия в них) была не только стратегическим инструментом в руках воинов церкви. С точки зрения многих иезуитов, культурные различия были предопределены Богом, а потому они были абсолютно совместимыми с всеобщим распространением католицизма. Хотя святые отцы были глубоко убеждены в монополии христианского Бога и часто высказывали мнение, что языческие общества, не приобщенные к истинной вере, обречены на вечное проклятие, они не рассматривали проповедь католичества как эквивалент распространения европейского образа жизни с его общественными и культурными ценностями [Clossey 2008]. В общем и целом это отличало миссионеров раннего Нового времени от их преемников в XIX и XX веках.

Экуменический взгляд на культуру был характерен для деятельности Общества Иисуса в разных частях света. Разумеется, степень желательности совмещения местных и христианских элементов определялась иезуитами в зависимости от местных условий и варьировала в разных контекстах. К примеру, в обеих Америках многие иезуиты придерживались мнения, что эти огромные массивы суши образуют «новый континент», который можно преобразовать в соответствии с западными принципами [Darwin 2007: 116–118]. Но даже там отдельные члены Общества Иисуса сильно противились планам Иберийских держав по радикальному переустройству туземных американских общин. Некоторые из них даже учреждали «редукции», то есть поселения, предназначенные для защиты коренного населения от колониальной эксплуатации.

Однако во многих азиатских странах в XVII веке европейское влияние было ограниченным, что делало невозможным переустройство местного общества по европейским лекалам [Demel 2010: 158–159]. Геополитическая мощь таких государств, как Империя Великих Моголов или Китай при династии Мин, требовала компромиссного подхода (в том числе метода аккомодации), особенно для миссионерских центров, пытавшихся закрепить позиции в финансовых или правящих элитах, включая благосклонность самого монарха. Это можно видеть уже в «Наставлениях» инспектора Алессандро Валиньяно от 1579 года, где глава азиатской миссии предостерегает своих подчиненных от попыток «убедить этих людей в необходимости изменения их обычаев и поведения, если они не вступают в явное противоречие с религией и моралью» [Hsia 2005: 210].

Подобные наставления осуществлялись на практике разными способами. К примеру, в Индии Роберто де Нобили (1577–1656) изучал тексты на санскрите и вел образ жизни, во многом сходный с кастой браминов. Другие святые отцы тоже сближались с индийской кастовой системой в надежде добиться расположения в высших кругах индуистского общества [Zupanov 2007]. Несколько иезуитов в Индии даже заняли должности при дворе Великих Моголов, присоединившись к космополитической и межрелигиозной группе советников трона. Некоторые члены Общества Иисуса имели большие планы; в 1579 году, когда император Акбар (1542–1605) пригласил трех иезуитов жить рядом с ним в течение нескольких лет, они надеялись на очередное «константинопольское обращение» в смысле массовой христианизации после обращения в истинную веру верховного правителя [Kochhar 1994; Parker C. 2010: 182–183]. Этого не произошло, и очередная придворная миссия, направленная туда в начале 1590-х годов, тоже потерпела неудачу.

Дальше к югу и поколением позже португальский иезуит Энрике Энрикес (1520–1600) принял активное участие в переводе христианских текстов на тамильский язык и достиг глубокого понимания местных традиций и обычаев, принятых главным образом среди высших каст. К 1600 году притесняемая, но все еще процветавшая миссия иезуитского ордена в Японии уже создала значительный корпус литературных сочинений и приступила к обучению первой группы туземных священнослужителей [Hsia 2005: 199–209]. Иезуитские миссионеры прилагали усилия, стремясь связать ключевые христианские концепции и литургические практики с местными традициями, и некоторые представители японской придворной элиты, в том числе даймё и главы аристократических родов, приняли христианскую веру. Впрочем, попытки обратить в христианство сёгуна и императора остались безуспешными.

Если рассматривать его в этой перспективе, метод аккомодации в Китае был частью более широкого миссионерского подхода к христианизации, осуществляемого Обществом Иисуса по всему миру. Наряду с Маттео Риччи в Китае, в других азиатских странах, где работали миссии иезуитов, были свои интеллектуально весьма значимые фигуры. Как и в Китае, иезуитские стратегии адаптации и локализации христианства сталкивались там с противодействием других ветвей Католической церкви. Фактически иезуитская политика аккомодации на азиатских территориях открыла ящик Пандоры теологических разногласий, которые оставались неразрешенными в течение столетий. Вопрос о том, какие культурные обычаи считать приемлемыми или неприемлемыми, оказался чрезвычайно спорным. Одним из примеров является частичный перенос системы индуистских каст на христианские общины, предпринятый де Нобили, который долго был предметом раздоров в индийской миссии [Arun 2007].

В европейских центрах *ecclesia catholica* едва ли не самым заметным диспутом о пределах адаптации христианства к местной культуре был «спор о китайских обрядах». Дебаты вокруг приемлемости некоторых китайских обрядов, особенно культа предков среди китайских прозелитов, с виду были сосредоточены на богословских вопросах. Однако на самом деле они часто были связаны с борьбой за влияние между соперничавшими ветвями Вселенской церкви, имевшими отдельные миссионерские структуры. В самой церкви и за ее пределами многие люди, учреждения и центры власти весьма критично наблюдали за адаптацией христианства к разным культурным контекстам китайской действительности. Как упоминалось ранее, доминиканская миссия в Китае враждебно относилась к любым попыткам тесного сближения с конфуцианством, и доминиканцы активно лоббировали свои взгляды в Риме [Menegon 2010]. К другим критикам иезуитского метода относились такие представители церковных властей, как Андре Пальмейро (1569–1635) — инспектор (*visitator*), осуществлявший административный надзор за многими азиатскими миссиями [Brockey 2014: 308–309][12]. Таким образом, иезуитам, когда они старались определить свой вариант китайского католицизма, приходилось работать в неблагоприятных условиях и под придирчивым наблюдением. Это вынуждало их вступать в ожесточенные споры с соперничающими католическими фракциями, и содержание этих дискуссий иногда становилось достоянием широкой общественности за пределами церковных стен. Что еще важнее, это налагало дополнительные ограничения на идеи, концепции и термины, приемлемые для иезуитов при обсуждении контуров синтеза между конфуцианством и христианством с учеными китайцами.

Разумеется, не только их оппоненты ограничивали позицию иезуитов при разработке метода аккомодации совместно с китайскими собеседниками. Общество как таковое не допускало бессистемного поиска уместных способов переложения христианства на свою культурную основу. Иезуиты предлагали свою организационную структуру, богословские предпочтения и интеллектуальные нормы, отличавшиеся от других орденов Католической церкви [Rule 1986; Mungello 1989]. Иными словами, иезуитское восприятие китайской культурной традиции в основном определялось предыдущими схоластическими концепциями. Интересно отметить, что эти концепции, совмещавшие древне-

---

[12] К главным причинам беспокойства Пальмейро относился вопрос о совместимости культурных ценностей и то обстоятельство, что общий успех метода аккомодации при обращении в христианство членов китайской элиты был весьма скромным.

греческую философию с христианским благовествованием, сами по себе были сформированы в результате межкультурного взаимодействия. Ранние схоласты отчасти черпали вдохновение для переосмысления громадного философского наследия школ Платона и Аристотеля от исламских ученых, таких как Ибн-Сина (Авиценна, ок. 980–1037) и Ибн-Рушд (Аверроэс, 1126–1198). Одной из важных идей была концепция естественного света, *lumen naturale*, направлявшего великих философов прошлого к высшей истине Творца всех вещей. В дальнейшем сформировалось убеждение, что эти философы признавали одного-единственного Бога и имели возможность внимать Его слову[13]. Иезуитские миссионеры в Китае вывели эти связи на поверхность: к примеру, в своих сочинениях и письмах на европейских языках Маттео Риччи сопоставлял свое восхищение древними конфуцианскими текстами с традиционной связью между христианством, древнегреческими и древнеримскими мыслителями.

Если со стороны иезуитов в их аргументах о методе аккомодации проявлялись внутренние противоречия и внешние трения, то другая сторона диалога сталкивалась с собственными трудностями. В особенности это касалось толкований конфуцианского учения, которые в период поздней Мин стали особенно многообразными. Конфуцианство оставалось культурно-религиозным фундаментом Китайского государства, поэтому государственные учреждения обладали полномочиями для санкционирования религиозных обрядов и присутствия иностранных миссионеров на китайской земле. Однако появились новые варианты конфуцианства, которые развивались за пределами государственных структур и заявляли о своей независимости от них. В такой сложной ситуации было затруднительно найти твердую почву для Небесного Учения. Но для религии, пришедшей издалека и нацеленной на официальное признание в кругах элиты, было совершенно необходимо отыскать тесные связи с конфуцианским мировоззрением.

---

[13] Обзор истоков схоластической теологии и ее связей с исламским миром см., к примеру, в [Jordan 2002: 213–225].

Спорные территории: конфуцианские учения
в эпоху поздней Мин

Как выглядело конфуцианское мировоззрение этого периода? Предпосылка о том, что оно было цельным и согласованным, была бы ошибочным толкованием, хотя конфуцианство как понятие подразумевает четко сформулированную идеологию. Сама концепция конфуцианства не существовала при поздней династии Мин или ранее, и она не имела близкого терминологического эквивалента. Латинизированные определения конфуцианства и конфуцианцев были введены в оборот иезуитами раннего Нового времени. В этой латинизированной транскрипции родовое имя «Кун» сочеталось с китайским определением «учителя/наставника» (*фуцзы*) [Jensen 1997]. Сходным образом это западное определение привело к дебатам среди китайских интеллектуалов в конце XIX — начале XX века по вопросу о том, следует ли рассматривать конфуцианство главным образом как религию или как философию[14]. Это лишь отражает влияние иностранных концепций и категорий. По сути дела, этот вопрос, возникший в иной культурной среде, можно рассматривать как искажение первоначального учения.

В Китае XVII века существовало несколько терминологических определений конфуцианства, но это учение не было названо в честь Конфуция. Фактически оно чаще упоминалось в гораздо более широком смысле, вроде «Школы ученых» (*жуцзя*). Более новые, хотя и насчитывающие уже сотни лет школы мышления пользовались такими названиями, как «учение о Пути» (*даосюэ*) или «учение о человеческой природе и мире идей» (*синлисюэ*) [Peterson 1998a: 709]. Эти названия показывают, каким было восприятие конфуцианского учения в Китайском государстве и обществе. В общем и целом среди китайской элиты конфуцианство рассматривалось как единственное учение, способное наводить мосты между личной карьерой и общественно-политической стабильностью в широком смысле слова.

---

[14] См., к примеру, [Chen 2012]. О дебатах в начале XX века см., к примеру, [Zarrow 2012].

Роль «Школы ученых» в официальной государственной традиции многих династий, включая династию Мин и последующие периоды династии Цин, оставалась велика[15]. Из-за системы императорских экзаменов учение Конфуция было тесно связано с государственной бюрократией и административной карьерной лестницей Срединного Царства. Поскольку знание конфуцианских доктрин было главным критерием отбора чиновников, это учение на разных уровнях было неразрывно связано с китайской государственностью — от элитарного образования до замысловатых ритуалов при китайском дворе. В отличие от латинского христианства, конфуцианство в концептуальном и административном смысле было составной частью китайского правительства.

В силу того, что конфуцианство в основном, хотя и не исключительно преподавалось в образовательных учреждениях, его повестку преимущественно составляли представители привилегированных классов. Более того, в отличие от христианства конфуцианство не имело стандартных обрядов инициации, таких как крещение, или четко определенного членства. Человек не мог «обратиться» в конфуцианство — вместо этого он должен был пройти через процесс самосовершенствования, пользуясь конфуцианскими текстами и ритуалами. В ходе этого процесса люди часто опирались и на другие духовные ресурсы, особенно на буддизм или даосизм[16]. Это означало, что демаркационная линия между конфуцианством и другими учениями была неопределенной; по сравнению с христианством у него также не было «защитников веры». Никакая инквизиция не следила за соблюдением стандартных принципов и доктрин вероучения, и никакое духовенство не надзирало за прилежанием своей паствы.

Это не значит, что китайские мыслители не испытывали озабоченности по поводу конфуцианской доктрины. Хотя там не существовало ревнивого Бога или строгого разделения между людьми,

---

[15] Некоторые ученые пользуются термином «официальная религия»; см., к примеру, [Taylor 1990; Yang C. 1961: 1–24].

[16] О единстве политики, морали и ритуалов в конфуцианстве см., к примеру, [Gernet 1984: 42–43].

принимавшими или не принимавшими слова наставника, отдельные люди, целые духовные школы или религии могли получать клеймо «еретических» (*се*) и были вынуждены доказывать, что их мировоззрение является «правоверным» (*чжэн*)[17]. Но в силу отсутствия центральной инстанции, обладающей полномочиями клеймить позором предполагаемых еретиков, самые разные движения и организации могли называть друг друга *се*, отстаивая собственную интерпретацию того, что значит быть истинными последователями древнего наставника Конфуция.

Однако появление католицизма — нового вероучения с центральной организацией — было сопряжено с угрозой, что государственные власти признают вредоносность чужеземной религии. Особую тревогу бюрократического аппарата вызывала возможность того, что сетевая структура католических миссий может бросить вызов основным принципам конфуцианства как государственной религии. Таким образом, доктринальные вопросы не были единственным фактором, обусловившим необходимость синтеза между конфуцианством и христианством — вероятное политическое давление со стороны китайских властей тоже сыграло важную роль [Standaert 1991]. Конфуцианские мыслители и чиновники сходились во мнении относительно христианства — это означало, что иезуиты и члены их паствы были вынуждены соблюдать массу юридических ограничений и государственных постановлений. Им даже приходилось участвовать в конфуцианских государственных ритуалах, поскольку никакое вероучение, чьи представители заявляли о своем вкладе в общественное и политическое благополучие Китая, не могло уклоняться от такого участия.

В период поздней династии Мин в Китае процветал синкретизм, — возможно, потому, что в эпоху общественно-политического кризиса и культурной нестабильности многие ученые стали продвигать новые интерпретации конфуцианства. Иными словами, во времена поздней Мин ландшафт конфуцианских толкований был особенно разнообразным и живописным. Этому способ-

---

[17] Об этом терминологическом дуализме в эпоху Мин см. [Shek 1980: 380].

ствовали обширный рынок книжной продукции и появление новой элиты, менее приверженной традиционным формам учения, чем их предки. Общий государственный кризис сопровождался фрагментацией школ и течений конфуцианства. Охромевшая бюрократия имела мало ресурсов, а возможно, и желания для идеологического построения ученых и чиновников в одну шеренгу. В этом смысле многообразие конфуцианских школ во времена поздней Мин было как минимум отчасти связано с кризисом «Школы ученых» как государственного учреждения.

Позиция конфуцианства как официальной доктрины укрепилась при династии Сун (завершившей свое правление в 1270-х годах), когда такие мыслители, как Чэн И (1033–1107) и Чжу Си, постарались вдохнуть новую жизнь в конфуцианское учение, которое долгое время находилось в упадке [Bol 2008: 115–193][18]. Их переустройство конфуцианской доктрины было основано на личной интерпретации развития «Школы ученых» — и косвенным образом этической и политической ориентации Китая — по сравнению с дре́вними временами. Согласно их ви́дению истории некогда существовала эпоха, где нравственная чистота и политическая стабильность достигли кульминации. Но за этой идеальной эпохой последовали времена упадка, которые в конце концов привели к периоду Борющихся, или Сражающихся Царств, когда политическая целостность Срединного Царства уступила место непрерывному военному соперничеству милитаризированных государств.

Многие конфуцианцы эпох Сун и Мин считали Конфуция выдающимся человеком, который нашел в себе силы для самосовершенствования, соответствовавшего наивысшим критериям предыдущей идеальной эпохи. Однако сам Конфуций потерпел неудачу в должности чиновника: его высокие ценности не могли воспрепятствовать упадочному духу того времени. Хотя он не стал следующим великим императором, но, согласно неоконфуцианцам, он передал свой Путь (Дао) небольшому кругу избран-

---

[18] В этом сочинении содержится информативный обзор неоконфуцианских традиций.

ных последователей. Кроме того, неоконфуцианская интерпретация прошлого предполагала, что в бюрократических империях после династии Хань, которая правила с 206 года до н. э. до 220 года н. э, даже эта индивидуальная передача *Дао* Конфуция между поколениями его учеников была прервана.

Ученые-кофуцианцы считали возвращение к этому Пути своей исторической миссией, осуществляемой главным образом в процессе индивидуального обучения[19]. Хотя они утверждали, что избавились от еретических наслоений и вернулись к изначальному Пути, на самом деле неоконфуцианцы не вернулись к классическому учению Конфуция. Напротив, эти мыслители эпох Сун и Мин вступили на новую философскую территорию, часто включая в свои тексты элементы буддизма и даосизма, хотя и объявляли эти религии поверхностными[20]. К примеру, теперь они представляли внутренний нравственный потенциал каждого человека как результат воздействия космических сил. Даже неоконфуцианская концепция передачи *Дао* в процессе личного общения между учеником и наставником (*даотун*) сама по себе пришла из буддизма вместе с практикой самосовершенствования, подразумевавшей сосредоточенную неподвижность и медитацию [Schmidt-Glintzer 1982: 34]. В любом случае следование этическим идеалам больше не рассматривалось как набор общественно полезных занятий — теперь адепты должны были уделять большее внимание внутреннему развитию и духовной зрелости.

Хотя неоконфуцианские ученые XII века ратовали за самостоятельное обучение, положение изменилось, когда государство превратило выдержки и комментарии из текстов таких мыслителей, как Чжу Си и Чэн И, в основу заново учрежденной системы государственных экзаменов. В руках имперской бюрократии

[19] О неоконфуцианской интерпретации времени и Пути см. [Bol 2008: 100]. О концепции Чжу Си, что истинный Путь находился в забвении более полутора тысяч лет, см. [Bauer 1976: 289–290].

[20] Иэн Макморран отмечает, что многие неоконфуцианские ученые обвиняли друг друга в пагубном влиянии буддизма [McMorran 1975].

неоконфуцианские учения стали государственной религией — на практике это означало, что образование теперь служило главным образом для продолжения карьеры. Каналы государственной экзаменации, основанные на концепции карьерного роста, большей частью сводились к тщательному, кропотливому изучению стандартных текстов. Начиная с XVI века ряд сложных общественных преобразований увеличил дистанцию между государственным аппаратом и крупными сегментами образованной элиты. Все сильнее коррумпированная бюрократия, наряду с системой государственных экзаменов, больше не выглядела привлекательной для представителей привилегированного сословия, чья интеллектуальная и личная жизнь становилась более разнообразной. Неудивительно, что отношение элиты к официальному учению Чэна/Чжу тоже изменилось, и эти предписанные варианты конфуцианства все чаще рассматривались как косные и застывшие во времени, а потому неэффективные для реагирования на текущие невзгоды.

В ходе этого сдвига предпочтений многие ученые начали исповедовать конфуцианство в собственном понимании и со своей терминологией. В некотором смысле они продолжали важные традиции обучения при династии Сун, но продвигали их в новых, иногда даже радикальных направлениях. Одной из главных областей, затронутых переменами, были взаимоотношения с государством. Многочисленные варианты неоконфуцианства при династии Сун, переведенные в подчинение системы государственных экзаменов, уже создали определенную дистанцию между учеными-чиновниками и правителями, подвергая сомнению право Императорского двора на высший моральный авторитет и провозглашая Конфуция, а не мудрых царей глубокой древности высшим источником нравственности[21]. Во второй половине эпохи Мин можно видеть растущие сомнения в том, обладает ли государство верховным правом в обучении политике и морали.

---

[21] Особенно четкая формулировка этой мысли содержится в комментариях Ху Аньго (1074–1138) к классическим текстам, которые сыграли важную роль в системе государственных экзаменов. См. [Bol 2008: 129–130].

В числе видных мыслителей, высказывавшихся по этому поводу, был Ван Янмин (1472–1529), один из основателей движения Учения о духовном самосовершенствовании (*синьсюэ*)[22]. Ван указывал на неспособность официального учения вырастить нравственную элиту, которая могла бы соответствовать высоким стандартам древнего конфуцианства: «Кажется, что в нашем мире хорошо понимают воззрения мудрецов, но когда я оглядываюсь вокруг, то не вижу ни одного мудреца»[23].

В период жизни Чжу Цзунъюаня школа Ван Янмина имела сильную группу последователей в нижней части дельты Янцзы, включая Нинбо [Kojima Tsuyoshi 2007; Dai Guangzhong 2003]. Его философия удачно сочеталась с общественными переменами в провинции Чжэцзян и других регионах Китая. К примеру, его отчужденное отношение к государственной службе коррелировало с положением местных зажиточных семейств, которые больше не были одержимы идеей государственной карьеры и начали активно заниматься торговлей. В первой половине XVII века в Чжэцзян были видные ученые, такие как Хуан Цзунси (1610–1695), который причислял торговлю к основам государства и утверждал, что ее нужно рассматривать в этом качестве. Но школа Ван Янмина и ее ответвления обращались не только к представителям зажиточного класса, будь то «старые» или «новые» деньги, — они также обращались к растущему сословию обедневших ученых, не имевших надежды на официальное назначение. Обе эти общественные группы становились все более восприимчивыми к идее освобождения конфуцианства от его роли государственной религии Китая.

Широко распространенный скептицизм по отношению к официальному образованию сводился к мнению, что подлинное образование больше нельзя рассматривать как процесс приспо-

---

[22] В классической китайской транскрипции слово *синь* одновременно обозначает разум и чувства, а также нравственную природу человека и его намерения. В некоторых случаях этот термин переводится как «сознание». Современное китайское исследование о Ван Янмине см. [Tian Wei 2003].

[23] Цит. по: [Bol 2008: 98].

соления к государственной власти. Хотя такие концепции изначально присутствовали в философии Чжу Си и других неоконфуцианских авторов эпохи Сун, система государственного образования не уделяла им особого внимания. Теперь многие ученые поздней Мин были сосредоточены на идее личного развития, и Ван Янмин со своими последователями еще глубже развил идеалы индивидуального самосовершенствования. Они давали понять, что такое саморазвитие необязательно требует постепенного усвоения конфуцианской премудрости через прилежное изучение старинных тестов. По их мнению, нравственный прогресс может происходить спонтанно и врожденный нравственный потенциал человека может быть реализован в момент непроизвольного прозрения. Эта идея явно уходила корнями в буддийскую концепцию внезапного просветления.

На последних этапах правления династии Мин многие влиятельные ученые вышли за рамки простого указания на необходимость различия между конфуцианским обучением и государственным сектором. Они также переосмыслили и перевели в относительную плоскость понятие авторства в письменном наследии конфуцианства. Для ряда школ классические древние тексты были не выражением абсолютных и неизменных стандартов, но лишь контрольными пунктами на пути самосовершенствования. Другие мыслители пошли еще дальше. К примеру, философ Ли Чжи (1527–1602), который был эксцентричным, но тем не менее чрезвычайно влиятельным персонажем в интеллектуальной жизни поздней Мин, подчеркивал, что идеи Конфуция существовали в определенных временных рамках, а потому их нельзя воспринимать как само собой разумеющееся: «Если бы Конфуций вновь появился в наши дни, невозможно было бы предсказать, какие мысли он высказал бы о правильном и неправильном»[24].

С учетом того, что возвращение к житейской мудрости древнего конфуцианства могло происходить разными путями, неудивительно, что другие учения тоже играли роль в процессе инди-

---

[24] Цит. по: [Peterson 1998a: 749].

видуального самосовершенствования. Хотя и в прошлом знакомство с другими учениями, в дополнение к конфуцианству, не было чем-то необычным, религиозный синкретизм в эпоху поздней Мин поднялся на новую высоту. Некоторые из самых популярных и читаемых мыслителей, включая Ван Янмина и Ли Чжи, провели годы жизни среди буддистов[25]. Как и многие другие ученые того времени, они открыто обращались к буддизму или даосизму ради стабилизации «Школы ученых». Многие авторы подчеркивали, что по своей глубинной сути три великих учения Китая образуют единство, и каждое из них предлагает свой способ постижения одной и той же реальности[26].

В этом смысле великое возрождение буддизма, начавшееся в XVI веке, необязательно рассматривалось как антитеза конфуцианству. Разные буддийские школы и многие ученые люди связывали свою веру с поисками утраченных идеалов конфуцианства. К примеру, Юань Цзундао (1560–1600) и Цзяо Хун (1540–1620) утверждали, что буддийские сочинения являются комментариями, проясняющими слова Конфуция и таким образом приближающими настоящее к идеалам прошлого[27]. Чжу Хун (1535–1616) полагал, что конфуцианские и буддийские ценности различаются лишь в мелких подробностях. Он тоже разделял мнение, что важнейшие аспекты давно прошедшего золотого века можно восстановить с помощью буддийской мудрости [Araki 1975: 57; Greenblatt 1975: 127–129][28].

К середине XVI века представления некоторых конфуцианских синкретистов и буддистских ученых настолько сблизились, что граница между этими двумя лагерями стала размытой [Chow 1994: 27–29]. К примеру, Ван Янмин утверждал, что самосовершенствование должно начинаться с внутренней нравственной убежден-

---

[25] О Ли Чжи в целом см., к примеру, [Shimada 1987: 173–194].

[26] Общий обзор см. в [Brook 2010b: 161–185].

[27] О Цзяо Хуне см. [Ch'ien 1975: 279; Araki 1975: 47]. О Юане Цзундао см. [Eichman 2016: 329–335].

[28] Фактически буддистские ученые неоднократно пытались связать свою веру с китайским официальным учением и культурными обычаями. Это происходило с тех пор, как их религия впервые появилась в Китае.

ности; для него это означало, что человек может продвигаться к совершенству через исследование других вероучений. Так или иначе, великий ученый эпохи Мин был убежден как в тесной связи между основателями трех великих учений Китая, так и в том, что все трое сбились с первоначально избранного пути [Tu Weiming 1976: 84–85]. Такие мыслители, как Ван Цзи (1498–1583), оправдывали сочетание буддизма и конфуцианства аргументами о том, что буддизм близок к первоначальному Пути конфуцианства [Araki 1975: 46][29]. Часто утверждалось, что буддизм помогает ученому человеку освободиться от общественных условностей и политических ограничений, что считалось залогом продвижения к истинному самосовершенствованию и духовной зрелости.

Но, несмотря на тяготение Ван Янмина и других образованных людей к буддийскому учению, они по-прежнему сохраняли верность «Школе ученых». Они отвергали разные школы буддийской философии, рассматривавшие мир в целом — и человеческую жизнь в частности — как иллюзию. Отчуждение от общества было неприемлемо для ревностных неоконфуцианцев, и они были твердо уверены, что люди живут в абсолютно реальном мире. Эта философская преданность материальному миру находила отражение в их политической повестке, пусть и в самом широком смысле слова: нравственно зрелые люди должны вносить вклад в процветание своей семьи, общества и государства [Zhao Yuan 2006]. Это можно было делать, к примеру, поддерживая общественное просвещение. Некоторые «нетрадиционные» конфуцианцы даже обратились к распространению концепций справедливости, нравственной чистоты и неподкупности среди широких масс через такие площадки, как народный театр [Zhao Yuan 1999, chap. 4].

В таком интеллектуальном и общественном климате наступил расцвет независимых конфуцианских академий, зачастую представлявших разные ветви учения Конфуция[30]. К примеру, суще-

---

[29] См. также [Tang Chun-i 1970: 116].

[30] Об истории академий и сравнении с современными европейскими организациями см. [Hsu 2012: 393–401].

ствовали такие академии, как Общество Триединого Учения, основанное Линь Чжаоэнем (1517–1598) [Berling 1980]. Как подразумевает его название, общество было местом для обмена конфуцианскими, буддийскими и даосскими идеями для разработки синкретического подхода. Другие организации, такие как академия «Дунлинь», основанная в Уси в 1580-х годах, более конкретно сосредотачивались на изучении конфуцианских текстов как на средстве нравственного совершенствования. Гу Сяньчэн (1550–1612), один из первых влиятельных членов академии, дистанцировался от идеала спонтанного познания, принятого в школе Ван Янмина, хотя и поддерживал его взгляды о нравственной самостоятельности.

Интеллектуальный лейтмотив ученого круга академии «Дунлинь» можно рассматривать как попытку совместить критический дух (наподобие идей Ван Янмина о спонтанном обучении) с традиционным порядком конфуцианского изучения канонических текстов, принятым в школе Чжу Си[31]. Члены этой академии стремились поддерживать личные нравственные качества ученых и подлинные конфуцианские ценности по контрасту с моральным и политическим упадком государственных учреждений. Некоторые ее самые видные представители служили в Пекине и пытались вмешиваться в придворные распри во времена усиления политического кризиса при евнухе Вэй Чжунсяне. Это привело к правительственным репрессиям, включавшим пытки и даже казни нескольких членов академии «Дунлинь», а потом и к ее уничтожению [Dardess 2002].

Хотя здания академии «Дунлинь» к тому моменту, когда Чжу Цзунъюань приступил к литературному творчеству, были сожжены дотла, ее интеллектуальные и политические взгляды продолжали существовать. Ученые, сохранявшие близость к идеям академии, часто и решительно выступали против совмещения конфуцианства с буддизмом или с любой другой религией. Вме-

---

[31] К главным концептуальным дуализмам в этом контексте принадлежали термины *сяосинь* («тщательный», «осторожный») и *цзыжань* («естественный», «спонтанный»). Более подробно об этом см. [Peterson 1998a: 754].

сто этого они пытались стабилизировать нравственное, общественное и политическое состояние Китая с помощью более чистой версии конфуцианства в надежде вернуться к былым идеалам Конфуция и отсеять праздные метафизические рассуждения [Peterson 1979: 94–95]. Они не были одиноки в своем мнении, что новые этические позиции, включая синкретизм, являлись не шансом на обновление «Школы ученых», но признаком ее упадка[32]. Многие считали другие религии по меньшей мере частично ответственными за моральное вырождение государственной службы; в последние годы династии Мин такие опасения усугублялись ролью популярных буддийских и даосских культов в широко распространенных выступлениях мятежных крестьян, городских рабочих и мародерствующих солдат.

Но силы, склонные к более узкому и практическому пониманию конфуцианской традиции, были лишь частью живописного полотна, где расцветали всевозможные школы и толкования. Стоит вновь подчеркнуть, что в период жизни Чжу Цзунъюаня требование актуализации нравственной и политической программы конфуцианства через синтез с другими учениями не было чем-то необычным, как и мысль о том, что такой синтез поможет Китаю восстановить общественную и политическую стабильность. Основная масса таких синкретических движений тяготела к совмещению конфуцианства и буддизма, но очень влиятельным учением оставался и даосизм. Более того, другие религиозные группы, в том числе китайские мусульмане, стали публиковать все больше сочинений на китайском языке, стремясь транслировать свое вероисповедание в концептуальную сферу «Школы ученых». Исторически мусульманские общины в Китайской империи искали незаметные способы проникновения в культурную элиту, но теперь положение изменилось. Однако в отличие от христианских общин мусульманские сторонники аккомодации не делали своей главной целью обращение значи-

---

[32] О политике академии «Дунлинь» по возвращению к первоначальному конфуцианскому учению и устранению последующих добавлений см. [Hucker 1957]. См. также [Zürcher 1993: 73; Standaert 2001].

тельного количества китайцев в свою веру, а демонстрировали, что их собственные духовные искания укоренены как в конфуцианской, так и в исламской традиции [Benite 2012].

С учетом сказанного процесс аккомодации между конфуцианством и христианством вписывается в турбулентный пейзаж синкретических учений, возникавших в конце эпохи Мин. Основные элементы синтеза христианства с конфуцианством напоминали связи других религий со «Школой ученых». Как и представители других религий, христианские прозелиты утверждали, что Небесное Учение помогает китайскому обществу вернуться к предположительно утраченному состоянию высокой нравственной цельности и политической стабильности[33]. Многие ученые-буддисты провозглашали своей целью восстановление ценностей конфуцианства ради возвращения его утраченных идеалов[34]. Даосы тоже заявляли, что они могут вернуть Китай к временам древней чистоты, обычно подразумевая под этим некое первозданное общество, не испорченное соблазнами цивилизации [Bauer 1989: 17].

Тем не менее в некоторых отношениях христианство выделялось на фоне других конфуцианских синкретизмов во времена поздней Мин. Во-первых, оно поставило перед собой задачу совмещения конфуцианской традиции с новыми религиозными концепциями, неизвестными китайской публике [Peterson 1998b: 789][35]. Даосизм появился почти одновременно с конфуцианством и имел определенно китайское происхождение; буддизм сталкивался с некоторой критикой как религия, имевшая зарубежные истоки, но в большинстве слоев общества его более чем тысяче-

---

[33] Христианские прозелиты переходного периода между династиями Мин и Цин делали акцент на идеале возвращения к утраченной мудрости. Список цитат из четырех новообращенных христиан в связи с этой общей тенденцией межрелигиозной аккомодации (включая цитату из «Ответов» Чжу Цзуньюаня) можно найти в [Gong Daoyun 1996: 55].

[34] О том, что на концепцию «культуры» (*вэнь*) претендовали совершенно разные китайские школы мышления, см. [Schmidt-Glintzer 1984: 125].

[35] В конце эпохи Мин почти никто не помнил о существовании в Китае более ранних общин христиан несторианского толка.

летнее присутствие в Китае, наряду с местными адаптациями, означало, что буддизм обычно считался китайским вероучением[36]. Даже ислам насчитывал несколько столетий непрерывной истории на китайской почве и имел давно существующие китайские общины в отдельных регионах [Benite 2005]. Во-вторых, если эклектичный подход китайских синкретистов позволял им опираться на несколько учений и черпать оттуда необходимые концепции, то христианский синкретизм был уникален в своих настоятельных утверждениях, что буддизм и даосизм вредны для конфуцианства и от них нужно избавиться. Христианские разоблачения буддизма и даосизма были похожи на требования пуристских конфуцианских групп — но, разумеется, само христианство находилось за пределами традиционных конфуцианских идей. Тем не менее Небесное Учение претендовало на то, что оно сможет восстановить изначальную целостность «Школы ученых», наполнив ее новыми элементами [Standaert 1988: 213].

Исходя из конфуцианской перспективы, китайская версия католицизма, поддерживаемая иезуитами, совмещала притязания на синкретизм и пуризм в одном и том же контексте. Таким образом, она не принадлежала ни к одному из главных конфуцианских лагерей того периода, что было невыгодно в смысле получения мощной поддержки от какой-либо из существующих групп китайских ученых. Отчасти этот двойственный характер Небесного Учения был неизбежным следствием попытки совмещения христианского Бога с конфуцианством и сочетания преданности Римской церкви с проявлением лояльности к Китайскому государству.

Компромиссы Чжу Цзунъюаня

Когда молодой Чжу взялся за перо для составления первых набросков своих сочинений в жанре христианской апологетики, строительные леса для адаптации иезуитской версии христиан-

---

[36] Тем не менее критики китайского буддизма указывали на его иностранное происхождение.

ства к реалиям и обстоятельствам китайской жизни были уже возведены. В их создании участвовала сравнительно небольшая группа людей, в основном европейских миссионеров и китайских ученых, которые необязательно были новообращенными христианами. Многие люди, включая противников метода аккомодации христианства к конфуцианству в Католической церкви и в Китайском государстве, оставили настолько устойчивый отпечаток на этом процессе, что в течение нескольких десятилетий было практически невозможно добиться значительных изменений по сравнению с компромиссом, достигнутым в конце XVI — начале XVII века. Поэтому Чжу Цзунъюань не пытался расширить или заместить уже существующую основу для компромисса. Тем не менее в своих текстах он уделял немалое внимание взаимосвязи между конфуцианством и Небесным Учением.

Действительно, первое значительное сочинение Чжу («Ответы на вопросы гостя») начинается с утверждения вымышленного гостя о том, что три главных учения Китая можно через их долгую традицию возвести к общему источнику. Потом гость интересуется, что́ христианство может добавить к этой канонической триаде, которую он сравнивает с традиционным китайским треножником[37]. В своем ответе хозяин отрицает равенство трех учений и даже наличие у них общей цели:

> Для того чтобы определить правильность учения, сначала нужно задуматься над определением этого слова. Следование истинному Пути называется «учением». Этот Путь соответствует духовной природе человека и имеет небесное происхождение. <...> Даосизм делает источником [своего учения] пустоту, а буддизм — небытие[38]. Конфуцианство делает справедливость корнем [своего учения]. Пустота

---

[37] Этот вопрос и ответ на него можно найти в [Zhu Zongyuan 2001a: 1a–1b].

[38] Китайские термины, которыми пользуется Чжу (*сюй* и *у*), часто переводятся как «пустота» и «небытие», но обе концепции на самом деле описывают бытие, существующее в неявной форме. Так или иначе, Чжу ясно дает понять, что среди трех китайских учений лишь конфуцианство обладает высшей целью.

и небытие относятся к справедливости, как огонь относится к воде или запад — к востоку: они не имеют ничего общего [Zhu Zongyuan 2001a: 1a–1b].

Сам по себе этот фрагмент выглядит как типичное высказывание конфуцианского пуриста данного периода. Чжу определяет «следование истинному Пути» как главную повестку конфуцианства и пользуется термином *сюдао*[39], который играет важную роль в таких сочинениях, как «Доктрина среднего» (*Чжунъюн*) — один из четырех основных текстов неоконфуцианского канона. Утверждение о том, что буддизм и даосизм вращаются вокруг пустоты или небытия, было распространено в ученых кругах, стремившихся очистить «Школу ученых» от синкретизма. Чжу связывает происхождение конфуцианства с «небесами» (*тянь*). Это тоже было распространенной формулировкой в кругах ревностных конфуцианцев и концепцией, часто встречавшейся в конфуцианской классике.

Лишь в следующем фрагменте Чжу упоминает о Небесном Учении, когда пишет о том, что Конфуций нравился людям своей простой и душевной манерой общения. Он добавляет, что этические ценности древнего наставника были очень похожи на те, что содержатся в Небесном Учении. Однако, как сказано в тексте, Конфуций давал лишь скудные объяснения по основополагающим вопросам, таким как взаимосвязь жизни и смерти, существование духов и богов или общее начало бытия [Там же: 6a–6b]. Эти пробелы — хотя Чжу пока не говорит об этом — могут быть восполнены словами Небесного Владыки. Последняя концепция (*тяньчжу*) соответствовала Богу-Творцу в значительной части христианской апологетики того времени, поэтому она присутствует и в сочинениях Чжу Цзунъюаня.

Через несколько страниц Чжу наконец прямо указывает на христианские верования. Сначала он делает это, когда ссылается на знаменитый параграф из «Великого учения» (*Дасюэ*), еще одной из четырех канонических книг неоконфуцианства[40]. В этом тексте

---

[39] Аллюзия на «Доктрину среднего» (*Чжунъюн*), глава 1.
[40] Более подробно см. [Gardner 2007].

состояние дел со времен первых императоров связывается с идеалами самосовершенствования; там перечислены уровни личного развития — от саморазвития и правильных семейных отношений до высших целей управления страной и распространения мира и благополучия во всем мире. Таким образом, человек определяется как политическое существо, хотя и в довольно специфическом смысле: нравственная зрелость рассматривается как основа для всевозможных общественных и политических заслуг. С оглядкой на «Великое учение» Чжу пишет:

> Хороший метод и правильная манера самосовершенствования и самоотречения есть важное правило соразмерности, управления и мирной жизни. Таким образом, уважительное поклонение Небесному Владыке является подлинным отличием, истинной сутью конфуцианства, ибо награды и наказания после смерти есть то, что ожидает его последователей [Там же: 10b].

С помощью ссылок на «Великое учение» Чжу подчеркивает, что слова Небесного Владыки могут совершить нечто большее, нежели возвращение конфуцианства к его духовной чистоте и концептуальной целостности. По его мнению, возрожденное конфуцианское учение может привести к индивидуальному совершенству, после того как его цель будет укоренена в более глубокой смысловой основе, обретаемой в загробной жизни. Подобно многим его современникам, Чжу верил, что обновленное конфуцианство будет обладать нравственным стержнем, необходимым для стабилизации политической обстановки в больном государстве Мин.

С точки зрения Чжу, нравственное совершенствование человека является единственной основой для восстановления общественного порядка. Отчасти это может объяснять, почему он не обращается к вопросам государственной политики или искусства управления. В отличие от сочинений других христианских ученых, таких как Сюй Гуанци [Jami et al. 2001], в сочинениях Чжу не содержится никакого плана политических и общественных реформ. Несходство их биографий может объяснять это различие: в отличие от Сюя Чжу не был ученым-чиновником, занимавшим высокую должность в имперской бюрократии. Вопросы управления не входили в его обязанности и не являлись частью его повседневной работы. Хотя он находился в тесном контакте с представителями новой и старой элиты Нинбо, но не имел какой-либо значимой должности, а потому обладал большей свободой в интеллектуальном стремлении к своим идеалам. Такая позиция была еще и более безопасной в то время, когда политические пристрастия или даже четкая позиция по вопросам современной политики могли представлять угрозу для жизни.

В более обширном контексте конфуцианской традиции для интересующегося политикой человека не было редкостью писать главным образом на этические темы и почти не уделять внимания конкретным политическим проблемам. За исключением Мэн-цзы, никто из классиков не предлагал конкретные политические программы действий, и многие великие мыслители эпохи Сун были озабочены в основном нравственной чистотой и научной беспристрастностью. Это положение усугубилось во времена поздней Мин, когда все больше ученых не стремились к социальному благополучию и политической стабильности в традиционной структуре китайского чиновничества и направляли свои усилия на поиск более личного, духовного ответа на главный вопрос о смысле бытия для настоящего конфуцианца.

В своих «Ответах на вопросы гостя» Чжу делает еще один шаг вперед, когда заявляет о том, что, помимо руководства для праведной жизни, Небесное Учение также содержит *метод достижения хорошей загробной жизни,* или *достойной смерти,* и что эти два понятия взаимосвязаны. Побуждая людей к размышлению о собственной смертности, пишет Чжу, это учение мотивирует их к исправлению своих привычек и изменению своей жизни к лучшему [Zhu Zongyuan 2001a: 7b]. Он продолжает: «[Можно отметить, что] преклонение перед Небесным Владыкой есть искреннее следование словам Конфуция и внимание к его наставлениям. Если человек говорит, что он не нуждается в Небесном Учении, то совершает преступление не только перед

Небесным Императором, но и перед самим Конфуцием» [Там же: 6b]. После рассуждений, которые выглядели бы вполне уместно в кругу конфуцианских пуристов, на передний план выдвигаются принципы Небесного Учения. Здесь часто появляются такие термины, как «Небесный Владыка» и «Небесный Император», как и упоминания о загробной жизни. Утверждение Чжу о том, что традиционное представление о «Школе ученых» равнозначно преступлению одновременно перед Конфуцием и перед Небесным Владыкой, было крайне необычным для китайского ученого. В этом фрагменте Чжу приходит к недвусмысленному осуждению своих коллег — ученых, которые не смогли обратиться в истинную веру после появления католицизма в Китае. Согласно его рассуждениям, они не только нарушали принципы Бога-Творца, но и больше не могли считаться членами «Школы ученых». Здесь Чжу совмещает христианское осуждение ересей с частыми обвинениями в адрес китайских школ в том, что они не следуют истинному духу конфуцианства.

В другой своей книге, под названием «Сводный обзор о спасении мира», Чжу Цзунъюань начинает с рассмотрения взаимосвязи между земной и последующей жизнью. Он пишет, что мирские различия в имущественном и общественном статусе нельзя сравнивать с пропастью между жизнью и смертью. Чжу продолжает, что, даже если бы богатство было достижимо для каждого человека, оно оставалось бы не чем иным, как плодом человеческих трудов. Он добавляет, что с учетом непостоянства этого мира невозможно понять, почему большинство людей не размышляет о своей смертности или придерживается ложных доктрин. При плавании через необъятные океанские просторы человек сознает опасности и препятствия, поэтому он предпринимает необходимые предосторожности — но тогда каким образом человек пересекает океан своего бытия, не имея ничего лучшего, чем зыбкий тростник, за который он может уцепиться? Этот риторический вопрос был искусной аллюзией на дзен-буддийскую легенду, где повествовалось о том, как Дамо (Бодхидхарма) — первый проповедник буддизма в Китае — после безуспешной аудиенции у императора У (464–549) из китайской династии Лян переплывает реку Янцзы на стебле тростника, чтобы организовать миссионерскую работу на севере [Schumacher, Woehner 1994: 39].

Кроме того, Чжу допускает критические замечания о даосизме. Он делает это через отрицание поисков бессмертия — главным образом в результате духовного и физического совершенствования, — которое было распространенной практикой в даосских школах. Чжу утверждает, что цель достижения телесного бессмертия является лишь проекцией человеческих устремлений, не выходящих за рамки осознания. Таким образом, поиски бессмертия в текущей жизни не приближают человека к высшей истине и обнаруживают лишь тщету его замыслов [Zhu Zongyuan 2001d: 1a–1b]. После сравнения мирских забав с небесным блаженством Чжу продолжает:

> В сущности, отношение к важнейшему вопросу жизни и смерти таково, что рядовые конфуцианцы выражают свои взгляды, но не обсуждают их, между тем как «два господина» [буддизм и даосизм] выносят их на обсуждение, но они далеки от реальности. <...> Однако, если о чем-то говорить, но не обсуждать это, то какой принцип может быть прояснен? Если вопрос обсуждается в терминах, далеких от реальности, это лишь умножает недоразумение. Сейчас я обращусь к Шестикнижию[41]: там содержатся главные прозрения [насчет жизни и смерти], но конфуцианцы не могут объяснить их. <...> Если человек хочет знать правильный путь жизни и смерти, он должен всецело предать себя Владыке жизни и смерти. Когда я родился, от кого произошла моя жизнь? Когда я умру, кто заберет ее? <...> Невежественные и необразованные люди знают, что Небо зачало людей [человечество], но это не голубой небосвод[42], а Владыка небосвода, который замыслил и создал человеческий род [Там же: 2a–3a].

---

[41] Первоначально существовало шесть канонических книг, но «Книга Музыки» (Юэцзин) считалась утраченной после династии Хань.

[42] В «Книге Песен» термин цанцан описывает зелень травы и тростника. Термин «голубой небосвод» (цантянь) используется там же для обозначения «небесной силы».

В этом разделе содержатся основные элементы метода Чжу для связи между конфуцианством и христианством. Среди них есть мысль о том, что в китайских классических сочинениях источник знания о существовании Бога-Творца содержался в концепции небосвода (*тянь*). С точки зрения Чжу, этот высший аспект древней конфуцианской мудрости оказался проигнорирован учеными его времени, а буддизм и даосизм были всего лишь жалкими и несущественными человеческими попытками проникновения в высшую реальность, где их адепты не производили ничего, кроме бездумного «щебета» [Там же: 3b–4b]. Для него эти вероучения, в их стремлении к физическому бессмертию и внезапному просветлению, были восстанием против Неба и его Владыки, наделившего людей физическим телом и разумом [Там же: 3a–3b]. В качестве термина для «восстания против Неба» Чжу пользуется классическим выражением *бэйтянь*, но в данном случае оно означает нечто большее, чем нарушение идеальной гармонии между человечеством и вселенной, что издавна считалось канонической конфуцианской интерпретацией даже в конкурирующих школах философии. В сочинении Чжу Цзунъюаня это обозначает еще и отречение от Небесного Владыки — то есть от христианского Бога в виде антропоморфного божества. В другом параграфе Чжу предлагает более откровенное толкование взаимосвязи между «Школой учителей» и словом Божьим.

> Поскольку люди не занимались совершенствованием своей духовной сути, Небесный Владыка повелел [*мин*] мудрецам основать учение, чтобы они [люди] могли следовать ему. В точности как Срединное Царство произвело на свет Яо, Шуня, Чжоу-вана и Конфуция, другие страны тоже породили своих древних мудрецов. Люди пренебрегали мудрыми словами и не желали прислушиваться к ним; они не знали, как нужно чтить и сохранять их. У Небесного Владыки не оставалось выбора, кроме как снизойти на землю для вразумления мира [Там же: 21a–21b].

В глобальной перспективе это суждение выглядит поразительно: Чжу прямо утверждает, что «другие страны тоже породили своих древних мудрецов». Это означало, что древняя китайская мудрость больше не могла считаться исключительной; китайская культура была лишь одной из множества разных культур, которые естественным образом были привлечены к Богу. Это также подразумевало, что конфуцианская классика и слова самого Конфуция не являлись чем-то уникальным — они были лишь частью закономерности, наблюдаемой в других культурах по всему миру.

Ни в этом фрагменте, ни где-либо еще Чжу не пытается определить, каким образом философия классического конфуцианства была связана с древними учениями в других частях света. Он не предпринимает попыток хотя бы обозначить возможное влияние «Школы ученых» на другие культуры. Практическое совмещение христианства с конфуцианством, наряду с размышлениями о глобальном потенциале великого китайского учения, не входило в круг интересов Чжу Цзунъюаня. Лишь гораздо позже, в конце XIX и начале XX веков, такие видные китайские мыслители, как Кан Ювэй (1858–1927) и Лян Цичао (1873–1929), сформулировали конфуцианское представление этой проблемы [Sachsenmaier 2006]. К сожалению, к тому моменту геополитическая ситуация и интеллектуальные настроения внутри Китая и за его пределами изменились коренным образом.

Хотя Чжу не трактовал учение Конфуция как благую весть, которая могла бы обогатить другие страны и религии, он помещал классическое конфуцианство в контекст всемирной истории. Вышеуказанный фрагмент можно рассматривать как идею о том, что мудрецы Древнего Китая были естественным образом предрасположены создать учение, совместимое с истиной Небесного Владыки. Однако следующие предложения дают понять, что Божественный Творец преднамеренно вмешивался в процесс создания человеческих учений. Чжу полагает, что Бог снизошел до нашего мира, чтобы направить эти учения на путь истинный. Поскольку он недвусмысленно утверждает, что религиозные учения в других частях света сталкивались с собственными кризисами, он преподносит стандартную неоконфуцианскую предпосылку об утрате истинного Пути как глобальную проблему. Согласно этой логике, христианство является не иностранным учением, а совершенной формой того самого Пути, которого придерживались ранние конфуцианцы. Более того, Конфуций сохранял статус верного последователя Пути, и в сочинениях Чжу есть намеки на то, что при создании своего главного труда он исполнял волю Творца, насколько это было возможно для человека.

Читателю-конфуцианцу, критически относившемуся к сочетанию буддизма или других посторонних учений со «Школой ученых», было трудно принять интерпретацию Чжу. В конце концов, те ученые, которые хотели устранить элементы буддизма из ткани конфуцианства, обычно считали, что оно возникло в результате естественного цивилизационного процесса, нерасторжимо связанного с общественными и политическими структурами Китая. Но эта точка зрения была несостоятельна, если исходить из предположения, что древние китайские мудрецы, как и другие мудрецы по всему миру, следовали Божьему предписанию, превосходившему любую культуру.

Такое предположение, безусловно, должно было вызывать недоумение у конфуцианцев, которые соглашались с антибуддийской риторикой Чжу. Здесь дилемма Небесного Учения и его неудобного положения между синкретическими и традиционными школами конфуцианства снова выходила на поверхность и проявлялась с особенной силой. Те, кто поддерживал требование Чжу избавиться от буддийского влияния для восстановления стабильности конфуцианства, скорее всего, должны были подвергнуть ожесточенной критике его мнение о глобальном или метафизическом контексте китайской культуры. В том самом фрагменте Чжу предвидит эту критику и отвергает любые контраргументы как проявление культурного высокомерия: «Как наша страна может быть настолько тщеславной, надменной и самодовольной, чтобы закоснеть в традиционных представлениях?» [Zhu Zongyuan 2001d: 21b].

Чтение священных текстов и развитие древней мудрости

В китайском конфуцианстве, как и во многих традициях, основанных на письменном учении, экзегетика классических текстов допускала сочетание преемственности и перемен, так как традиционный канон можно было интерпретировать заново и адаптировать к текущим обстоятельствам[43]. Сфера канонических писаний была важной ареной для иностранных проповедников, доказывавших, что их учения и концепции в конечном итоге совместимы с литературным наследием Конфуция и его предшественников. Уже в первом тысячелетии нашей эры немало чернил, ученой педантичности и интеллектуального рвения было потрачено на попытки доказать совместимость между буддийскими сутрами и конфуцианской классикой. Представители других религий, включая ислам, уже давно последовали их примеру.

В этом смысле неудивительно, что европейские миссионеры и китайские христиане XVII века предпринимали сходные попытки. Ясно, что Чжу был озабочен этим вопросом и стремился предоставить доказательства, что Небесное Учение в конечном счете совместимо с конфуцианской классикой. Некоторые аспекты академического климата при поздней Мин способствовали его усилиям, в то время как другие осложняли его задачу. К примеру, фундаментальный вопрос о том, какую роль должны играть классические сочинения, оставался весьма спорным — в сущности, даже более дискуссионным, чем в предыдущие столетия. Появилась новая неопределенность насчет роли конфуцианской классики, вызванная разногласиями между такими группами, как школа Ван Янмина и официальный вариант конфуцианства, поддерживаемый государством. В некоторых жарких дискуссиях на кон было поставлено даже определение нравственного саморазвития и абсолютного морального авторитета. Споры по этому предмету подразумевали вопрос о том, какую роль Конфуций и древние мудрецы должны играть в настоящее время. В свою очередь, эта тема приводила к вопросу о легитимности экзаменационной системы и китайского государственного аппарата в целом.

Система официальных экзаменов — а школа Чжу Си была тесно связана с ней — исходила из посылки, что классические конфуцианские сочинения были отредактированы самим Кон-

---

[43] Более подробно см. [Gardner 1998: 402].

фуцием и служили главными проводниками на пути самосовершенствования. Эта идея не только основывалась на исторической роли древнего наставника, но и была включена в концепцию связи между человеком и космосом. Согласно ортодоксии Чэн И и Чжу Си космический принцип (*ли*) был четко проявлен в классическом каноне. После долгого и непрерывного изучения этих текстов человек не только становился более зрелым, но и мог реализовать свою врожденную способность к связи с космосом. В идеальном случае ученый и классический текст вступали во взаимоотношения, созданные посредством единения с космическими силами, и эти взаимоотношения наполняли человека ощущением Пути, проявляющегося в его словах и поступках.

С другой стороны, многие ученые полагали, что официально санкционированные ветви неоконфуцианства выродились до педантичного и бесплодного изучения текстов, движимого не стремлением к совершенству, а обычным карьеризмом. В программе школы Ван Янмина подчеркивалось, что главные источники нравственного обучения следует находить и мобилизовать в человеческой душе и сердце; без вдохновения даже самые кропотливые исследования конфуцианской классики не являются дорогой к нравственному росту[44], поскольку саморазвитие может происходить внезапно, в глубоко индивидуальной манере. Ван рассматривал изучение классики как возможность для критического самоанализа и источник уверенности в себе на пути самосовершенствования[45].

Некоторые ученые пошли дальше Ван Янмина и поставили вопрос о том, нужно ли вообще читать конфуцианскую классику. Замечание Ли Чжи о том, что «Конфуций никогда не наставлял кого-либо учиться у Конфуция», было особенно характерным[46]. В такой интеллектуальной обстановке многие ученые обратились к буддизму с целью спасения конфуцианства от того, что они

---

[44] О Ван Янмне и о его концепции Пути см. [de Bary 1991: 155–202]. См. также [Übelhör 1986: 48].

[45] См. [Bol 2008: 183].

[46] Цит. по: [Brook 2010b: 179].

считали его закоснелой традиционностью[47]. Был составлен ряд комментариев, где сутры напрямую сравнивались с конфуцианскими текстами [Araki 1975: 53; Busch 1949–1950: 35][48]. Фактически большинство синкретистов, несмотря на изначальную принадлежность к той или иной группировке, бросили вызов представлению о том, что классические тексты можно изучать только в пределах конфуцианской традиции. Иными словами, они считали возможным пользоваться другими учениями, особенно буддизмом, для выявления духовных сокровищ, содержащихся в этих текстах. К примеру, Цзяо Хун, член школы Тайчжоу, основывал свой философский плюрализм, сформированный под влиянием буддийских и даосских сочинений, на четкой интерпретации конфуцианской классики. Это было частью его критики в адрес ортодоксии Чэн И и Чжу Си. Другие группы пытались найти компромисс между школой Ван Янмина и официальной трактовкой конфуцианства для государственных экзаменов. Некоторые представители академии «Дунлинь» не заходили так далеко, как многие синкретисты, но соглашались с Ваном, что подлинное обучение нельзя путать с рабским преклонением перед конфуцианской классикой[49].

Представители конфуцианского пуризма старались дистанцироваться от комментариев эпохи Сун, которые в период династии Мин часто изучались еще более дотошно, чем классические сочинения. Вместо этого они вернулись к работам династии Хань в поисках исторически точного понимания «канонических» текстов [Lin Qinzhang 2015: 2–24, 97–134, 175–176]. Руководящей предпосылкой оставалась идея о том, что реальная суть классических трудов была размыта и омрачена, но не из-за официальной ортодоксии, а из-за обилия синкретических верований. Запутанный клубок комментариев и интерпретаций классиков сравнивали с пылью на драгоценном зеркале, которое следовало очи-

---

[47] Примеры см. в [Araki 1975: 47–50].

[48] См. также [Ch'ien 1986: 183–187].

[49] Примером такого отношения могут служить Гу Сяньчэн, Гао Паньлун (1562–1526) и Лю Цзунчжоу (1578–1645). Подробнее см. [Peterson 1998a: 754].

стить [Lin Qinzhang 2015: 352]. Буддистов критиковали за то, что их сутры считались равными классическим сочинениям, и школа Ван Янмина была первостепенным объектом этих нападок. Некоторые ученые полагали, что последователи Ван Янмина своими толкованиями умышленно старались повлиять на приверженцев буддизма и даосизма [Busch 1949–1950: 35][50].

Сочинения Чжу Цзунъяня были частью сложной картины, где разные школы, группировки и мыслители спорили о правильном отношении к конфуцианской классике. В отличие от более поздних христианских прозелитов в его трудах нет исчерпывающего списка классических цитат, имеющих отношение к христианству[51]. Фактически он пользовался лишь отдельными цитатами из важных конфуцианских текстов, включая неоконфуцианское Четверокнижие. Значительную плотность цитат можно обнаружить в сочинении Чжу «Трактат об устранении сомнений о христианстве», где он подкрепляет свои аргументы цитатами из двух сочинений древнего Пятикнижия — «Книги Песен» и «Книги Преданий»[52].

В том же кратком сочинении Чжу Цзунъюань приводит аргумент Маттео Риччи[53], который мог бы показаться многим китайским читателям весьма необычным. Он начинает с указания на широко известную предпосылку, что классические конфуцианские тексты не сохранились в своем первоначальном виде, в том числе из-за массового сожжения книг по приказу

---

[50] Макморран цитирует такие критические замечания со стороны Ван Фучжи (1619–1693) [McMorran 1975: 432].

[51] Подобные списки составлялись новообращенными христианами, такими как Янь Мо (ум. после 1718). См. [Standaert 1995: 65]. Другим христианским прозелитом, попытавшимся выполнить сходную работу, был Чжан Синьяо (1633–1715); см. [Mungello 1994: 97].

[52] Здесь Чжу расходится с Риччи, который приводит цитаты главным образом из Четверокнижия. В его «Ответах» и «Сводном обзоре» пропорция цитат между неоконфуцианским Четверокнижием и классическим Пятикнижием соблюдена более взвешенно.

[53] О гипотезе Риччи по поводу непрерывной письменной традиции в Иудее см. [Lee T. H. C. 1991: 9; Young 1980: 31].

императора Цинь в 213 году до н. э. Вопрос об отношении к ненадежной передаче древних текстов был спорной темой еще во времена династии Хань, и ближе к окончанию эпохи Мин эти дискуссии стали более ожесточенными[54]. Однако Чжу делает еще один рискованный шаг: он пишет, что единственным местом, где письменные архивы с самого начала могли передаваться из поколения в поколение, а потому сохранились без изъянов, была Иудея [Zhu Zongyuan 2001c: 21b; Zhu Zongyuan 2001d: 5b–6a].

Это утверждение заходило гораздо дальше вопроса о совместимости Библии с конфуцианской классикой — оно поддерживало притязание на превосходство христианской экзегетики и ее письменной основы. Если читатель Чжу следовал этой аргументации, ему приходилось соглашаться не только с тем, что китайские учения могли лучше сохраниться в другой цивилизации, но и с тем, что иудаизм и христианство лучше сохранили древнее знание. Это было серьезное заявление с учетом гордости конфуцианства своей исторической традицией.

Помимо «Трактата», Чжу рассматривал конфуцианские тексты и вопросы их авторства в двух своих главных монографиях. В «Ответах на вопросы гостя» он утверждает, что лишь христианство может указать верный путь к пониманию конфуцианской классики. Он считал это чрезвычайно важным, поскольку, хотя канонические конфуцианские тексты содержат правильные знания, они не могут представить их ясным и недвусмысленным образом. Более того, мудрость классиков оказалась недостижимой для ученых, которые утратили истинный путь и оказались в лабиринте заблуждений [Zhu Zongyuan 2001a: 5b–6a]. Чжу говорит: «Когда человек принимает Небесное Учение, он понимает, что в наших Шести канонах и в Четверокнижии каждая фраза предопределена и каждое предложение имеет рукоять [откры-

---

[54] Школы Нового Текста и Старого Текста, игравшие значительную роль при династии Цин, были в значительной степени основаны на этом текстологическом разногласии. О сожжении книг при правлении императора Цинь как об историческом событии и общем месте китайской экзегетики см. [Henderson 2014: 40–41].

вающую путь к высшему смыслу]. Поверхностные ученые ничего не понимают в этом» [Там же: 7a].

Утверждение Чжу о том, что каждая фраза из классиков «имеет рукоять», в принципе не противоречило убеждению о возможности спонтанного познания, пропагандируемому школой Ван Янмина и некоторыми другими философами. В конце концов, дверные ручки можно поворачивать моментально, открывая двери в другие комнаты или в иные миры. Чжу также высказывал мнение, что мудрость классиков необязательно достигается в ходе долгого процесса поучительных странствий среди полок с учеными комментариями. Однако по контрасту с различными неоконфуцианскими школами Чжу видел путь к истинному и глубокому пониманию конфуцианской классики не через единение космических сил с человеческой природой, а через внешнюю силу Небесного Учения, дарующего подлинное знание.

Со своим ви́дением слова Божьего как пути к пониманию священных текстов конфуцианства, Чжу отнимает у классиков право считаться главным источником ценностей и нравственной политики, низводя их до уровня документальных свидетелей философии древних мудрецов. Истинный письменный авторитет и ключ к подлинному знанию находится в другом месте. Хотя Чжу прямо не говорит об этом, его суждения явно показывают, что конфуцианская классика больше не может претендовать на исключительность — ее можно сравнить с другими, небоговдохновенными видами религиозной философии, существующими в других странах. Отсюда следовало, что теперь существует более авторитетный источник, чем канон классической конфуцианской литературы.

Каким образом идеи Чжу, разделяемые многими другими китайскими христианами, вписывались в интеллектуальный контекст поздней эпохи Мин? Если говорить о религиозной интерпретации, Чжу определенно шел в ногу со многими влиятельными конфуцианскими школами того времени, когда утверждал, что современная эпоха более не имеет правильного отношения к классикам и даже не может претендовать на верное понимание

традиционных текстов[55]. В контексте интеллектуальной жизни
поздней Мин это было привычным аргументом. Представители
многих философских школ заявляли о том, что они могут раскрыть подлинный смысл классических сочинений. В этом отношении христианство разделяло многие особенности других интерпретаций конфуцианской классики того времени, как
и в другие периоды китайской истории.

Но если внимательнее всмотреться в контекст аргументов Чжу,
мы снова увидим неоднозначную позицию Небесного Учения
в конфуцианской среде того времени — отчасти из-за того, что
его отношение к конфуцианской классике попадало под огонь
с двух разных сторон. С одной стороны, европейская религиозная
критика синкретического подхода была солидарна с такими силами, как академия «Дунлинь» или «Общество Возрождения»
(фушэ)[56]. Миссионеры и новообращенные христиане часто пори-
цали неоконфуцианские интерпретации классиков за буддийское
влияние. С другой стороны, будучи «книжным учением», про-
возглашавшим связь с конфуцианской традицией, христианство
имело много общего с синкретическими толкованиями классиков,
распространенными в определенных кругах, которые также тя-
готели к буддизму. Разумеется, они отличались в том, что буддисты обычно исповедовали личный подход к классике и не связывали высшую истину с универсальными категориями, как это
делали христиане[57]. Так или иначе, буддийские сутры не интерпретировались как слово Божье, поэтому никакой текст не мог
рассматриваться в качестве «рукояти», открывавшей дверь
к истинному духу древнего конфуцианского учения.

Что касается китайской классики, Небесное Учение оказалось
в двусмысленном положении. Это было отмечено даже некоторыми противниками иностранной религии того времени. К при-

---

[55] Желание очистить классические труды от позднейших наслоений имело
долгую историю в конфуцианстве. Даже в древности существовали движения, ратовавшие за чистку и искоренение сборников классики, якобы составленных самим Конфуцием.

[56] См. [Chow 1994: 42].

[57] Подробнее об этом различии см. [Zürcher 1997b: 622].

меру, Вэнь Сянфэн (1577–1622) утверждал в своем сочинении «Критика западных варваров» (*Chufen xiyi yi*), что, хотя христианство противостоит буддизму, как извращению конфуцианства, его толкование классиков ведет к опошлению «Школы ученых»[58]. В качестве общего правила критики христианства подкрепляли свои аргументы цитатами из классиков и обвиняли миссионеров и прозелитов в избирательном употреблении этих сочинений, в намеренном искажении смысла ради защиты ложной христианской религии.

Помимо этой проблемы, предполагаемый синтез между конфуцианством и христианством поднимал и другие сложные вопросы. Было ли это реальным объединением равноправных частей, или же Небесное Учение каким-то образом получало предпочтение? И какова была его связь с китайской историей и цивилизацией? Является ли Небесный Владыка поистине небесным существом, далеко превосходившим все культурные различия в этом мире? Было ли его благовествование, представленное в Китае XVII века, тесно связано с европейскими взглядами и концепциями? А если так, что подразумевал метод аккомодации для конфуцианских притязаний на историчность? Это был не просто теоретический вопрос, а указание на множество текущих проблем.

---

[58] Цит. по: [Dudink 1995: 55].

Глава 4
Зарубежные учения
и конфуцианские обычаи

Чья организация? Европейская культура и Вселенская церковь

Так называемый метод аккомодации предполагал согласованность между древним китайским конфуцианством и Богом, превосходящим любые границы между цивилизациями в бренном мире. Эта взаимосвязь представлялась непосредственной и принципиально не требующей наличия промежуточного звена в виде какой-либо культуры, включая европейскую. Однако роль культуры не имела такой однозначной трактовки, как может предполагать обособленный взгляд на синтез между конфуцианством и христианством. Иезуиты не намеревались полностью скрыть христианство за китаизированным вариантом Небесного Учения, а китайская публика не воспринимала христианское благовествование как слово культурно нейтрального Бога. В разных отношениях зарубежное происхождение христианства подчеркивалось иезуитской миссией в Китае и проявлялось в ее организационных структурах и культурных инициативах.

Упоминания о зарубежных истоках христианства уже были частью широкой проповеднической стратегии, предпринятой Обществом Иисуса в Китае. Вместо того чтобы опираться лишь на идею Бога, превосходящего любые культурные барьеры, иезуиты подчеркивали свое «иноземное» происхождение при взаимодействии с самыми разными слоями китайского общества. В деревнях и среди городской бедноты святые отцы не показывали Иисуса и христианскую церковь в сугубо китайском облачении. В сущности, они распространяли библейские притчи, включая информацию о местах, где проживал Иисус из Назарета. Более того, они настаивали на сохранении основных элементов католической символики, богослужебной практики и музыки даже в самых отдаленных форпостах китайского христианства. Разумеется, новообращенные китайцы создавали собственные практические версии христианства, но иезуиты не одобряли и не допускали полную локализацию всех аспектов церковной жизни. Новые большие церкви, воздвигнутые в Китае в XVII веке, можно считать материальным воплощением такой культурной политики: эти здания часто строили в европейском стиле, добавляя явно чужеродные элементы в городские пейзажи таких мест, как Ханчжоу или Шанхай.

На нижних уровнях китайского общества не только католическая культура, но и этническая принадлежность иезуитов играла роль в их миссионерской стратегии. Чужеземный вид европейских проповедников также мог доставлять затруднения в повседневной жизни, — к примеру, когда владельцы гостиниц или паромщики неохотно обслуживали иностранцев или даже угрожали донести на них местным властям [Pina 2012: 125–126]. Однако необычная внешность иезуитов также могла идти на пользу их миссионерским целям — фактически иногда эта особенность становилась важным фактором в их деле обращения в новую веру. К примеру, Николо Лонгобардо, один из первых иезуитов в Китае, в 1599 году сообщил, что перед его прибытием китайский помощник часто посещал деревни и поселки, где объявлял о предстоящем визите «проповедника с Дальнего Запада», что должно было вызывать усиленный интерес [Brockey 2007: 293]. Мануэль Диас описал визит Родриго де Фигуредо в регион Нинбо, отметив при этом, как необычный вид европейского священника с алтарем и сопутствующей символикой собирал большую толпу в деревнях и поселках в окрестностях родного города Чжу Цзунъюаня. Такой первоначальный интерес к необычному зрелищу нередко готовил почву для задушевных бесед между крестьянами и миссионерами [Там же: 306–311].

И в других отношениях необычная внешность иезуитов и их чужеземные культурные корни играли роль в развитии китайской миссии; эта роль недостаточно исследована современной наукой. Фактически во времена Чжу Цзунъюаня в Китае не было христианских священнослужителей местного происхождения, а из-за малого числа европейских миссионеров в подавляющем большинстве христианских общин священника приходилось видеть не чаще двух раз в год [Standaert 2008b: 169–172][1]. Некоторые религиозные обряды, включая крещение, осуществлялись китайскими братьями-коадъюторами, на которых была возложена обязанность помогать священнику, надзиравшему за общиной[2]. Более того, количество не рукоположенных в священный сан китайских «братьев-иезуитов» оставалось крайне ограниченным: лишь 28 человек смогли присоединиться к Обществу Иисуса в этом качестве более чем за 100 лет [Pina 2012]. Таким образом, христианскими общинами в государстве Мин руководили в основном китайские миряне, которые заботились о повседневных делах и занимались организацией жизни общины и катехизическими наставлениями. Однако главные литургические элементы, такие как таинство причастия или исповеди, могли совершать только рукоположенные клирики. Можно представить театрализованный характер таких визитов, совершаемых европейскими миссионерами, особенно в менее привилегированных и более отдаленных общинах, где проживало подавляющее большинство китайских христиан. Только вообразите, какое впечатление производило торжественное прибытие иностранца с необычной внешностью, чьи нечастые визиты подразумевали совершение главных литургических церемоний, которых вся община ожидала долгие месяцы!

Но иезуиты подчеркивали свое иностранное происхождение не только среди бедных и необразованных людей. Они делали это

---

[1] См. также [Brockey 2007: 328–235].

[2] Только дети жителей Макао, воспитанные иезуитами, а впоследствии также некоторые метисы могли стать братьями-коадъюторами. Подробнее см. главу пятую этой книги, раздел «Переделы сближения».

и в образованных кругах, хотя и по-другому. Распространение европейских научных открытий, мнемотехники и других концепций на китайском языке носило не просто осведомительный характер — чужеземные знания были соблазнительны для китайских высших классов, стремившихся приобщиться к западной традиции. Иезуиты надеялись, что эти светские искусства и познания повысят интерес к Небесному Учению [Dudink, Standaert 2000][3] и укрепят доверительное отношение к их главной цели — распространению христианства по всему Китаю. Действительно, часто бывало так, что европейская наука — наряду с тем фактом, что ее источник находился далеко от берегов Китая, — открывала для иезуитов двери аристократических особняков, включая двор самого императора.

Иезуиты распространяли идеализированные сведения о Европе; вместе с тем во многих своих сочинениях они акцентировали внимание на своем происхождении из географически отдаленной части света. Этот тезис находил выражение в широко издававшихся мировых атласах, составленных иезуитами, такими как «Хроника иностранных земель» (*Чжифан вайцзи*) Джулио Алени, опубликованная в 1623 году [Brook 2010a: 262–263]. В таких текстах обычно содержалась некоторая информация о европейских государствах, таких как Италия или Испания, и давалось понимание, что твердыни христианства находятся далеко от берегов Китая. Иезуиты, создававшие эти карты, необязательно стремились к адекватному изображению мира во всем его культурном и религиозном многообразии[4]. Но в то же время авторы многих из этих текстов были далеки от представления Запада как еще одного Китая со сходной культурой. К примеру, в одной из

---

[3] На сходную тему см. [Hsia 2005: 185]. Иезуиты не только были соавторами новых литературных работ для китайского книжного рынка, но также занимались переводами многих научных и философских европейских сочинений, не связанных с религией.

[4] К примеру, на знаменитой карте мира Маттео Риччи не было обозначения исламских стран, — иными словами, его цель не заключалась в том, чтобы представить мировое распределение религий. См., например, [Parker C. 2010: 212]. См. также [Hsia 2011].

своих книг Алени довольно подробно повествует о разделении научных дисциплин, характерном для европейских университетов, не пытаясь показать эпистемологическую близость такого подхода к государственной системе высшего образования при династии Мин[5].

Существовали разные термины для обозначения родины иезуитов. Помимо упоминания отдельных стран, на иезуитских картах мира часто употреблялись такие термины, как «западные страны» или «Великий Запад». Во многих сочинениях в жанре христианской апологетики иезуиты пользовались такими выражениями, как «учение Дальнего Запада» (*тайси чжи сюэ*) или «западное учение» (*сисюэ*) [Witek 2010: 341][6]. Таким образом, иезуиты не замалчивали чужеземное происхождение своей религии, но, даже если бы они захотели это сделать, культурный контекст эпохи поздней Мин делал невозможной такую попытку. В китайском обществе XVII века было почти немыслимо представлять доселе неизвестную доктрину без упоминания о ее географической принадлежности. Фактически существовала устойчивая традиция наименования учений по странам их происхождения, и концепция «Запада» была в употреблении уже давно. Со времен династии Юань (1279–1368) китайские мусульмане называли «западным учением» или «учением Дальнего Запада» ислам, который обозначался точно такими же иероглифами, как христианское учение в эпоху Мин. Опять-таки, в случае ислама религиозные и светские тексты арабского происхождения уже давно попадали в категорию «западного учения». Даже в официальных текстах династии Мин упоминались «западные» основы исламской астрономии[7].

В этом смысле иезуиты не создавали новых категорий, когда называли свою веру и знания «учением Запада». Кроме того, с исторической точки зрения не только ислам ассоциировался

---

[5] Имеется в виду сочинение Алени *Xixue fan* («Общее описание западных наук»), опубликованное в 1622 году. См. [Peterson 1998b].

[6] См. также [Zhang Xianqing 2015, pt. 2].

[7] Об исламе как о «западном учении» см. [Benite 2012: 528–535]. См. также [Xu Song 2005].

в Китае с понятием «Запада». Даже буддизм, давно ставший частью китайского культурного ландшафта, на протяжении многих столетий оставался связанным с Западом. В этом контексте можно вспомнить один их самых знаменитых романов поздней Мин, повествующий о путешествии в Индию монаха VII века и озаглавленный «Путешествие на Запад» (*Сиюцзи*)[8]. Тем не менее заметность и влиятельность европейских текстов в обществе поздней Мин быстро возрастала. Это означало, что ассоциация «западного учения» с исламом постепенно, но уверенно выпадала из общей картины. Этот термин все чаще относился к широкому спектру европейских сочинений, циркулировавших в Китае. Иными словами, к последним годам династии Мин «западное учение» начинало обозначать тексты, переведенные или написанные миссионерами-иезуитами[9].

Все это подчеркивало иностранное происхождение Небесного Учения и как таковое плохо сочеталось с основным смыслом принципа аккомодации христианства и конфуцианства. Следует еще раз отметить, что иезуиты в первую очередь хотели распространить весть о Боге, превосходящем любые культурные различия, но не стремились перенести в Китай элементы чуждой культуры. Определенное противоречие между христианством как всеобщей проповедью слова Божьего и одновременно элементом европейской культуры оставалось неразрешенным. На китайском языке не было опубликовано значительных теоретических работ, подробно рассматривавших взаимосвязь между локальными и глобальными толкованиями, межкультурными и европейскими влияниями христианства в трактовке иезуитов.

Тем не менее не стоит увлекаться исторической ретроспективой и переносить прежние понятия о «Западе» на иезуитскую миссию в Китае. В начале XVII века понятие «Запада» главным образом ассоциировалось со стороной света, по сравнению с которой

---

[8] Историческим фоном для этого романа служат путешествия знаменитого монаха Сюаньцзана в Индию, на родину буддизма. См. [Wriggins 1996].

[9] Но фактически китайские ученые всегда принимали участие в создании этих работ.

Китай не мог ощущать какую-либо ущербность, а страх культурной отсталости еще не овладел умами и сердцами образованной элиты. Проще говоря, в Китае XVII века идеи Запада не обладали движущим импульсом интеллектуальной мощи, прогресса и динамизма[10]. Небесное Учение оставалось незначительным верованием из далекой страны, привлекавшим лишь незначительный процент от общего населения, но заметно интересовавшим образованные китайские круги, хотя последнее главным образом относилось к научным и картографическим сочинениям иезуитов. Все это означало, что ни китайцы, ни иезуиты не представляли связи Китая с Европой или католицизмом в контексте высокомерной и гегемонистской логики мировоззрения западной цивилизации, мыслившей себя превыше всех остальных культур. В отличие от XIX века христианство не имело поддержки или обременения концепции «Запада» как наставнической цивилизации. Принятие Небесного Учения было необходимо обеспечить другими способами, и временами этот бой оказывался неравным.

Самодостаточный Китай?

У иезуитов не было альтернативы, кроме как представить Небесное Учение в качестве чужеземной веры. Но в обществе поздней династии Мин существовали вполне благоприятные условия для знакомства с новой религией; кроме того, некоторые долгосрочные обстоятельства в рамках неоконфуцианской философии способствовали идее открытости Китая и конфуцианства для зарубежного учения. Со времен династии Сун многие конфуцианцы более не рассматривали достижение нравственного совершенства преимущественно как итог древней истории Китая. Теперь эти мыслители считали такие добродетели, как

---

[10] Об изменчивых коннотациях понятия «Европа» см. [Ellis 2012: 12–13]. О более широких концептуальных и семантических изменениях в китайском языке начиная с конца XIX века, которые подразумевали усиление роли Запада в системе координат, см. [Liu 1995]. См. также [Sachsenmaier 2014b].

человеколюбие и достойное поведение, аспектами космических сил, связывавших человеческую природу и вселенную в целом. Иными словами, многие конфуцианские ученые придерживались мнения, что высший источник нравственности не ограничивается китайской государственностью, историей и культурой. Такая позиция облегчала признание аргумента, что учения из других частей света могут (и должны) рассматриваться как вспомогательное средство для восстановления стабильности в Китае.

Более того, поиск информации о других мировых религиях не был в Китае XVII века чем-то необычным. Привилегированные члены общества особенно интересовались приобретением новых знаний о далеких землях и культурах. Примером этого распространенного настроения служит успех комментированных карт мира, представленных иезуитами. Хотя эти географические описания в чем-то преуменьшали роль государства Мин и возвеличивали европейские страны, они произвели сенсацию среди интеллектуалов и поразили даже самого императора [Ch'en 1939: 343; Peterson 1982: 137][11]. Опубликованные в самом начале XVII века, они сразу выдержали несколько изданий, что отражало высокий спрос на такие работы на китайском книжном рынке [Brook 2008: 113–116][12]. Но существовала и критика карт, составленных иезуитами. К примеру, сочинение Вэй Цзюня (ок. 1523–1626), ученого-чиновника, принимавшего участие в антихристианских инициативах 1616 года, было озаглавлено «Заблуждение Риччи и обманчивость его карты» [Wei Jun 1996]. Согласно Вэю, одна из ошибок заключалась в том, что на карте Риччи Китай располагался не точно посредине, а лишь очень близко к центру [Zhang Qiong 2015: 172–173][13]. Сходным образом Шэнь Цюэ (1565–1624),

---

[11] Уже в XVI веке книги о чужеземных странах имели большой успех на китайском книжном рынке. См. [He 2013: 195–244].

[12] О карте мира Маттео Риччи и ее интеллектуальных коннотациях в Китае, включая ранние китайские сочинения о внешнем мире, см. [Ge Zhaoguang 2017: 66–76].

[13] Ранние английские переводы частей этого текста см. в [Zhang Weihua 1934: 161–162].

высокопоставленный чиновник в нанкинском отделении Министерства церемоний, возражал против названия «Великий Запад» (*даси*) на картах и других документах иезуитов, так как, по его мнению, только государство Мин можно было называть великим [Gernet 1990: 135].

Антихристианские тексты такого рода были не слишком широко представлены в интеллектуальной среде, но некоторые ученые группы возражали против притока иностранных элементов; как правило, их члены руководствовались желанием вернуться к сущности китайской культуры в их собственном понимании. Как отмечает Риччи в своих описаниях, для многих образованных людей Китай был не только превосходящей культурой, но самой сутью культуры и цивилизации [Fitzgerald 1967: 7][14]. Даже давно укоренившийся буддизм сталкивался с обвинением в том, что в силу отсутствия китайских корней он может лишь усугубить политический кризис и культурный упадок этого периода. Интересно, что некоторые буддисты выставляли свою веру в качестве эффективной защиты истинного Пути от опасных учений Запада. Около 1633 года, когда иезуит Алени прибыл в Фуцзянь, буддистский монах Хуан Чжэнь призвал буддистов и конфуцианцев к сопротивлению новой ереси [Lancashire 1968–1969: 91–92]. Так или иначе, пейзаж интеллектуальной жизни в эпоху поздней Мин был весьма сложным и противоречивым.

В многочисленных диспутах об отношениях между Китаем и другими культурами центральное место занимали некоторые ключевые термины, и они играли важную роль в рассуждениях Чжу Цзунъюаня. Например, такие слова, как *и*, *цян* и *жун*, изначально относились к людям из мест, находившихся за пределами центральных регионов Древнего Китая. Начиная с XIX века во многих западных научных изданиях эти обозначения переводились как «варвары»[15]. Но хотя и имеются некоторые основания

---

[14] О сочинениях Риччи см. [Lach, Van Kley 1965–1998, 2: 802].

[15] Аргументацию о значении дипломатии XIX века в формировании этой тенденции см. в [Liu 2004, chaps. 2, 3].

для использования этого термина, первоначальное древнегреческое представление о «варварах», которое впоследствии прижилось во многих европейских языках, не вполне передает смысловые оттенки этих китайских обозначений[16]. Безусловно, в такие времена, как переходный период между династиями Мин и Цин, многие ученые и интеллектуалы отзывались о народах за пределами Китая как о «менее цивилизованных». Такие термины, как *и, цян* или даже более географически нейтральный *вай* («внешний», «нездешний»), часто сопоставлялись с такими понятиями, как *чжи* («неразвитой») и *пу* («грубый», «простоватый») [Schwartz 1968: 277–278]. С другой стороны, некоторые части китайского общества, в том числе из самых образованных кругов, отрицали существование непреодолимого цивилизационного разрыва между Китаем и его соседями. Эти разногласия имели не только умозрительное значение, и тема цивилизованности была не просто предметом для ученых дебатов. Они были тесно связаны с серьезнейшим вопросом о том, имеют ли право иные этнические группы, такие как маньчжуры, на вступление в императорский дворец и управление Китайским государством[17].

Сходные дискуссии шли вокруг таких принципиальных терминов, как *чжунго* («Срединное Царство»), *чжун* («центр») и *хуа* («процветание», «благоденствие»), а также их производных, например *чжунхуа* («срединное благоденствие»). В контексте XVII века будет ошибкой толковать *чжунго* как обозначение китайского национального государства в современном смысле слова [Dirlik 2015; Ge Zhaoguang 2014]. Фактически задолго до начала правления династии Мин концепция *чжунго* стала обозначать территорию Срединных Княжеств еще до объединения при династии Цинь в 221 году до н. э.; она также обозначала непрерывность культурного развития начиная с древних времен [Bol 2009]. В то же время к началу XX века, когда китайское историческое сознание видоиз-

---

[16] Из-за отсутствия адекватного термина в английском языке в нижеследующих переводах фрагментов из сочинения Чжу Цзунъюаня используется термин «варвары».

[17] Об этнических вопросах в обществе Мин см. [Shin 2006].

менилось в контексте усилий по строительству национального государства [Duara 1997; Esherick 2006], термин *чжунго* приобрел широкое и растяжимое значение. Он стал в гораздо большей степени относиться к центральному государству Юго-Восточной Азии, чем к «китайскому происхождению» в более узком смысле. Опять-таки, политические аспекты этой концептуальной тенденции имели большое значение: по-прежнему было семантически возможно обозначать разные группы — от маньчжуров до иезуитов — как составные части *чжунго*.

Если говорить о самоопределении иезуитов, они не вписывались в роль «невоспитанных учеников» китайской цивилизации и не стремились к этой роли. В то же время они сталкивались с противодействием некоторых конфуцианских кругов, возражавших против идеи приспособления конфуцианских традиций к чужеземному учению. Чжу Цзунъюань не мог игнорировать иностранное происхождение своей веры — он включил в свой «Сводный обзор о спасении мира» следующий типичный вопрос: «Если человек отвергает наследственные традиции этого места [Китая] и обращается к учению, недавно учрежденному варварами, дабы спастись от прегрешений, разве это не нарушение всякой справедливости?» [Zhu Zongyuan 2001d: 62a].

Чжу посвящает этой теме пространные высказывания не только в «Сводном обзоре», но и в своей первой монографии «Ответы на вопросы гостя» [Там же: 62a–64a; Zhu Zongyuan 2001a: 50a–54b]. В обоих сочинениях Чжу обсуждает культурное происхождение христианства ближе к концу соответствующего текста — как бы ради того, чтобы рассеять последние сомнения, которые могут оставаться у читателя. В качестве основного подхода он утверждает, что мудрецы Древнего Китая никогда не проповедовали и не практиковали культурную изоляцию. Чжу стремится опровергнуть концепцию о культурной самодостаточности Китая, указывая на заимствованные элементы, обогатившие жизнь его читателей. К примеру, в «Ответах» он отмечает арабское влияние на китайский календарь и импортное огнестрельное оружие из Вьетнама [Zhu Zongyuan 2001a: 52a]. Последнее утверждение было неточным, но теория о том, что огнестрельное оружие появилось в Китае после завоевания Аннама в начале XV века императором Чжу Ди, правившим под девизом «Юнлэ», или «Вечное счастье» (ок. 1402–1424), продержалась до начала династии Цин [Needham 1987: 310][18].

Эти аргументы служили напоминанием о том, что Китай в целом ряде случаев получил пользу от заимствования иностранных элементов и что его культура не могла бы выжить за счет собственных ресурсов. Факты, упоминаемые Чжу, были общеизвестны: даже представители консервативных ученых кругов в целом признавали зарубежное происхождение определенных навыков, товаров и ремесел. Многие слова для обозначения импортных вещей или идей указывали на их иностранное происхождение через использование таких слогов, как *ху* или *ян*, подразумевавших сухопутную азиатскую или морскую границу Китая. Другим примером, на который ссылается Чжу в своем «Обзоре», является широко распространенный в Китае импорт лекарственных товаров. Здесь подразумевалось, что люди верили в благотворность зарубежных лекарств для своего здоровья, поэтому Чжу обращается к читателям со следующим вопросом: «Если мы можем получать пользу в случае болезней и недугов, как мы можем обвинять чужеземное знание в том, что оно появилось не у нас, и лишь на этом основании отвергать его?» [Zhu Zongyuan 2001d: 62a].

Разумеется, между заимствованием отдельных навыков или вещей и принятием новой религиозной доктрины или системы ценностей имелась большая разница. Поэтому Чжу также стремился к разрушению представления о Китае как о монолитном культурном блоке, несовместимом с другими цивилизационными системами. К примеру, в своих «Ответах на вопросы гостя» он обращается к различиям между китайским и другими языками, которые в его время часто рассматривались как разделительная черта между цивилизованным и нецивилизованным миром. Чжу ссылается на такие представления через аргумент своего

---

[18] Общее описание китайско-вьетнамских отношений в эпоху Мин см. в [Baldanza 2016].

гостя о том, что письменность и язык, несомненно, являлись доказательством различия между Китаем и варварами [Zhu Zongyuan 2001a: 51b]. Хозяин отвечает следующим образом:

> Если придерживаться такого мнения о языках, [можно возразить, что] произношение в нашем [древнем царстве] Юэ[19] не такое же, как местный язык [древних царств] Янь и Чжао[20]. Можно ли тогда, подобно людям с юга, указывать на северян и называть их «снобами с косичками»? И могут ли северяне называть южан «островными варварами»? Если придерживаться такого взгляда на письменность, [можно возразить, что] иероглифы современного образца отличаются от древнего головастикового письма[21]. Тогда могут ли люди предыдущих эпох называть следующие поколения варварскими племенами? Или же современные люди должны свысока относиться к своим предкам и считать их варварами? Нечто имеет одно и то же значение, будь то *фу* [福] или *чжи* [祉], либо *цзюэ* [厥] или *ци* [其][22]. <...> Когда места разделены сотней тысяч миль, как их можно сделать одинаковыми? [Там же].

В этом фрагменте Чжу дает понять, что китайский язык и китайская письменность не являются гомогенными в пространстве-времени. Наряду с большими региональными разли-

---

[19] Название Чжу для региона в дельте Янцзы (включая его родную провинцию Чжэцзян).

[20] Янь и Чжао были царствами, существовавшими до династии Цинь. Как и многие его современники, Чжу пользовался этими названиями в контексте описания Северного Китая своего времени.

[21] Китайская письменность приобрела форму, которая большей частью используется до наших дней, лишь при династии Цинь. Согласно историческим источникам головастиковое письмо было одним из видов рукописи, существовавшим до сожжения книг при императоре Цинь Ши-хуанди. См. [Li Xueqin 1985: 447].

[22] Иероглиф, который произносится как *чжи* («удача»), появляется в *Shijing, xiaoya*, VI, 6 [Legge 1871, 4: 289], и *daya, huangyi* [Legge 1871, 4: 452]. В «Комментарии Чжэнцзян» ханьского ученого Чжэн Сюаня (127–200) этот иероглиф обозначен как *фу*. Тот же иероглиф, читающийся как *цзюэ*, многократно появляется в *Ши Цзин* («Книга Песен») и обозначен Чжэн Сюанем под слогом *ци*.

чиями в произношении между разными частями Китая, форма и значение китайских иероглифов могли значительно изменяться в ходе истории. Это было особенно справедливо до стандартизации иероглифов при династии Цинь (221–206 годы до н. э.). Но Чжу идет еще дальше, когда указывает на трения и предрассудки, существовавшие между китайскими регионами. К примеру, уже с V века определения, содержавшие слово «веревка», использовались в уничижительном и бранном смысле по отношению к жителям отдельных районов Северного Китая как намек на косички, которые там были распространенным видом мужской прически[23]. Еще старше были понятия вроде «островных варваров», которое использовалось с первого тысячелетия до нашей эры как бранный эпитет в адрес людей, проживавших к югу от китайской границы, а впоследствии для жителей Южного Китая[24].

Согласно некоторым интерпретациям в эпоху Мин предметом особенно жестких, иногда враждебных противоречий в ученых кругах стала региональная принадлежность. Есть свидетельства того, что идея «цивилизационного разрыва» фигурировала в трениях между учеными-чиновниками в дельте Янцзы и их оппонентами из Северного Китая. Одной из причин мог быть обычай китайской государственной системы указывать региональное происхождение своих чиновников и давать им соответ-

---

[23] Чжу пользуется словом *соань* (букв. «веревочный сноб»), которое было традиционным бранным выражением южан по отношению к жителям севера, где мужчины часто носили косы. Очевидно, во времена Чжу жителей Северного Китая по-прежнему так называли. Выражения «раб косы» (*солу*) и «косичная голова» (*сотоу*) уже использовались в этом смысле во времена Южной и Северной династий (441–513). См. эти термины в [Zhongwen da cidian 1962–1968]. *Ань* — другое старинное оскорбительное обозначение для северных китайцев (см. *раздел sutou* в [Zhongwen da cidian 1962–1968]).

[24] Термин *даоюй* («островные варвары») используется в *Шу Цзин* («Книга документов») для описания жителей юга (*Шу Цзин*, III, 1, VI). Однако уже во время Южной и Северной династий или даже раньше это было бранным обозначением для южных китайцев (см. *раздел daoyi* в [Zhongwen da cidian 1962–1968]).

ствующие назначения. К примеру, в целях противодействия коррупции чиновники из южных областей не могли занимать должности в гражданских и налоговых министерствах, поскольку Юго-Восточный Китай представлял собой самый богатый источник налогов для государства [Zhao Yuan 1999, chap. 2]. Все это способствовало расколу между представителями разных регионов, о котором упоминает Чжу Цзунъюань.

С помощью примеров и риторических вопросов Чжу Цзунъюань надеялся создать у своих читателей впечатление, что концепция единой и неизменной китайской культуры несостоятельна. Отсюда следовал косвенный вывод, что из-за большого культурного разнообразия страны невозможно провести однозначное различие между китайцами и некитайцами.

Размышления о «среднем»

В своих попытках сделать определение Китая менее однозначным и более всеобъемлющим Чжу Цзунъюань не ограничивается этими примерами и вдается в рассуждения, где старается раскрыть тему более научным и аналитически изощренным образом. Рассмотрим обширные фрагменты из его «Ответов на вопросы гостя», где речь идет о концепциях «среднего» и «внешнего», имевших большое значение в классическом конфуцианстве. Вероятно, Чжу полагал, что если он сможет в полной мере продемонстрировать свои научные способности, то ученые критики прислушаются к его доводам. Так или иначе, хотя бóльшая часть его сочинений написана доступным стилем, не требующим исключительной эрудированности, здесь он переходит на более возвышенный слог. В этих фрагментах содержится так много аллюзий и непрямых цитат, что лишь читатель, глубоко укорененный в конфуцианской текстологической традиции, мог понять и оценить их. Многолетнее конфуцианское образование, особенно в разделах канона, необходимых для системы государственных экзаменов при поздней Мин, было нужно для того, чтобы уловить хотя бы основные аргументы автора. Глубинный смысл этих параграфов был столь же недоступным для большинства китайцев XVII века, как и для большинства современных читателей независимо от их происхождения. Здесь размышления Чжу о контактах между двумя цивилизациями переходят на самый локальный уровень не только в пространственном, но и в социальном смысле, поскольку количество читателей, способных следовать его линии рассуждений, было крайне ограниченным. Примером такого высоконаучного параграфа является нижеследующий раздел из «Ответов» Чжу. Хозяин отвечает на возражение гостя, что в конфуцианских анналах «Весны и осени» (*Чуньцю*) нет ничего более важного, чем различие между китайцами и всеми остальными:

> Когда Конфуций составлял анналы «Весны и осени», [он проводил различие между] варварами и Срединными Княжествами, но возвышал некоторых из них до [статуса] Срединных Царств. Поэтому он написал: «*Цзы*[25] Чу послал Цзяо с дипломатическим предписанием». Он возвысил [властителя Чу] и записал его аристократический титул. [Конфуций отличал] Срединные Княжества от варваров, но [понижал некоторые] из них до этого уровня. Поэтому он написал: «Бо Чжэн напал на Сюй». [Конфуций] намеренно воспользовался этим титулом. Он пользовался титулами в особых случаях, чтобы подчеркивать [нравственные суждения]. Он считал людей достойными в силу их благочестивого отношения к родителям и старшим, преданности, честности, милосердия, человеколюбия и скромного поведения — но не из-за их географической близости. Он считал людей недостойными в силу их алчности, угнетения, тирании, жестокости, высокомерия и варварских манер — но не из-за их географической отдаленности [Zhu Zongyuan 2001a: 50b].

---

[25] В эпоху Чжоу в число высших представителей аристократии входили титулы *гун* (высокопоставленные сановники при центральном правительстве), а также *хоу, бо, цзы* и *нань* (наследственные вотчинные титулы, в том числе получаемые от *вана*). Но строгой иерархии не было, как и соответствия их каким-либо степеням феодальной и наследственной аристократии в Европе. — *Примеч. пер.*

Прямого перевода этого параграфа недостаточно, чтобы раскрыть его смысл. Для понимания основополагающих идей необходимо углубиться в слои ученых толкований, существовавших в среде эрудированных людей поздней Мин. Во-первых, требуется знакомство с корпусом авторитетных работ, из которых для этого фрагмента были почерпнуты прямые и косвенные цитаты. Во-вторых, важно понимать, как они интерпретировались тем кругом читателей, до которых Чжу Цзунъюань хотел донести свои мысли. В свою очередь, для этого требуется знакомство с обширными комментариями на конфуцианскую классику, читавшимися в конце эпохи Мин. А в-третьих, далее нам приходится отделить смысл отдельных высказываний от общего смысла процитированного параграфа.

В самом общем контексте этот параграф сочинения Чжу был основан на каноне из 13 текстов, приписываемых Конфуцию. Окончательно оформленные в XII веке, они занимали важное место в системе императорских экзаменов. Этот канон включал так называемое Четверокнижие, важность которого особо подчеркивалась со времен династии Сун, наряду с гораздо более старинными текстами, которые с давних пор считались жизненно необходимыми при отборе китайских ученых-чиновников. Сюда входили такие произведения, как «Книга Перемен» (И Цзин), и исторические тексты: «Книга документов» (Шу Цзин) и «Весны и осени» (Чуньцю).

Анналы «Весны и осени», имеющие ключевое значение для осмысления процитированного фрагмента, — это кратчайшая история государства Лу с 722 по 421 год до нашей эры. Авторитет этого текста значительно повысился после того, как в начале правления династии Тан (ок. 618–907) три комментария к нему были включены в корпус «Тринадцати классических сочинений». Один из этих комментариев (Цзочжуань) представляет собой дополнительное описание политических и военных событий, в то время как комментарии Гунъянчжуань и Гулянчжуань являются более катехизическими по форме и сосредоточены в основном на нормативных высказываниях из анналов «Весны и осени»[26].

---

[26] Недавний перевод Цзоцзуань см. в [Durrant et al. 2016]. См. также [Cheng A. 1993: 68].

За рамками официального конфуцианского канона для доступа к смыслу анналов «Весны и осени» можно было воспользоваться еще несколькими текстами. Среди них числилось сочинение «Богатая роса анналов "Весны и осени"» Дун Чжуншу (179–94 год до н. э.) [Davidson, Loewe 1993]. Одной их последних основополагающих работ для читателей эпохи Мин был комментарий Ху Аньго (1074–1138), который тогда являлся базовым сочинением для подготовки к государственным экзаменам[27].

Анналы «Весны и осени» считались особенно важными, поскольку их авторство приписывалось самому Конфуцию. Хотя современные исследователи часто рассматривают анналы как лишь немногим большее, нежели фактическое перечисление политических событий, ученые-конфуцианцы стремились раскрыть нравственную оценку этих событий в понимании Конфуция. Например, глубоко философская работа Дун Чжуншу была основана на предпосылке, что Конфуций в своих комментариях к политическим событиям раскрыл Небесный Путь (*тяньдао*) и что его слова позволяли уловить суть основных вопросов настоящего времени[28]. Это мнение оставалось широко распространенным и в Китае XVII века, более полутора тысячелетий спустя. Многие ученые люди продолжали верить, что подлинное значение слов Конфуция заключалось в семантике и структуре текста. Его расшифровка требовала кропотливой проверки малейших шероховатостей текста в поиске оттенков глубинного смысла, которые могли бы предложить авторитетное и убедительное наставление для нынешнего времени. По поводу надлежащего толкования отдельных параграфов анналов «Весны и осени» велись многочисленные научные и административные дебаты, что было неудивительно, поскольку их обтекаемый характер открывал возможности для разнообразных интерпретаций и они были связаны с важными политическими вопросами.

---

27 Краткий обзор см. в [Ess 2010: 105–106].

28 Этот подход соответствовал одной из экзегетических школ конфуцианской философии, следовавшей традиции *Гунъянчжуань*.

С такой текстологической подготовкой становится возможно интерпретировать короткие цитаты, такие как «*Цзы* Чу послал Цзяо с дипломатическим предписанием» в вышеприведенном параграфе, но аналитик должен действовать на трех уровнях. Во-первых, ему нужно помнить общие исторические обстоятельства периода Весен и Осеней между концом VIII и началом V века до нашей эры. Во-вторых, нужно тщательно разобраться в событиях, о которых идет речь в подобных цитатах. И наконец, следует обдумать конфуцианскую интерпретацию обоих исторических аспектов и сопоставить ее с формулировками из анналов.

Начнем с общей исторической обстановки этого периода. В конце VIII века до нашей эры династия Чжоу уже лишилась последних остатков былой власти над различными удельными княжествами, но формальные притязания на всеобщий контроль еще оставались, особенно по отношению к ритуальной функции. Правитель дома Чжоу умозрительно считался единственным Сыном Неба в китайском мире и за его пределами, хотя царство Чжоу фактически уступило место изменчивой группе политически независимых государств/княжеств, соперничавших друг с другом. В результате этой ситуации в VIII веке до нашей эры возникло примерно 170 Срединных Княжеств (*Чжунго*), хотя это количество резко уменьшилось в последующие годы. Поскольку их правящие семейства получали свои территории в качестве земельных вотчин от дома Чжоу, они имели право участия в определенных имперских церемониях[29].

Срединные Княжества того времени могли не включать крупные государства на периферии, такие как Ци на северо-востоке, Цинь — на западе, Цзинь — на северо-западе и Чу — на юге. Но за исключением Цинь, чей расцвет наступил позднее, именно эти периферийные государства становились центрами постоянно изменявшихся коалиций, соперничавших за верховную власть [Gernet 1964: 69–70][30]. Их правители выдвигали притязания на

---

[29] Многие из этих правителей могли проследить свою родословную до династии Чжоу. См. [Walker 1971: 20]. Более общие сведения см. в [Li Feng 2006].

[30] Хорошее введение в историю этого периода см. в [Hsu 1999].

титул царя (*вана*) и утверждали, что могут защитить Китай от чужеземцев. Не считая некоторых гибридных форм на юге, культура высших классов этих внешних государств фактически была очень сходной с их эквивалентами в Срединных Княжествах, как и с администрацией этих территорий. По мере убывания ритуального превосходства династии Чжоу ощущение единства Срединных Княжеств тоже приходило в упадок и становилось фасадом, которым можно было прикрывать политические издержки в беспринципной борьбе за власть. Хотя в период Весен и Осеней противоборство между Китаем и зарубежными народами продолжалось, различие между Срединными Княжествами и периферийными китайскими государствами имело очень малое политическое значение. К примеру, государство Цзинь было почти с самого начала причислено к Срединным Княжествам и приняло на себя роль защитника династического верховенства Чжоу; другие внешние государства тоже давали понять, что они сражаются ради безопасности Срединных Княжеств.

В такой исторической обстановке набирали популярность многочисленные учения, включая конфуцианство. Конфуцианское учение сначала укоренилось в дворянской среде некоторых княжеств. Лишенное былого блеска и окруженное угрожающими центрами силы, мелкопоместное дворянство придавало особое значение нравственным, духовным и ритуальным традициям Срединных Княжеств[31]. Концепция «среднего» со всеми ее этическими, политическими и культурными коннотациями занимала видное место во многих конфуцианских текстах, включая анналы «Весны и осени».

Этот исторический фон оказывал влияние на интерпретацию классических текстов Конфуция в более поздние периоды, включая династию Мин. Многие ученые люди были склонны проецировать терминологию анналов «Весны и осени» — которая опирается на четкое различие между китайцами и чужеземцами — на такое же строгое различие между Срединными Княжествами

---

[31] Об интеллектуальной жизни этого периода см. [Pines 2002].

и периферийными государствами, определяя последние как «внешние государства» (*вайго*). Автор анналов не проводил последовательного различия между правителями Срединных Княжеств и государств «внешнего пояса». Это отражало тенденцию V века нашей эры рассматривать Срединные Княжества и периферийные государства как интерактивное и единое целое. Но позднейшие толкователи Конфуция придавали огромное значение любым терминологическим сдвигам, которые интерпретировались как указание на разницу между «срединным» и всем остальным. Любые отклонения рассматривались как четкие и недвусмысленные комментарии и нравственные инструкции самого Конфуция. Комментаторы толковали варианты формулировок в анналах как явное изменение статуса данной территории или ее правителя. К примеру, пропуск в терминологическом описании статуса правителя якобы обозначал скрытое сообщение от самого учителя. Многие комментаторы прилагали громадное количество интеллектуальных усилий ради извлечения моральных уроков Конфуция из безыскусных словесных конструкций «анналов».

Вышеупомянутая цитата «*Цзы* Чу послал Цзяо с дипломатическим предписанием [для Лу]» — образец такого высказывания. Она находится в записи из анналов «Весны и осени» о девятом году правления князя Вэня из Лу (617 г. до н. э.) и относится к дипломатической миссии государства Чу[32]. Из четырех периферийных держав южное государство Чу было самым удаленным от княжеств центральной равнины. Мощь Чу значительно возросла при правлении Му (ум. 614 г. до н. э.) и его преемника Чжуана. Утверждалось, что его правители выказывали огромное мастерство в битвах ради более мелких княжеств на центральной равнине[33].

---

[32] *Chunqiu* [«Весны и Осени»], Wengong 9, 12. Полная фраза гласит: «Зимой *нань* Чу послал Цзяо с дипломатическим предписанием». Глагол *lai* («прибывать») подразумевает, что он был отправлен с дипломатической миссией в государство Лу, позиция которого послужила основой при составлении анналов. Об использовании глагола *lai* в анналах см. [Legge 1871, 5: 891].

[33] Обзор культуры и государства Чу см., к примеру, в [Cook, Major 1999].

В записи анналов за 617 г. до н. э. правитель Чу получает титул *цзы* (условно «барон»). Как сообщается в «Ритуалах Чжоу», это был четвертый из пяти аристократических титулов (*цзюэ*), которые, теоретически, присваивались главным правителем [Walker 1971: 26–28, 114n16]. Однако, как было установлено позднейшими учеными изысканиями, термин *цзы* не был связан исключительно с правителями Срединных Княжеств — в противоположность конфуцианской экзегетике он также использовался в качестве титула для правителей побежденных варварских государств[34]. В экзегетической традиции периода поздней Мин считалось, что в течение периода Весен и Осеней лишь в Срединных Княжествах существовала практика наделения титулами при назначении дипломатических миссий[35]. Согласно анналам, дипломатическая миссия из Чу за 53 года до этого не была удостоена такой почести. Приводится только имя чиновника (*Chunqiu*, Zhuanggong 23, 5), и лишь в единственной дипломатической миссии из Чу после 617 г. до н. э., упомянутой в анналах, правитель северного периферийного государства тоже называется *цзы*[36].

Поэтому интерпретаторы пришли к выводу, что, воспользовавшись этим титулом, Конфуций признавал добросовестное управление и высокую нравственность правителей Чу, то есть по своему духу это государство принадлежало к Срединным Княжествам [Legge 1871, 5: 254][37]. В комментарии Ху Аньго XII века, авторитетном сочинении для ученых эпохи Мин, предлагается следующее объяснение термина «цзы»:

> Когда [Цзяо] присоединился к дипломатической миссии, [Конфуций] внес изменение [в традицию] и возвысил его до аристократического титула. Здесь он записал титул

---

[34] Анри Масперо выдвинул этот аргумент на основе богатой традиции китайской текстологической критики; см. [Maspéro 1955: 82–83].

[35] См. раннее исследование этого предмета в [Franke O. 1920: 210n1].

[36] См. примечание о *Chunqiu*, Wengong 9, 12 в [Legge 1871, 5: 254].

[37] Примеры использования титула «цзы» в анналах «Весны и осени» (*Chunqiu*) см. VII, 4, 1; VII, 10, 7; VII, 9, 12.

этого правителя и этого чиновника, назвал его «дипломатическим посланцем» и далее сделал его достойным сравнения с другими *цзы* [Hu Anguo 2010: 229].

Поскольку авторы трех канонических комментариев к анналам в своем толковании этого фрагмента не утруждаются подробным разъяснением титула *цзы*, фразу Чжу Цзунъюаня «[Конфуций] возвысил [властителя Чу] и записал его аристократический титул» можно воспринимать как аллюзию на слова Ху Аньго. Ссылка на сочинение Ху Аньго в попытке сделать относительными понятия «среднего» и «внешнего» была смелым шагом. На самом деле комментарий Ху Аньго был написан вскоре после того, как Императорский двор династии Сун был вынужден отступить на юг после расширения территорий, находившихся под властью кочевников в Северном Китае. Именно поэтому в его тексте содержатся многочисленные параграфы, где проводится четкое различие между «срединным» и «варварским». И поэтому спустя сотни лет его сочинение цитировалось во время «нанкинских гонений» (1616–1617) для поддержки обвинений в том, что иезуиты представляют собой внешнюю культурную угрозу [Dudink 1995: 37–39][38].

Другие значимые аспекты процитированного текста обсуждались в классическом комментарии *Гунъянчжуань*. В этой работе употребление имени посла Цзяо объясняется тем, что в государстве Чу появились чиновники, уполномоченные центральным правителем (*дайфу*)[39]: «Кто такой Цзяо? Это высший чиновник. Но в Чу не имелось высших чиновников — почему же так было написано? Потому что теперь в Чу появились высокопоставленные чиновники»[40]. Поэтому цитата Чжу могла напоминать

---

[38] См. также [Dudink 2000b].

[39] Титул *дайфу* обозначал вторую по старшинству категорию государственных чиновников в эпоху Чжоу. См. [Hucker 1985: 465].

[40] Здесь комментатор противоречит сам себе, так как в связи с записью *Чуньцю* о четырнадцатом годе правления князя Си (645 год до н. э.) уже упоминалось о том, что в Чу появились высшие чиновники. Хотя в *Цзочжуань* об этой проблеме не говорится, в комментарии *Гулян* утверждается, что в Чу не было *дайфу* и что имя посланника использовалось только по соображениям этикета. Более подробное обсуждение этой проблемы см. в [Fu Lecheng 2010, 1: 70–71].

знающим и внимательным читателям о комментариях к записи в анналах о двенадцатом годе правления князя Сюаня (596 год до н. э.). Здесь правителя Чу тоже называют *цзы* в отличие от правителя центрального княжества Цзинь. При объяснении этого терминологического выбора авторы *Цзочжуань*, *Гунъян-чжуань* и *Чуньцю фаньлю* указывают на высокие моральные качества правителей Чу еще до упоминания о его военном превосходстве.

Если первая цитата Чжу Цзунъюаня из анналов «Весны и осени» была примером того, что он рассматривал как недвусмысленное возвышение периферийного государства до «срединного» статуса, то его вторая цитата дает пример деградации правителя срединного княжества. Фраза «*Бо* Чжэн напал на Сюй» взята из девятой записи о четвертом годе правления князя Чэна (586 год до н. э.) в анналах «Весны и осени». В связи с этим пассажем комментарий *Цзочжуань* повествует только о других событиях, а в комментариях *Гунъянчжуань* и *Гулянчжань* он не упоминается. Однако этот параграф подробно толкуется в комментарии Дуна Чжуншу «Богатая роса анналов "Весны и осени"».

Исторической канвой фразы «*Бо* Чжэн напал на Сюй» в анналах «Весны и осени» было нападение государства Чжэн — малого княжества из группы Срединных Княжеств, чей правитель издавна владел титулом *бо* (условно — граф), — на внешнее государство Сюй. Некоторые комментаторы, включая Дун Чжуншу, уже предполагали в своих дискуссиях о предыдущем годе (587 год до н. э.), что терминология анналов подразумевала осуждение поступка Цзяня, предшествующего *бо* Чжэн. В анналах «Весны и осени» об этом сказано кратко и недвусмысленно: «Чжэн напало на Сюй» (*Chunqiu* VIII, 3, 12).

Согласно Дуну, пропущенный титул правителя срединного княжества Чжэн было проявлением строгой критики со стороны Конфуция [Dong Zhongshu 1926, chap. 3, sec. 66]. Нападение правителя Чжэн считалось нарушением его союза с Сюй. После смерти Цзяня в следующем году (*Chunqiu* VIII, 4, 2) его сын и преемник напал на Сюй уже через несколько месяцев. Это было тяжким нарушением директивы Конфуция, требовавшей трехлетнего траура и запрещавшей, наряду с другими вещами, военные действия[41]. С точки зрения многих комментаторов, этикет также требовал того, чтобы в течение первого года траура преемника называли только «сыном» (*цзы*)[42]. Это демонстрировало, что в силу личной утраты он лишь с большой неохотой возлагает на себя обязанности правителя. Поэтому Дун Чжуншу рассматривал формулировку «*Бо* Чжэн напал на Сюй» как резкий упрек со стороны Конфуция. Он пишет в *Чуньцю фаньлу*:

> В анналах «Весны и осени» показано отсутствие взаимного расположения [между отцом и сыном] и то, что отец разочаровался в своем сыне. Поэтому его не называют «сыном». В анналах он называется *бо* Чжэн с целью пристыдить его. <...> В данном случае *бо* Чжэн не проявил сыновней почтительности и благодарности. <...> Тот факт, что за всю жизнь его ни разу не называли «сыном», свидетельствует о его пренебрежении к благочестию [Там же: 7a–7b].

Чжу предпочел эти цитаты из анналов «Весны и осени», имея большой выбор соответствующих высказываний с подразумеваемыми похвалами или упреками в адрес правителей. Возможно, его выбор цитат был основан на словесной антитезе: употребление слова *цзы* в первом случае возвышает правителя внешнего государства Чу до ранга правителей Срединных Княжеств, тогда как во втором случае оно служит упреком[43]. Таким образом, ис-

---

[41] Сведения о конфуцианских правилах и постановлениях в связи с трауром см., например, в [Franke O. 1920: 305n1, 306n2].

[42] «Цзы» и «сын» обозначаются по-китайски одним и тем же иероглифом; подразумеваемый смысл можно определить по контексту.

[43] В этом разделе Чжу Цзунъюань пытается продемонстрировать, каким образом Конфуций возвышает или принижает титулы исторических персонажей в зависимости от своей нравственной оценки их действий. Но ему это плохо удается: даже с учетом самого резкого комментария определение *цзы* в случае *бо* Чжэн не означает принижения до уровня периферийного государства, а тем более варварского племени. Поэтому его вывод о том, что Конфуций принижал некоторых китайцев до уровня варваров, выглядит менее очевидным, чем противоположный вывод из первой цитаты.

торические аллюзии и цитаты Чжу были предназначены для непосредственной поддержки нижеследующего заключения:

> Он [Конфуций] считал людей достойными в силу их благочестивого отношения к родителям и старшим, преданности, честности, милосердия, человеколюбия и скромного поведения — но не из-за их географической близости. Он считал людей недостойными в силу их алчности, угнетения, тирании, жестокости, высокомерия и варварских манер — но не из-за их географической отдаленности [Zhu Zongyuan 2001a: 50b].

Иными словами, Чжу стремился доказать, что сам Конфуций применял термин «срединный» к правителям владений, которые в то время не принадлежали к Срединным Княжествам. Он также хотел продемонстрировать, что Конфуций понимал идею «варварства» исключительно в нравственном смысле; это подразумевало, что, с точки зрения Конфуция, чужеземное происхождение необязательно свидетельствовало об отсутствии культуры. Здесь Чжу пытается убедить читателей, что даже Конфуций не беспокоился о четком различии между Китаем и внешним миром. Напротив, согласно описанию Чжу Конфуций был критичным наблюдателем, которого заботили лишь благопристойность и нравственная чистота, а не исключительно китайское происхождение. По умолчанию любые притязания на культурное превосходство оказывались отклонениями от истинного Пути Конфуция, как и любые взгляды, основанные на исключительном положении Китая.

Таким образом, в этом параграфе Чжу прямо критикует связь идеи «цивилизованности» с китайской государственностью и общественным устройством. В качестве альтернативы он предлагает такое понимание конфуцианских ценностей, которое не включает их неразрывной связи с историей Китая. По его логике, истинные ценности, во всяком случае подразумеваемые, превосходят географические, этнические и культурные границы. Подобные идеи предназначались для продвижения его поддержки Небесного Учения как средства для восстановления изначальных ценностей конфуцианства. Они должны были придавать бо́льшую убедительность и достоверность христианству — учению, возникшему далеко от берегов Китая. В переложении на современный концептуальный дискурс можно прийти к выводу, что Чжу Цзунъюань выдвигал аргументы против теории культурного превосходства в пользу некоего варианта этического универсализма в смысле всеобщего спасения. Это определенно было возможно, когда речь шла об интерпретации таких терминов, как *чжунго* или *и*, которые, как было показано, в то время не относились исключительно к китайской культуре или зарубежному происхождению.

Тем не менее, как мы могли убедиться, поддержка этой точки зрения Чжу Цзунъюанем была глубоко укоренена в конфуцианской экзегетике. Один-единственный параграф вскрывал многослойный ландшафт текстологической традиции. В данном случае от читателя требовалось хорошее знакомство с учеными дебатами XVII века, как и с комментариями эпох Сун, Тан и Хань к классическому тексту V века до нашей эры, где шла речь о еще более древнем прошлом. Без этих канонических познаний, без понимания многослойной структуры исторических аллюзий Чжу Цзунъюаня ни явный смысл процитированного параграфа, ни реальную аргументацию в пользу конфуцианско-христианского синтеза, предложенную Чжу, было воспринять нельзя.

В большинстве сочинений Чжу Цзунъюаня, как и в большинстве литературной апологетики христианства того времени, авторы не достигают такого уровня культурной изощренности. Многие важнейшие тексты с апологией китаизированной версии христианства, в том числе «Истинное значение Небесного Владыки» Маттео Риччи, были доступны носителям иной культуры и китайцам, не принадлежавшим к наиболее образованным кругам общества. Главные аргументы обычно излагались в упрощенной манере, без обилия намеков и скрытых обращений к обширному корпусу конфуцианской литературы. Даже в этих сочинениях лишь «культурные инсайдеры» могли уловить тонкие нюансы, но главная мысль была понятна для читателей с разной культурной подготовкой. Поэтому общие идеи, обсуждаемые во многих апологетических христианских текстах, даже в переводе остаются доступными для современных читателей. Судя по всему, устное общение между святыми отцами Общества Иисуса и учеными-конфуцианцами происходило на таком же уровне взаимно доступной эрудиции.

Впрочем, такие фрагменты текста, где Чжу размышляет о «среднем», относятся главным образом к внутренним дебатам, которые инициировались обеими сторонами контакта между конфуцианством и христианством в эрудированных кругах. К примеру, в Католической церкви вопрос о ритуалах привел к целому ряду теологических диспутов высокого уровня сложности; эти дискуссии (даже в переводе) не были предназначены для ученых китайцев, как и для европейского населения в целом. Сходным образом многие новообращенные китайцы из интеллектуальной элиты и их критики обсуждали разные аспекты христианской веры на таком же академическом уровне сложности, не предназначенном для посторонних, включая миссионеров из Общества Иисуса. Даже после нескольких десятилетий жизни в Китае почти никто из европейских святых отцов не имел соответствующей интеллектуальной подготовки для присоединения к дебатам о концепции «среднего» на таком же уровне проникновения в коренную историю и культуру, как ученые вроде Чжу Цзунъюаня.

В поисках исторической поддержки

Мир знаний ученого человека поздней Мин, близкого к системе государственных экзаменов, не ограничивался конфуцианской классикой. Такой ученый был знаком с великими историографическими трудами, особенно со знаменитыми «Историческими записками» (*Шицзи*) Сыма Цяня (ок. 145–86 год до н. э.), которые находились за пределами конфуцианского канона. Интерпретационное прочтение таких трудов следовало примерно такой же логике, как и с конфуцианскими сочинениями вроде анналов «Весны и осени». Например, было принято искать глубинный смысл и советы о текущем состоянии дел в великих исторических сочинениях древности [Ryckmans 1986: 8–9] и стараться вывести из прошлых событий нравственные идеалы. Более того, как и при изучении главных текстов конфуцианского канона, комментарии к этим сочинениям тоже наделялись огромным авторитетом.

Чжу Цзунъюань ссылается на историографические труды в нескольких своих текстах. В «Сводном обзоре о спасении мира» большой параграф посвящен самому началу *opus magnum* Сыма Цяня, в частности его описанию древнейшего прошлого Китая. Здесь великий ханьский историк сосредоточен на пяти «легендарных императорах», последние два из которых — Яо и Шунь — упомянуты в «Книге документов» (*Шу Цзин*) наряду с их преемником Юем[44]. В описании Сыма Цяня эти древние императоры образуют блистательный нравственный триумвират, идеал самосовершенствования и хорошего управления[45]. Фактически в своем повествовании об истории Китая Сыма Цянь приписывает такую же высочайшую мудрость и добродетельность лишь Конфуцию. Он рисует эпоху императоров древности как простую и безыскусную в смысле культурной утонченности, но отличавшуюся мирной жизнью, гармонией и нравственностью. Многие китайские историографические труды, включая тексты, широко читаемые в период поздней Мин, рисовали сходный образ глубокой древности. Отчасти ссылаясь на эту идеализированную древнюю эпоху, Чжу пишет в «Сводном обзоре о спасении мира»: «Великий Шунь также получил [в качестве атрибута] слова "восточный варвар" [*дунъи*], великого Юя называли "юго-западным варваром" [*цян*], а Ю Юя называли "западным варваром" [*жун*]» [Zhu Zongyuan 2001d: 62b–63a].

---

[44] По-видимому, Сыма Цянь добавил трех императоров преимущественно в интересах нумерологической символики. Современное введение в труды Сыма Цяня см. [Knechtges 2014].

[45] Об изображении этих императоров в мифологии и историографии см. [Fu Lecheng 2010, 1: 10–13; Tu Wei-ming 1989: 77]. Как обсуждалось ранее, в большинстве конфуцианских школ было принято считать, что эти «священные» императоры достигли понимания мировых принципов благодаря самосовершенствованию и что их сокровенная мудрость привела к созданию совершенного и гармоничного общества.

Опять-таки ожидалось, что читатель будет достаточно знаком с авторитетными сочинениями и комментариями, чтобы моментально понять, на какие тексты ссылался Чжу Цзунъюань и какую мысль он хотел донести. Император Шунь, которого во многих литературных источниках причисляют к трем великим государям древности, действительно в ряде важных текстов именовался «восточным варваром» (дунъи). Согласно записи в *Мэн-цзы* — одной из четырех канонических книг конфуцианства и составной части классического Тринадцатикнижия — «Шунь был восточным варваром» — и далее в том же разделе: «Государь Вэнь был восточным варваром» (*Mencius* 4a, 1). Шуня также называют варваром в позднейшем комментарии *Чжэнъи* к «Историческим запискам» Сыма Цяня[46]. Согласно Сыма Цяню и другим авторам, Шунь был крестьянином из современного Шаньдуна, чьи таланты и высокие моральные качества побуждали людей селиться поблизости от него [Durrant 1995: 11]. Как гласит легенда, государь Яо, распознавший совершенство Шуня, выдал за него двух своих дочерей и завещал ему свой титул.

В одном из сочинений Сыма Цяня (но не в *Мэн-цзы*) также содержится информация, что Юй, который был *цяном* — уроженцем «варварской» области, расположенной к юго-западу от Срединных Княжеств, — получил императорский титул от Шуня после того, как предотвратил катастрофический потоп[47]. Сведения о происхождении Ю Юя — третьего человека, о котором упоминает Чжу Цзунъюань в этом коротком фрагменте, — опять-таки можно обнаружить в «Исторических записках» и комментариях к ним. Ю Юй был совершенно иным историческим пер-

---

[46] В параграфе «Шунь из Юй» (Yu Shun zhe) в первом томе *Ши цзи* (*Wudi benji*) комментарий гласит: «Шунь был восточным варваром». В качестве источника названа рукопись *Фэн шицзи*, утраченная еще до династии Цинь. См. запись *Feng shiji* в *Zhongwen da cidian*. В цитируемом здесь издании *Ши цзи* это [Sima Qian 1959, 1: 31].

[47] Слово *цян* обозначает народности Юго-Западного Китая. Примечание к соответствующему параграфу из начала второго тома *Ши цзи* (*Xia benji*), где написано: «Ся Юя звали Вэнь Мином», в комментарии *Чжэнъи* гласит: «Первым именем Юя было Вэнь Мин... и он происходил из юго-западных варваров». См. этот фрагмент в [Sima Qian 1959, 1: 49].

сонажем: чиновником, который жил в VII веке до нашей эры и помог Му из Цинь одержать решительную победу над западными племенами (*жун*). В пятой главе своей книги Сыма Цянь упоминает о том, что Ю Юй вырос вместе с «западными варварами», но его предки происходили из внешнего китайского государства Цзинь. Однако в комментарии *Чжэнъи* вопрос о том, имел ли сам Ю Юй варварское происхождение, остается открытым. Так или иначе, считалось, что его знания сыграли ключевую роль в обеспечении китайскому государству У победы над варварами *жун* из Центральной Азии[48].

Повествуя о биографиях древних китайских императоров, авторы «Исторических записок» и *Мэн-цзы* не стремились коренным образом изменить представление о варварах. У них также не было намерения переосмыслить отношения между китайцами и некитайцами; скорее они хотели внушить мысль о том, что подлинные моральные принципы остаются неизменными, невзирая на время и расстояние. Однако Чжу Цзунъюань двигался в ином направлении. Упоминая о славных делах императоров древности, он стремился подчеркнуть, что самые уважаемые люди в истории Китая не имели коренного китайского происхождения. Эту специфическую трактовку его цитаты следует рассматривать как часть продолжительных дебатов о взаимоотношениях между Китаем и другими странами — дебатов, особенно актуальных в такие периоды, как середина XVII века, когда Срединное Царство столкнулось с перспективой чужеземного правления этнической группы, не принадлежавшей к народу *хань* [Rawski 2015: 188–194].

В том же самом параграфе Чжу Цзунъюань вновь подвергает сомнению категорическое различие между китайцами и чужеземцами. Он продолжает:

---

[48] О жизни Ю Юя написано в *Ши цзи* (глава 5), а также в *Хань фэйцзы* (III, 49). В комментарии *Чжэньгуй* сказано: «Правитель *жун* послал Ю Юя в Цинь». У Сыма Цяня (Sima Qian, *Shiji*, 193) сказано: «Он носил обозначение *жун*». Английский перевод передает неоднозначность этого краткого замечания. Его можно понимать так, что Ю Юй был китайцем с чужеземным именем, либо он был *жуном*.

То, что называется «варварским», описано как таковое главным образом из-за его значительной отдаленности [от Китая]. Принимая это определение варварства, люди обычно щеголяют знаменитыми именами и культурными достижениями [Китая]. Если мы будем считать знаменитые имена и культурные достижения [главными атрибутами китайского происхождения], то как могут деяния и роскошества поздних поколений превзойти нехватку одежды и обуви у честных крестьянских тружеников древности? Как могут жемчуга, нефрит и парчовые одежды певиц и проституток превзойти уважение человека к его родителям, старшим братьям и тяжкому крестьянскому труду? Далее, такие регионы, как наши [древние царства] У и Юэ, не были изображены на китайских картах прежних времен. Тамошние жители имели «распущенные волосы и татуировали свои тела»[49] и не имели ни платьев, ни чиновничьих шапок, ни культурных изяществ. Как кто-то смеет называть их «варварскими государствами» и относиться к ним свысока вплоть до тех времен, когда культура [и нравственность] стали очень разнообразными? [Zhu Zongyuan 2001d: 62b–63a].

Чжу проводит различие между декадентством современности и идеализированным прошлым с целью подчеркнуть свой аргумент, что концепция «среднего» имеет этическое, а не этническое определение. В вышеуказанном фрагменте Чжу приводит и другие примеры для большей весомости своего утверждения, что граница между китайским и некитайским миром не имеет четкой разделительной полосы. Коннотации понятий о «среднем» и «вне-

---

[49] Самое раннее появление этой цитаты отмечено в классической «Книге ритуалов» (Liji V, 2), где содержится более общее упоминание о восточных варварах; «На востоке они называются И [восточными варварами]; они ходят с нечесаными волосами и татуируют свои тела» [Sun Xidan 1989: 359]. В комментарии Фань Е (ум. 445), который ошибочно ссылается на комментарий Гуйлянчжэнь к анналам «Весны и осени», определение «восточные варвары» заменено на «жителей Юэ»: «Жители Юэ ходят с растрепанными волосами и татуируют свои тела». См. [Fan Ye 1996, 2: 110a]. См. также [Yu 2004]. Однако в Хань шу («Книга Хань») есть утверждение, что жители Юэ «бреют головы и татуируют свои тела» (64a) [Ban Gu 1962, 6: 2777].

шнем» ушли в прошлое, как пытается продемонстрировать Чжу на примерах У и Юэ. В обоих случаях он указывает на древние государства в своем родном регионе, прекратившие свое существование. Государство У располагалось в дельте Янцзы, где оно было сосредоточено вокруг современных городских округов Сучжоу или Уси. Древнее царство Юэ включало Нинбо, родной город Чжу; оно достигло пика своей мощи в начале V века до нашей эры и исчезло после завоевания соседним царством Чу в 333 году до нашей эры[50]. Фактически в предисловиях к своим сочинениям Чжу Цзунъюань описывает самого себя как потомка жителей древнего государства Юэ (*гуюэ*). Это не было чем-то необычным: во все эпохи императорского Китая ученые отождествляли себя с древними названиями своих регионов.

Если вернуться к главному аргументу Чжу, царства У и Юэ первоначально не входили в состав Срединных Княжеств. Он упирает на слабое семантическое различие, связанное с эволюцией смыслового значения *чжунго* от идеала Срединных Княжеств к политическому единству Срединного Царства после завоевательных усилий первого императора Цинь по объединению Китая, которое завершилось в 221 году до нашей эры. Эти примеры были предназначены для напоминания о том, что концепции *чжунго* и *чжун* значительно расширились на протяжении китайской истории. Далее Чжу утверждает: если жестко придерживаться представлений о Срединных Княжествах, как их видел Конфуций, необходимо исключить из рассмотрения многие регионы Китая времен поздней Мин. Разумеется, Срединное Царство со временем разрослось.

Вторая линия аргументации Чжу Цзунъюаня движется в том же направлении. Он указывает на роскошный и порой распущенный образ жизни, распространенный в привилегированных кругах общества поздней Мин[51], и сравнивает их с конфуцианскими ценностями, такими как уважение к родителям и старшим

---

[50] О Юэ см., к примеру, [Li Xueqin 1985: 189].

[51] Яркие описания см., к примеру, в [Spence 2007]. Описание Риччи проституции и попоек в Китае см. в [Bettray 1955: 152–153].

братьям. В сущности, принцип почтения к родителям, старшим братьям и тяжкому крестьянскому труду (*сяоди литянь*) относится к критериям отбора достойных кандидатов во времена династии Хань. Чиновники отдавали предпочтение молодым мужчинам, которые трудились на полях и соблюдали традиционные конфуцианские ценности, включая семейные добродетели, как кандидатам на прохождение государственных экзаменов[52]. Противопоставляя жизнь честных тружеников при древних императорах современным излишествам, Чжу опирается на распространенное метафорическое клише своего времени. Многие группы в Китае периода поздней Мин апеллировали к простоте былого общества, считая людей древности более чистыми и высоконравственными.

В широком смысле это мировоззрение было общим для конфуцианской и даосской традиции, хотя они приходили к разным выводам относительно императоров древности[53]. Тем не менее многие даосские и конфуцианские школы соглашались в том, что более простые и чистые формы общественного устройства следовало искать в прошлом Китая, а не среди чужеземных народов. Возражая против хвастовства «знаменитыми именами и культурными достижениями» в качестве главных атрибутов китайского образа жизни, Чжу предлагает сравнение с обществами за пределами Китая, которые часто подвергались очернению как менее цивилизованные или варварские. Он продолжает:

> Регион на Дальнем Западе, называемый Европой, в сущности, не отличается от нашего, когда речь идет о письменных сочинениях и учености, а также об идеях и достижениях. <...> Если человек не сомневается в существовании истинного Владыки, стремится к самосовершенствованию и внимательно следит за своим поведением, его нравственные качества процветают (*хуа*) [то есть он мыслит как китаец

---

[52] Согласно [Zhongwen da cidian 1962–1968, 9: 295].

[53] В отличие от конфуцианства даосы считали эпоху пяти императоров временем разрыва с безмятежным и неиспорченным первозданным существованием. См. [Bauer 1989: 61–63, 108]. Со своей стороны конфуцианцы рассматривали это общество безыскусной простоты как нравственный идеал, к восстановлению которого должна стремиться современная цивилизация.

или цивилизованный человек]. Если человек бездумно забывает о своих предках, ведет себя распущенно и несправедливо, его нравственные качества уподобляются варварству (*и*). Если проводить различия не на основе нравственных качеств, но согласно географическим регионам, [следует сказать, что] те, кого мы можем называть самозваными судьями, не живут в реальном мире [Там же].

В конце, когда Чжу описывает аморальность как *и* (нечто варварское), а добродетельность как *хуа* (нечто процветающее, китайское, цивилизованное), он приходит к недвусмысленному заключению, что высшие формы человеческого общества необязательно можно найти только в Китае. По определению Чжу, концепция *хуа* не относилась исключительно к процветанию человеческой цивилизации, достигнутому в Китае или в любом другом регионе, но включала всех отдельных людей и разные общества во всем мире, которые достигли выдающейся добродетельности. Пользуясь термином *хуа* в таком смысле, Чжу заново формулирует идею «среднего», которая может не относиться к обычным людям, но сосредоточена на нравственной элите общества, и возводит понятие «высокой нравственности» к древнейшей эпохе[54]. Рассуждения Чжу согласуются с традицией, охватывающей много столетий. Их также нужно рассматривать в контексте идей тех мыслителей XVII века, которые стремились к созданию интеллектуального пространства для новой группы правителей, пришедших из-за пределов коренных земель Китая.

Важно отметить, что ближе к концу параграфа, где Чжу упоминает о знании истинного Владыки, он выходит в своих критериях *хуа* за рамки конфуцианских ценностей, ссылаясь на главное условие веры в Небесное Учение. Как мы могли убедиться в предыдущей главе, для Чжу идея восстановления конфуцианского порядка и нравственной цельности с помощью христианства неизбежно приводит к выводу, что близость к Небесному Владыке является критерием цивилизованности. Это имело

---

[54] О статусе народов согласно мировоззрению в эпохи Чжоу и Хань см. [Müller 1980].

важнейшие последствия для концептуализации взаимосвязи между Китаем и другими культурами. В параграфе из «Ответов на вопросы гостя» Чжу при обсуждении этой проблемы выводит на сцену персонифицированного Бога. Он отмечает:

> Далее, хотя есть разные религии, но нет двух небес и земель, нет двух солнц и двух лун, нет двух дней и ночей, которые бы не сменяли друг друга. Точно так же нет двух [божественных] владык, двух видов даров и подношений, двух [вечных] наград и наказаний. Поэтому, если человек делит [человечество] на китайцев и «варваров», это взгляд изнутри колодца [Zhu Zongyuan 2001a: 52a–52b].

Упоминание об узком кругозоре, который имеет человек изнутри колодца, является аллюзией на классическое даосское сочинение *Чжуан-цзы* (*Zhuangzi* 17, *Qiushui* — «Осенние паводки»). Его проблематика и образы сходны со знаменитой платоновской «аллегорией пещеры». В *Чжуан-цзы* лягушка считает свой колодец полноценным и совершенным миром, пока она не встречается с черепахой, которая рассказывает ей о необъятном открытом море. Как недвусмысленно утверждается в *Чжуан-цзы*, черепаха символизирует мудреца, а море — безбрежное Дао, куда этот мудрец лишь начинает проникать. Эта метафора предлагала китайским читателям осознать узость их мировоззрения и расширить свой кругозор. Однако в сочинении Чжу мир за пределами колодца перестает быть метафорой непостижимого Дао и становится символом Небесного Владыки, или всеобъемлющего Бога.

Об узких тропах в классическом конфуцианстве

В своих двух главных книгах Чжу Цзунъюань озадачивает читателей комплексной переоценкой понятий о «среднем» и «внешнем». Для этого он обращается к тому факту, что Небесное Учение пришло из дальних стран вместе с его символикой и представительством. В конечном счете Чжу стремился доказать, что великие авторитеты древности, особенно первые императоры и Конфуций, не испытывали презрения к чужестранцам. Чжу утверждает, что древние мудрецы Китая в первую очередь принимали в расчет нравственную цельность и чистоту, а не китайское происхождение. Согласно его трактовке традиционного конфуцианства реальные ценности и стандарты цивилизованности превосходят этнические, культурные и политические границы. Чжу не был одинок в этой аргументации насчет Небесного Учения: есть свидетельства, что другие китайские христиане, писавшие примерно в то же время, двигались в сходном направлении, и такие термины, как *и* (который часто переводился как «варвар», но также подразумевал выходцев из чуждой культуры), были предметом дискуссии среди китайских новообращенных христиан[55].

Отдельные тексты христианской апологетики, несомненно, вносили в эту тематику специфические оттенки; в то же время необходимо рассматривать их в контексте долгой истории полемики об отношениях между Китаем и внешним миром. К тому времени, когда Чжу взял в руку кисть для письма, китайские ученые и бюрократы столетиями дискутировали на подобные темы. Так было, к примеру, с первыми китайскими буддистами: как и Небесное Учение, их религия имела неопровержимо чужеземное происхождение. Уже на раннем этапе, в период Северной Вэй (385–535), буддисты столкнулись с гонениями. Это в значительной степени было связано с налогообложением буддийских монастырей, но антибуддийские движения тоже подвергали чуждую веру постоянным нападкам[56]. Столкнувшись примерно с таким же давлением, какому подверглись первые христианские общины в Китае спустя тысячу лет, некоторые буддистские общины отреагировали сходным образом[57].

---

[55] О последнем см. [Menegon 2010: 310].

[56] О нападках на буддизм из-за его чужеземного происхождения см. классический труд [Zürcher 1959, 1: 264].

[57] Есть и иные черты сходства между ранними буддистскими общинами и китайскими христианами XVII века. К примеру, и те и другие работали в смешанных группах для перевода важных сочинений на китайский язык. Об этом аспекте раннего буддизма см. [Vogelsang 2012: 217].

В старинных сочинениях китайских буддистов можно найти элементы, весьма похожие на рассуждения Чжу Цзунъюаня. Один из таких примеров содержится в тексте «Трактат мастера Му о разрешении сомнений» (*Моуцзы лихолунь*), который предположительно был написан ученым, прозелитом новой религии, якобы жившим в конце династии Хань, но, скорее всего, в V веке нашей эры[58]. Почти как Чжу Цзунъюань, автор оформил свой текст в виде воображаемого диалога, предназначенного для ознакомления читателя со своим вероучением. Более того, как и Чжу, он тоже выдвигал аргумент, что некоторые культурные герои Китая имели чужеземное происхождение. В обоих текстах в качестве примера приведен Ю Юй. С другой стороны, автор тоже приводит примеры успешной адаптации зарубежных элементов в китайской культуре и обществе.

В «Трактате о черном и белом» (*Байхэйлунь*), другом тексте в защиту буддизма, написанном в то же время, автор сравнивает претензии на китайскую исключительность с ограниченным взглядом из колодца точно так же, как Чжу (*Hongmingji*, III, 17.3–21.3)[59]. Во многих ранних буддийских сочинениях можно найти аргументы против унижения цивилизаций по критерию географической принадлежности, языка или письменности. К примеру, несколько авторов утверждали, что все люди равны между собой, а язык и обычаи являются поверхностными характеристиками. И еще одно, последнее сходство: автор «Трактата о разрешении сомнений» изображает как страну безупречного мира и гармонии Индию — во многом так же, как Чжу изображает Европу. Он доходит до предположения, что Индия, а не Китай является подлинным центром мира и вселенной[60].

Разумеется, такие аналогии не должны подталкивать нас к игнорированию существенных различий между ранним этапом буддизма в Китае и временем жизни Чжу Цзунъюаня. Обще-

---

58 Перевод и контекстное толкование этого текста см. в [Keenan 1994].

59 Об упоминании о Ю Юе см. [Zürcher 1959, 1: 266–268].

60 *Lihuolun* 1 (*Hongmingji* I, 3, 3, 21). Об идеализированных описаниях Индии на раннем этапе буддизма в Китае см. [Schmidt-Glintzer 1980: 105–110].

ственно-политическое устройство Китая примерно за 1200 лет, разделяющие оба периода, претерпело глубокие изменения, как и культура научных дискуссий. В ходе этих изменений такие важные концепции, как *чжун* («средний») и *и* («варварский»), приобрели совершенно иное значение [Bol 2009]. Тем не менее существовала определенная преемственность: в Китае XVII века эти концепции по-прежнему занимали важное место в дебатах о приемлемости чужеземного учения, даже если оно появилось в далеком прошлом.

Но не только религиозные темы питали дискуссии о цивилизованности и ее последствиях для отношений между Китаем и остальным миром. Чужеземные завоеватели и новые династии кочевого происхождения вызывали не меньшую озабоченность в разные периоды китайской истории, включая династии Южная Сун (1127–1279) и Юань (1279–1368). Поэтому едва ли удивительно, что споры о «среднем» и о культурных чужаках с новой силой вспыхнули в начале и середине XVII века, когда новая маньчжурская держава представляла растущую угрозу за Великой стеной. На протяжении жизни Чжу Цзунъюаня дебаты о внешней и внутренней культурной принадлежности были более интенсивными, чем в другие эпохи. Столкнувшись с угрозой иностранного завоевания бывшего государства Мин, многие китайские ученые проводили особенно жесткие разделительные линии между цивилизацией Китая и внешним миром [Rawski 2015: 188–194; Wang Q. 1999]. К примеру, один наблюдатель утверждал, что образ жизни кочевых народов на северной границе Китая несовместим с китайским образом жизни, потому что они не принадлежат к оседлой культуре [Mittag 2003–2004]. Некоторые пошли еще дальше, уничижительно отзываясь об этих народностях как о нецивилизованных чужаках. Интересно, что эти ревностные поборники всего китайского подкрепляли свои аргументы ссылками на древние тексты, включая *Мэн-цзы* и «Исторические записки» — те самые тексты, которыми пользовался Чжу и другие сторонники метода аккомодации.

Даже в других азиатских регионах политические события в Китае привели к новым размышлениям о понятиях «среднего» и «внешнего»[61]. Например, после прихода к власти в Китае династии Цин некоторые корейские ученые говорили о смещении культурного центра (*чжун* или *чжунхуа*) во всей Юго-Восточной Азии. С их точки зрения, после крушения династии Мин Корея должна была поддерживать подлинные идеалы конфуцианства и цивилизации в целом [Em 2013: 28–29]. В качестве интеллектуальной позиции это не слишком отличалось от образа Европы как идеального конфуцианского общества в сочинениях Чжу Цзунъюаня.

По всей вероятности, Чжу излагал свои взгляды об этическом универсализме и этнической терпимости не только с оглядкой на европейских миссионеров и их вероисповедание. Должно быть, он испытывал сходные чувства к маньчжурам, поскольку, очевидно, не считал их значительной угрозой культурному существованию Китая и не возражал против их правления, как поступали некоторые христиане[62]. Фактически Чжу принадлежал к самой первой группе кандидатов для прохождения провинциальных экзаменов при династии Цин. Новое правительство уделяло особое внимание таким темам, как укрепление связей между ханьцами и маньчжурами в духе конфуцианского единства. Возможно, Чжу Цзунъюань воспользовался своими рассуждениями о «среднем», уже опубликованными до начала правления в Китае династии Цин.

Чжу не ставил целью замалчивание чужеземного происхождения Небесного Учения: было бы невозможно полностью совместить католические обряды и символику с китайской культурной традицией. Скорее, он поставил задачу расширить приемлемость учения, которое могло бы в значительной мере сохранить свои европейские истоки в повседневной практике и самоопределении. Разумеется, Чжу не приближался к современному мультикультурализму; он не мог бы предположить, что культурные различия

---

[61] Даже в других частях Юго-Восточной Азии происходили дискуссии на сходные темы. См. [Rawski 2015: 188–224].

[62] О позиции Чжу по отношению к маньчжурам см. настоящее издание, главу 1, раздел «Поиск своего пути в неспокойные времена».

можно рассматривать с нейтральной и релятивистской точки зрения. Напротив, в своих усилиях создать в культурном пространстве Китая место для Небесного Учения он выдвинул идею межкультурного понимания основных концепций конфуцианства, таких как «среднее», которое он определял как истинный корень этой традиции.

Такой образ мыслей бросал вызов представлению о том, что пути самосовершенствования и развития цивилизации неизбежно проходят только через историю Китая. Если в других местах можно достигнуть такой же или даже более высокой степени морального совершенства, то как насчет других частей света? Какие условия и обстоятельства для достижения нравственного идеала существовали в этих дальних землях? И как они могли повлиять на жизнь в Китае?

Глава 5
Оценки европейских истоков христианства

Мирная родина?

Западное происхождение христианства было не только философской проблемой. Разнообразные слухи и рассказы вызывали сомнения в достоверности и добросовестности христианского благовествования, привезенного в Китай проповедниками ордена иезуитов. В конце концов, католицизм в регионах, окружавших государство Мин, имел явные связи с европейскими державами, особенно с Португальской и Испанской империями. Не только хорошо эрудированные элитные круги все более остро сознавали присутствие европейцев в Юго-Восточной Азии. Сходным образом не только просвещенные китайцы углубляли свое знакомство с концепцией христианского Бога, почитаемого людьми на Дальнем Западе. Даже в нижних слоях китайского общества циркулировали новости о торговцах, дельцах и наемниках с Иберийского полуострова в сочетании со все чаще встречавшимися описаниями других европейцев, действовавших в непосредственной близости от Китая, включая голландцев и англичан.

Хотя в некоторых изданиях имелись сведения об отдельных западных странах, в Китае периода поздней Мин — ранней Цин прослеживалась тенденция помещать самых разных европейцев (будь то купцы или миссионеры) в одну культурную или этническую категорию. Существовало множество терминов — к приме-

ру, в XVI веке термин «франки» (*фоланцзи*) как общее название
для всех европейцев [Foccardi 1986: 150]. В период жизни Чжу
Цзунъюаня существовала даже категория «Европа»; одной из ее
самых распространенных транслитераций на китайский язык
было слово *оулоба*. Отчасти этот термин исходил от самих миссионеров, которые пользовались им, к примеру, в своих опубликованных картах мира, где, кроме общих сведений о Европе,
содержалась информация об отдельных европейских государствах, хотя и преуменьшалось значение конфликтов между ними
[Hsia 2005: 187–216][1].

Тем не менее Юго-Восточная Азия оставалась на дальней периферии. В отличие от эпохи развитого империализма и позже
Европа не являлась центральным игроком в экономической,
интеллектуальной и политической жизни Китая; она не представляла особого политического интереса, поэтому не предпринима-
лось систематических усилий по сбору большого количества
фактической информации о ней [Brook 2010a: 269–272]. Тем не
менее в китайском обществе имелись некоторые сведения о событиях европейской колониальной политики и о жестоких
морских столкновениях вокруг Китая. Эти знания определенно
были несовместимы с идеализированным конфуцианско-христи-
анским образом католицизма в Китае, и каналы их передачи
в Китай были достойны упоминания. В картографических работах иезуитов и в других сообщениях о европейцах не содержалось
никаких существенных сведений о Португалии, Испании или
о других европейских империях. К примеру, карта мира Джулио
Алени обходила молчанием европейские амбиции в отношении
целого региона: в его суждении о филиппинском острове Лусон
упоминается об изобилии гигантских орлов и ядовитых змей, но
там нет ничего об испанском владычестве [Zürcher 1990b: 426].
Однако ученые и чиновники с конфуцианским образованием
редко располагали источниками информации из первых рук
и еще реже отправлялись за пределы своего государства [Wong

---

[1] Об идеализированных описаниях отдельных государств см., к примеру, [Li S. 2011]. О меняющихся коннотациях понятия «Европа» см. [Ellis 2012: 12–13].

2002: 449–458]. Таким образом, основная часть новостей о приморских соседях Китая, поступавшая в страну главным образом от торговцев и чернорабочих, в итоге распространялась среди большого числа людей, включая представителей конфуцианской элиты, которые во времена поздней Мин все чаще сочетались брачными узами с торговыми семьями, особенно в регионе нижнего течения Янцзы и в соседних прибрежных областях [Feng Xianliang 2003].

В таких местах, как Нинбо, море сохраняло определяющее значение, и густая сеть маршрутов разной протяженности связывала их с азиатскими и глобальными морскими путями [Zheng Yangwen 2012]. Торговцы и особенно первые китайские рабочие-мигранты устремлялись за рубеж; китайская миграция в Юго-Восточную Азию неуклонно возрастала, несмотря на чередование волн ужесточения и ослабления правительственного контроля. Она достигла максимума во времена кризиса переходного периода между династиями Мин и Цин, около середины XVII века [Wang Gungwu 1996]. Миграция одного миллиона китайцев, отправившихся в Юго-Восточную Азию между XV и XVIII веками, подразумевала формирование значительных китайских общин в больших и малых торговых центрах Восточной Азии, особенно в регионе Юго-Восточной Азии и Филиппин [Parker C. 2010: 137–143]. По словам Джона Э. Уиллса, «китайцы были повсюду, несмотря на то что государство Мин запрещало своим гражданам любые морские путешествия» [Wills 2011b: 24][2].

Во многих местах китайские работники и торговцы вступали в контакт с людьми из других регионов, в том числе из Южной Азии, Европы и с Ближнего Востока. В то же время они, как правило, поддерживали тесные связи с родиной. Поэтому неудивительно, что новости о положении дел в Юго-Восточной Азии становились известны в китайском обществе. В сообщениях из-за рубежа содержались сведения о Европе и европейцах,

---

[2] Об истории китайских морских путешествий см. [Schottenhammer 2006]. Общую историю китайских поселений в заморских странах см. в [Wang Gungwu 2000].

которые заметно отличались от благостных образов Дальнего Запада, представленных в Небесном Учении. Они складывались в картину жестокого мира постоянной борьбы за рыночные доли и экономическую выгоду, со сложной историей успехов, неудач и недолговечных союзов [Wills 2011a; Ptak 1998]. Европейцы были частью этого мира как минимум с 1512 года, когда португальцы захватили Малакку, чей правитель ранее был вассалом Китая. Уже в то время они встретили там китайских поселенцев, и через них известие об этом акте насилия дошло до Китая, где даже тридцать лет спустя чиновники спрашивали португальских негоциантов о причинах покорения Малакки [Cameron 1989: 138, 142, 144][3].

Подобные инциденты не прекратились и в XVII веке. К примеру, на Филиппинах, где испанцы основали колонию в XVI веке, 15 000 китайцев жили в одной только Маниле. Китайские мятежи были подавлены в ходе двух эпизодов массовой резни в 1603 и 1639 годах, и эти инциденты привлекли немалый интерес со стороны Китая. Первая бойня была подробнейшим образом описана путешественником Чжан Се в его популярной книге «Исследование восточных и западных морей» [Zhang Xie 1981][4]. Маттео Риччи во время своего пребывания в государстве Мин написал об убийстве более чем 10 000 китайцев [d'Elia 1942–1949, 2: 372–373]. Кроме того, имелись сведения о многочисленных китайских рабах в империях Иберийского полуострова — этот феномен был настолько распространен, что всех азиатских рабов в Испанской империи называли чинос (chinos) [Seijas 2014][5].

Инциденты с участием европейцев происходили и поблизости от материкового Китая. На Тайване, где китайские поселения существовали до прибытия европейцев, жалобы на голландское управление и высокие налоговые сборы звучали так громко, что

---

[3]   См. также [Wills 1974: 7–8].

[4]   Перевод соответствующих фрагментов см. в [Foccardi 1986: 136–140]. О резне китайцев см. [Phelan 1959: 144–146; Brook 2008: 96, 177].

[5]   О китайских рабах в Гоа см. [Subrahmanyam 2012: 240].

дошли до центральных регионов Китая[6]. Помимо прочего, это причинило затруднения иезуитскому миссионеру Джулио Алени, который имел личные связи с голландскими моряками. Кроме того, ожесточенное соперничество между европейцами, в том числе попытка голландцев захватить в 1622 году Макао и вытеснить оттуда португальцев, было отмечено некоторыми китайскими наблюдателями [Dunne 1962: 184–185]. Происходили и более мелкие военные действия, предпринимаемые европейцами на китайской территории. Одним из примеров является экспедиция под командованием Джона Уэдделла, который, в нарушение всех китайских и португальских запретов, в 1637 году поднялся вверх по течению реки Чжуцзян и отступил лишь после причинения ущерба прибрежным районам и стычек с китайскими военными джонками [Cameron 1989: 219; Bolton 2006: 126–129].

Обычные отношения между китайскими и европейскими торговцами тоже не были особенно гармоничными. В период поздней Мин европейские торговцы часто изображали своих партнеров в крайне неприглядном свете [Demel 1992: 86], в то время как с противоположной стороны не было недостатка в сообщениях о беспринципном поведении и беспощадной спекуляции среди европейских коммерсантов. По крайней мере в некоторых частях китайского общества европейцы приобрели репутацию пиратов и контрабандистов, хозяйничавших у побережья Восточного Китая. К ним относились иберийцы, уже сотню лет включенные в японскую систему морского разбоя, которые действовали главным образом у побережий провинций Фуцзянь и Чжэцзян, как отмечается в различных китайских хрониках. Правительство Мин даже нарушило собственную политику неоказания поддержки китайским торговцам и в 1624 году поставило военный гарнизон на Пескадорских островах [Wong 2002: 458–459].

---

[6] О высоких налогах, установленных голландцами, и о массовых убийствах китайского населения в 1652 году см. [Huber 1990: 265–273]. Предположение о том, что это колониальное насилие побудило голландских этнографов подчеркивать свою индивидуальность и нецивилизованное поведение других людей, см. в [Subrahmanyam 2007].

Так или иначе, для некоторых слоев китайского общества иезуитские миссионеры не отличались от европейских купцов и завоевателей, поэтому многие относились к ним с недоверием [Brook 2008: 96]. Некоторые критики указывали на экономическую деятельность Общества Иисуса, что было правдой: святые отцы дополняли ежегодные денежные поступления из Рима посредством деловых операций, вроде процентных ссуд[7]. И разумеется, за пределами круга новообращенных существовало общее беспокойство по поводу Небесного Учения, его иностранных священнослужителей и чуждой символики. Взращиваемое в климате политической нестабильности и социальной тревожности, это беспокойство, наряду с другими факторами, стояло за неоднократными инцидентами, когда миссионеры или здания католических миссий подвергались нападениям со стороны местного населения [Zürcher 1971: 190; Spence 2008: 47][8].

Распространялись экстравагантные слухи. В некоторых областях Китая люди шептались о том, что европейцы занимаются каннибализмом и поедают местных детей, — вероятно, эти сплетни были вдохновлены обычаем португальцев покупать детей для подручного труда [Cameron 1989: 143–146]. Более того, имеются свидетельства неоднократных заявлений о том, будто португальцы собираются вторгнуться в Китай [Wills 2011b: 52, 67–75]. В 1606 году неподтвержденная информация о скором вторжении, в подготовке которого якобы участвовали иезуиты, вызвала панику в дельте реки Чжуцзян, последствия которой привели к мятежным выступлениям среди китайских жителей Макао [Dunne 1962: 117–119][9].

Члены образованной элиты тоже подозревали иезуитов в шпионаже, и в данном случае речь шла об обвинениях в тайной

---

[7] Тем не менее многие коммерческие предприятия велись иезуитами в Восточной Азии с незначительной прибылью или вообще без прибыли, с целью установления добрых отношений с местными представителями высших классов. О финансовой деятельности иезуитов в XVII веке см. [Alden 1996: 552].

[8] См. также [Clossey 2008: 111].

[9] О событиях 1606 года в целом см. [Boxer 1951: 269]. См. также [Zhang Xinglang 2003: 145].

подготовке к европейскому вторжению в Китай либо в использовании своих учений с целью лишить китайцев морального духа для сопротивления [Gernet 1990: 105–140][10]. Такие обвинения выдвигались во время гонений на христиан в Нанкине (1616–1617), и иезуит Антонио Ваньони был вынужден во всех подробностях раскрыть источник и каналы денежных поступлений католической миссии в Макао. Кроме того, святых отцов подозревали в подкупе своих последователей для организации в Китае мятежей [Kelly 1971: 36][11]. Утверждалось, что мятежи, задуманные иезуитами, должны были разразиться одновременно с иностранным вторжением.

> Под предлогом торговли эти варвары арендовали земельный участок на Лусоне. Потом они убедили местных жителей уверовать в их доктрину и наконец захватили Лусон. Они всегда поступают таким образом — обращение в их веру лишь предварительный шаг, ведущий к оккупации. Астрономия, календарь, пушки, ученые знания и технологии... это лишь предлоги для распространения их доктрины в каждой провинции и префектуре. Их цель — распространять свое учение таким образом, чтобы достигнуть выгодного положения, когда они смогут захватить Китай.

Этот текст был написан в 1638 году в контексте антихристианских гонений в провинции Фуцзянь[12]. Сходные аргументы играли свою роль в более ранних антихристианских выступлениях в Нанкине: католиков называли подрывной сектой, мостившей путь для военного вторжения. Пример Филиппин и их главного

---

[10] См. также [Lancashire 1969: 240–241].

[11] Действительно, стратегия Риччи отчасти состояла в распределении подарков, но, возможно, он так адаптировался к китайским обычаям. См. [Young 1980: 19–20].

[12] Данный текст был включен в *Shengchao poxieji* [«Собрание сочинений священной династии о разоблачении ереси»]. Это собрание было впервые опубликовано в 1639 году, а конкретный фрагмент содержится в *Poxieji* III, 30b, 31b. Репринт воспроизведен в [Xu Changzhi, Xia Guiqi 1996]. Английский перевод можно найти в [Gernet 1990: 131].

острова Лусон неизменно приводился в таких случаях [Zhang Qiong 2015: 314–317][13].

Обвинения в подготовке к вторжению в основном были праздными разговорами — но, как ни странно, это не означало, что они были совершенно необоснованными. За десятилетия до описываемых событий велись краткие дискуссии о возможности вторжения в Китай. К примеру, в 1580 году испанский консул в Маниле фактически поддержал план покорения Китая совместно с великим объединителем Японии Тоётоми Хидэёси (1537–1598); согласно этому плану иезуиты должны были выступать в качестве переводчиков. Манила затребовала для этого дерзновенного мероприятия военную поддержку из Испании, но так ее и не получила [Reinhard 1983: 84; Boxer 1951: 257]. С учетом военной мощи Китая такие предложения были нереализуемы даже на пике кризиса династии Мин через несколько десятилетий.

Идеализация образов

Обвинения в попытках политической дестабилизации выдвигались не только против зарубежных учений — во времена растущей нестабильности все чаще звучали заявления, что та или иная религия прямо или косвенно привела в эпоху поздней Мин к мятежам. К примеру, ученые Ван Гэнь (1483–1541) и Линь Чжаоэнь, тесно связанные с буддистскими кругами, были обвинены в связи с сектой «Белого лотоса» (*байлянь цзяо*) из-за ее учений и используемых ею религиозных символов [Chow 1994: 31; Berling 1980: 224]. В сущности, с учетом катастрофической ситуации на многих фронтах заботы и страхи китайцев во времена поздней династии Мин редко были связаны с европейцами. Тем не менее официальные и общественные опасения потенциальной угрозы, исходившей от Небесного Учения, были достаточно сильны, чтобы потребовалось сформулировать некое опровержение. Европейские миссионеры и китайские христиане

---

[13] См. также [Dudink 2000b].

не могли молчать перед лицом выдвигавшихся против них обвинений; Чжу Цзунъюань тоже реагировал на обвинения против иезуитов и их тайных заговоров.

Большинство христианских миссионеров и новообращенных китайцев уклонялись от прямого ответа на критику в свой адрес. Теоретически можно было представить христианство как боговдохновенную религию, чьи ценности противостоят любому злу в этом мире, включая зверства, совершаемые европейцами в Азии и в других местах. Это не было бы натяжкой, так как учения, основанные на различии между «Градом Божьим» и «Градом человеческим» в трактовке Блаженного Августина, занимали важное место в католицизме XVII века, включая философию иезуитов. Сходным образом все главные школы конфуцианства формулировали свои идеалы на основе критической оценки современных обстоятельств, а не на предпосылке, что их учение уже привело к созданию наилучшего из возможных миров.

Однако в христианской апологетике, как и в географических сочинениях, распространяемых иезуитами в Китае, не было каких-то значимых упоминаний о европейском колониализме. Кризис, с которым католицизм столкнулся в Европе, в Китае был практически неизвестен. Практически исключено, что Чжу мог слышать о сильных антиклерикальных и враждебных папству движениях в Европе либо имел представление о воинствующей церкви и об антицерковных настроениях в некоторых европейских странах. Неясно даже, знал ли Чжу о Реформации, которая еще за сто лет до его сочинений расколола латинское христианство и привела к глубокому кризису интеллектуальной, политической и духовной власти. Факт крупномасштабной войны в Европе и сопутствующей борьбы за политические позиции в католичестве оставался почти неизвестен в Китае. Иными словами, вполне вероятно, что Чжу ничего не знал о Тридцатилетней войне, опустошавшей Европу в то время, когда он писал свои сочинения.

Глобальные движущие силы, позволявшие проводить аналогии между Тридцатилетней войной в Европе и сменой правящей династии в Китае, во времена Чжу не были известны, а общие знания об устройстве Европы были скудными[14]. Какими представлениями могли пользоваться христиане в ответ на недоверчивые голоса тех, кто говорил о колониальных планах европейцев в материковом Китае? Если вкратце, то многие апологеты христианства стремились к распространению идеализированного образа Европы. Чересчур позитивные описания ее политического и общественного устройства были распространенной темой в миссионерской литературе на китайском языке, начиная с подробного описания вымышленных реалий его европейской родины в сочинении Маттео Риччи «Истинное значение Небесного Владыки» [Ricci 1985, paragraphs 520–560][15]. В этом основополагающем тексте, который послужил образцом для множества более поздних сочинений христианских миссионеров, Европа — по крайней мере отчасти — представлялась как место, где обрели свое воплощение идеалы Конфуция. Миссионеры вроде Джулио Алени и Альфонсо Ваньони тоже изображали европейскую общественно-политическую идиллию с безупречными моральными стандартами [Zürcher 1993: 77; Zürcher 1987: 122][16]. Ради того чтобы эта идеализация не страдала от конкретных деталей, во многих своих текстах иезуиты давали мало информации о европейской истории и описывали лишь отдельные аспекты европейской науки и философии [Zürcher 1996: 332–334].

Эти чрезвычайно сжатые и упрощенные представления о Европе сохранялись и в текстах некоторых китайских прозелитов, включая сочинения таких видных деятелей, как Сюй Гуанци, один из «Трех столпов» китайского католицизма [Gernet 1990: 109–112][17]. Чжу Цзунъюань не был исключением. В своих «Ответах на вопросы гостя» Чжу изобразил далекий западный континент как обитель мира и добродетели, где люди не при-

---

[14] Эта тема затрагивается в первой главе данной книги, в разделе «Поиск своего пути в неспокойные времена».

[15] См. также [Brook 2010a: 269–272].

[16] Об идеализации Запада у Алени см. [Luk 1982: 193; Mish 1964: 43, 48, 54].

[17] Об изображении Европы у Сюя Гуанци см. [Übelhör 1968; Übelhör 1968: 66; Chen M. 1986: 38]. О Ян Тинъюне в этом контексте см. [Cheng 2013].

карманивают деньги, которые находят на улице, не запирают двери по ночам, где 70 государств существуют в гармонии друг с другом и ни одна правящая династия не рушилась на протяжении 1600 лет. Тамошняя почва, писал он, изобильна и плодородна, животные разнообразны и многочисленны, а природные ресурсы практически неисчерпаемы. Всеобщее процветание Европы можно видеть в ее величественных домах и дворцах, украшенных золотом и драгоценными камнями, в прекрасной одежде, в изысканных продуктах и напитках. И наконец, Чжу указывает на выдающиеся интеллектуальные достижения европейских ученых и на их технологические успехи [Zhu Zongyuan 2001a: 50b–51b].

Основные элементы описания Чжу содержат ссылки на знаменитый параграф из «Книги ритуалов» (*Лицзи*). В этом тексте, принадлежащем к пяти классическим сочинениям конфуцианства, тоже повествуется о стране, где не нужно запирать двери на ночь, и об обществе, где люди любят своих близких, с уважением относятся к незнакомцам и где любой может найти работу себе по нраву. Согласно «Книге ритуалов», политическая стабильность и общественная гармония были гарантированы преобладающей ролью Великого Пути (*дадао*)[18]. Люди жили в гармонии друг с другом и в согласии с природой; они не руководствовались эгоистичными побуждениями, которые неизбежно причиняют страдания другим.

Конфуцианская традиция рассматривала это совершенное общество не как утопическое ви́дение будущего, но как подлинное описание давно ушедшего мира. Практически все конфуцианские школы сходились в том, что золотой век существовал несколько тысячелетий назад, но был утрачен из-за того, что люди забыли истинный Путь и больше не передавали его из поколения в поколение[19]. С другой стороны, идеальный мир Чжу Цзунъюаня существовал в настоящем времени, хотя и в географически отдаленном месте. По сути дела, его изображение Евро-

---

[18] Book of Rites (*Liji*, *Liyun*, chap. 1).

[19] Более подробно см. главу третью данной книги.

пы является проекцией времени на пространство — проекцией идеального золотого века в Китае на Европу того времени. Он дает понять, что текущие общественные и политические условия в Европе фактически идентичны порядкам в Китае времен великих императоров древности. Но его картину европейского общества не стоит сравнивать с описаниями «благородных варваров», которые приобрели влияние в политической философии Европы в XVIII веке. Неоднократные упоминания Чжу о передовом развитии философии, науки и технологии на Дальнем Западе показывают, что Европа в его представлении не была подобна идеализированному сельскохозяйственному обществу при древних императорах. Напротив, ее сходство с великой утраченной эпохой, упоминаемой в конфуцианской литературе, заключалось в ее стабильности и нравственных качествах.

Основной смысл такого представления о Европе, с точки зрения Чжу, состоял в том, что Небесное Учение могло усовершенствовать конфуцианство и стабилизировать ситуацию в Китае. Также подразумевалось, что Китай эпохи поздней Мин проигрывает не только в сравнении с ранними династиями далекого прошлого, но и с современной Европой. Рисуя этот образ Европы, Чжу проводит контрастное сравнение между родиной святых отцов (иезуитов) и ситуацией на его собственной родине. Он обращается к разным аспектам, от политического устройства до уровня жизни населения в целом, и приходит к выводу, что Китай уступает Дальнему Западу[20]. Он даже заключает: «...если кто-то из наблюдающих за образом мыслей и обычаями этих людей презирает их как варваров, то боюсь, он *сам* оказывается в положении варвара» [Zhu Zongyuan 2001a: 51b][21].

В определенной степени такое изображение Европы у Чжу можно интерпретировать как попытку сближения конфуцианства

---

[20] Каждый из семи параграфов раздела 50b–51b заканчивается словами: «У нас в Китае... это не так хорошо».

[21] См. [Zürcher 1997b: 647], где описание превосходства Запада над Китаем у Чжу Цзунъюаня названо «возможно, уникальным» в христианской литературе Китая XVII века.

с Небесным Учением. Но в то же время сравнения с обществом поздней Мин предполагают, что его описание Европы было не просто философской абстракцией и что он хотел, чтобы читатели принимали это за чистую монету. Как мы убедимся, Чжу упоминает беспокойство других китайцев по поводу европейской склонности к насилию в своих работах, но его «портрет Европы» остается не затронут подобными опасениями. Он предлагает свое ви́дение благословенной земли идеального мира, который предположительно существует на самом деле и может служить образцом моральных и политических представлений о Китае для его читателей.

Это искаженное, фактически вымышленное описание Европы было возможно только из-за ограниченности знаний того времени. Ни один китайский ученый эпохи Мин не имел международных связей и опыта для систематического сравнения других европейских идей с образами, распространяемыми в христианских апологетических текстах, сочиняемых иезуитами. Как уже упоминалось, в Китае были доступны лишь разрозненные свидетельства европейской воинственности и участия в конфликтах на территории Восточной и Юго-Восточной Азии, и китайские ученые-чиновники могли делать лишь более или менее обоснованные догадки. Хуже того, информация о Европе проходила через европейских миссионеров, имевших собственные планы. Все эти факторы приводили к распространению в Китае крайне искаженных, если не полностью вымышленных представлений о Европе.

В таких обстоятельствах Общество Иисуса пользовалось своими преимуществами всемирной организации, которая занималась систематическим сбором и распространением сведений о других культурах, обществах и религиях [Harris 1999]. За 200 лет после основания своего ордена иезуиты выстроили систему сбора, интерпретации и передачи знаний — информационную сеть, основанную на контактах с миссиями в отдаленных землях и региональных узлах, таких как Макао, где все потоки в конце концов поступали в центр, расположенный в Риме [Friedrich 2012; Clossey 2008: 193–215]. Римская штаб-квартира даже установила систему информационных рассылок с докладами о миссионерской деятельности по всему миру, и эти доклады циркулировали в ее епархиях [Harris 1999: 217–218]. Внося свой вклад в эту информационную базу, наставники иезуитских коллегий порой участвовали в межконтинентальных дискуссиях по теологическим, философским и научным вопросам [Feldhay 1999].

Этот корпус всемирных знаний, основанный на письменном слове, не имел себе равных среди местных элит в Китае, Японии, Индии или где-либо еще в мире. Массив информации, накопленный иезуитами, был предметом восхищения для просвещенных кругов в разных частях света, особенно в странах с процветающим книжным рынком. В Европе сочинения иезуитов о местах, где они проповедовали, и книги, основанные на этих сочинениях, переводились на многие языки и часто становились бестселлерами [Sachsenmaier 2000]. Сюда входили также политические и исторические хроники, частично описывавшие такие события, как крушение династии Мин, с помощью церковных толкований, сравнивая их причины с предполагаемыми истоками войн в мире латинского христианства. Тем не менее многие христианские читатели с большим интересом знакомились с сочинениями иезуитов о заморских странах, получая новую информацию о чужеземных обществах и культурах [Trakulhun 2017: 9–123]. За пределами Европы интерес был еще бо́льшим: в Китае периода поздней Мин комментированные карты мира, публикуемые иезуитами, содержали кладезь ценной информации и продавались по нескольку тиражей за год [Elman 2005: 127–134].

Благодаря своим обширным знаниям иезуитские миссионеры заслужили общественное уважение и культурный авторитет, благотворный для их религиозных устремлений. Но их главная цель в систематическом сборе информации о чужеземных обществах и культурах заключалась в продвижении целей католической миссии. Чрезвычайно приукрашенный образ Европы был полезен для этой цели. Он предназначался для укрепления культурного доверия и повышения уровня приемлемости Небесного Учения.

Иезуиты как мудрецы древности

Очевидно, слухи о насилии европейцев в регионе были для жителей портового города вроде Нинбо достаточно тревожными, поскольку Чжу приходилось обращаться к этой теме в нескольких своих сочинениях [Zhu Zongyuan 2001d: 63a–63b; Zhu Zongyuan 2001c: 5b–6a][22]. Фактически его описание иезуитов в «Ответах на вопросы гостя» начинается с обсуждения слухов о планируемом европейском вторжении. Обстоятельная дискуссия на эту тему переходит к еще более долгому разъяснению нравственных качеств христианских миссионеров. Касательно обвинения в том, что иезуиты вынашивают подрывные планы, Чжу говорит читателям, что им следует заглянуть в прошлое: «Предыдущие [миссионеры] умерли, их преемники состарились, а предполагаемые планы так и не появились. [Тогда] как долго мы должны ждать?» [Zhu Zongyuan 2001a: 53a].

Далее Чжу утверждает, что никто не слышал, будто иезуиты проводят тайные собрания, и что такие собрания в любом случае были бы невозможны, поскольку святые отцы во время своих поездок пользовались только китайским транспортом. Далее, слухи о том, что миссионеры были опытными алхимиками и умели изготавливать золото и серебро[23], являются просто ложными из-за полного отсутствия каких-либо свидетельств в поддержку таких утверждений. Чжу пишет:

> Итак, у них нет разрушительных планов. Тогда являются ли они учеными мужами, которые не доросли до собственных моральных норм и обманывают людей словами, [когда] они получают еду и жалованье из своей страны, расположенной на расстоянии десяти тысяч опасных миль? [Там же: 54b].

---

[22] Ян Тинъюнь тоже защищал иезуитов от подобных нападок. См. [Standaert 1988: 158–161].

[23] О слухах, что иезуиты создавали алхимическое золото для подкупа китайцев, см. [Gernet 1990: 122–124; Rule 1986: 21]. Риччи также упоминает о вере в то, что он сам был мастером этого искусства; см. [Tacchi Venturi 1913, 2: 209]. Как и их европейские коллеги, даосские алхимики (*huangbai zhi shu*) тоже пытались создавать золото и серебро.

Для Чжу дополнительным свидетельством добрых намерений иезуитов было то обстоятельство, что христианство уже присутствовало в Китае во времена династии Тан (618–907) в форме несторианства (*цзинцзяо*) [Там же: 55a][24], и тогда оно не было признано вредоносным. Основой для этого утверждения явилась находка несторианской стелы в городе Сиань в 1623 году; с тех пор иезуиты и новообращенные часто говорили о давнем присутствии христианства в Срединном Царстве. Таким образом, несторианская традиция в Китае позволяла, по меньшей мере до некоторой степени, говорить о европейской религии как о части китайского прошлого. Аргумент о наличии христианских корней в китайской культуре оказывал некоторое влияние на общество в конце правления династии Мин, — судя по всему, находка несторианской стелы привела к новой волне обращения китайцев в христианство [Dudink 1995: 286].

Более того, продолжает Чжу, не все миссионеры прибыли из одной страны, поэтому можно спросить, чьи именно планы выполняет орден иезуитов. А с учетом того, что Европу отделяет от Китая около 90 000 китайских миль, европейское вторжение было бы невозможно со стратегической точки зрения[25]. Другие свидетельства, опровергающие предполагаемую роль иезуитов в подрывных планах, больше сосредоточены на личных качествах святых отцов. К примеру, Чжу утверждает, что иезуиты были великими учеными, которые могли достигнуть высокого положения в своих родных странах, но которые тем не менее руководствовались исключительно Божьей истиной и своим желанием распространять ее. Отказ от славы и мирских богатств служил доказательством их честности и готовности терпеть невзгоды и тяготы долгих путеше-

---

[24] Цюрхер упоминает, что иезуиты никогда не указывали на различия между несторианством и католичеством [Zürcher 1990b: 447]. О стеле в Сиани см., к примеру, [Covell 1986: 20].

[25] Действительно, многие иезуиты начинали свои сочинения на китайском языке с указания на то, каие дальние путешествия им приходилось совершать. См. [Clossey 2008: 104].

ствий[26]. Их страдания и гонения на них свидетельствовали о чистоте их намерений.

> Любой, кто проповедует теории с целью обмана людей, неизменно полагается на способность манипулировать чувствами людей. Западные ученые твердо придерживаются своего учения. <...> Когда верховный правитель стремится принудить их, они непреклонны и добродетельны, несгибаемы, как металл и камень. Они любят лишь то, что имеет глубокие [корни], верят только в высшую истину. По этой причине их [позиции и убеждения] остаются неизменными до самой смерти. <...> Западные ученые всю жизнь сохраняют воздержанность в еде и питье, они отказывают себе во всем и упорно трудятся днем и ночью — гораздо больше, чем большинство людей. Когда они говорят, выражение их лица такое же дружелюбное, как весна, и такое же откровенное, как осень. Они доброжелательны и готовы помогать во всем, но без желания приобрести заслугу [Zhu Zongyuan 2001a: 53a–53b].

Чжу продолжает объяснять, что миссионеры были озабочены только распространением своего учения. Они пили чашу страдания, как сладкую воду. В них не было ни капли высокомерия; они сносили унижения и насилие без сопротивления и совершенно не испытывали жажды отмщения. Фрагмент заканчивается следующим вопросом: «Разве кто-то живущий под небесным сводом может пренебрегать собственной жизнью и в то же время иметь намерение обманывать других людей?» [Там же: 54a].

Учитывая его акцент на человеческие добродетели, такие как дружелюбие, мудрость и достойное поведение, описание иезуитов в трактовке Чжу Цзунъюаня соответствует основным аспектам конфуцианского понятия «совершенной личности». Такие качества, как стойкое следование принципам и готовность к страдани-

---

[26] Во многих христианских текстах того времени, включая *Sanshan lunxueji* и *Zhifang Waiji* Джулио Алени, делается упор на то, что иезуиты пускались в долгие и опасные путешествия исключительно с целью распространения своей религии. См. [Luk 1977: 24–25].

ям ради распространения истинного учения, пропагандировались в многочисленных конфуцианских текстах[27]. Наряду с другими аспектами личного развития, эти качества считались основой для общественной деятельности и человеческого сосуществования[28]. Во времена кризиса, такого как в конце правления династии Мин, несколько конфуцианских школ, включая академию «Дунлинь», особенно выделяли такие добродетели, как решимость и непоколебимая верность своим ценностям даже под угрозой смерти[29].

Чжу Цзунъюань следует обычаю, распространенному среди китайских христиан, которые описывали иезуитов как «ученых с Запада» (*сижу*). Как упоминалось ранее, таких известных миссионеров, как Маттео Риччи и Джулио Алени, часто так называли [Peterson 1998b: 789; Mungello 2005: 8–9], а иезуиты пользовались этой формулировкой для описания самих себя. Над воротами иезуитской резиденции в Наньцзине (Нанкин) висела табличка с надписью: «Обитель ученых с Великого Запада» (*даси жушэ*)[30]. Все это было частью презентации христианства как «западного учения».

Определенные интеллектуальные тенденции в Китае благоприятствовали использованию концепции «ученых людей» (*жу*) применительно к европейским священнослужителям. В некоторых классических текстах термин *жу* обозначал высококультурного человека, или «благородного мужа», который находится в гармонии со своей внутренней сущностью, обществом, человечеством в целом, со всем миром и небом[31]. В Китае периода

---

[27] См., к примеру, *Мэн-цзы* (*Mencius*) 6a, X, 1: «Если [я] не могу иметь и то и другое, я откажусь от жизни и выберу добродетель». Сходные высказывания можно найти в *Луньюй* (*Lunyu*) IV, V, 3 и XV, 8.

[28] Философскую интерпретацию этих мыслей см. в [Tu Wei-ming 1978].

[29] Общий обзор конфуцианских школ в период поздней Мин см. в [Peterson 1998a]. См. также [Miller 2009].

[30] Полная инвентарная опись резиденции иезуитов в Нанкине, составленная в связи с судебным процессом 1616–1617 годов, указывает на это и на другие свидетельства подражания иезуитов образу жизни китайских ученых. См. [Dudink 1996].

[31] Об употреблении термина *жу* см. старый, но до сих пор актуальный труд [Fung Yu-lan 1983: 48].

поздней Мин этот термин необязательно подразумевал состояние самосовершенствования — чаще он использовался в качестве почетного звания для людей, посвятивших себя изучению конфуцианской традиции. Употреблению термина *жу* применительно к иезуитам способствовал тот факт, что в эпоху Мин идеальный ученый-конфуцианец мог и не занимать политическую должность. Такое восприятие конфуцианства как учения, существовавшего за пределами официальной идеологии, коренилось в многовековой истории его развития[32]. В общем интеллектуальном климате эта закономерность сохранялась в течение большей части эпохи Мин [Bol 2008]. В это время многие влиятельные ученые из конфуцианских кругов хвалили ведущих ученых-буддистов за их научную позицию, хотя последние необязательно были достаточно глубоко знакомы с конфуцианской традицией для прохождения государственных экзаменов[33]. Кроме того, в сочинениях исламских авторов из Китая пророк Мухаммед упоминался как «великий мудрец Запада» — в этом смысле они пользовались конфуцианской терминологией [Benite 2012: 532].

Таким образом, утверждение о том, что иезуитские миссионеры в Китае воплощали наивысшие конфуцианские ценности, имело многочисленные прецеденты и аналогии[34]. Чжу стремился подкрепить эту идею в нескольких своих сочинениях. К примеру, в параграфе из «Трактата о разрушении предрассудков» он пишет об иезуитах следующим образом:

---

[32] Более подробно о концепции передачи Пути в конфуцианской и неоконфуцианской традиции см. главу третью данной книги, раздел «Спорные территории: конфуцианские учения в эпоху поздней Мин».

[33] Дискуссию на эту тему с упоминанием китайского термина *ши* («ученый человек») см. в [Peterson 1998b].

[34] Есть свидетельства того, что миссионеры действительно производили впечатление на выдающихся китайских мыслителей, выступая в роли респектабельных ученых. Одним из примеров является восхищение, которое философ Ли Чжи (ум. 1602), не являвшийся христианским прозелитом, выказывал по отношению к Маттео Риччи. Он считал Риччи выдающимся ученым в моральном и интеллектуальном смысле. См. [Li Zhi 1975: 35]. Но Ли также отмечает, что ему точно не известны причины прибытия миссионеров. См. [Gernet 1990: 18–19].

Они умны, проницательны, лояльны, откровенны, добросердечны, сострадательны и дружелюбны. Их слова приводят людей к внезапному просветлению [у]. Никто не остается равнодушным и не поворачивается, как от дуновения весеннего ветра. Почему их человеческая природа так отличается от натуры других людей? Потому, что они не скрывают, что дают и чего хотят взамен, и потому, что метод их учения безупречен [Zhu Zongyuan 2001c: 5b].

В этом фрагменте содержится много аллюзий. К примеру, аналогия с весенним ветром, который никого не оставляет равнодушным, явно указывает на параграф из «Бесед и суждений» (*Луньюй*) Конфуция. Там учитель уподобляет отношения между высокоморальным человеком (*цзюньцзы*, также «благородным мужем») и обычными людьми с взаимодействием между ветром и травой. Трава наклоняется туда, куда дует ветер (*Analects* 12, 19)[35]. Иными словами, в этом описании иезуиты предстают совершенными людьми в конфуцианском смысле слова — людьми, которые, в силу обладания истинным учением, могут влиять на умы окружающих исключительно силой своей личности, как делали древние мудрецы. Далее Чжу утверждает, что европейские священнослужители обладали личной силой, способной вызывать мгновенное озарение или внезапное просветление у их собеседников. Концепция внезапного просветления, с соответствующими терминами *у* и *у-цзюэ*, часто использовалась в неоконфуцианской философии. Сама эта концепция, вероятно, восходит к одному из направлений буддизма, но во времена поздней Мин она входила в употребление во многих конфуцианских школах. Даже Гао Паньлун, лидер традиционалистской академии «Дунлинь», рассказывал об опыте такого внезапного, интуитивного познания [de Bary 1975: 182][36].

Слова Чжу имеют ясный подтекст: будучи глубокими мыслителями и харизматическими людьми, иезуиты тесно связаны

---

[35] Комментированный перевод см. в [Leys 1997: 59].

[36] Риччи пользуется термином *у* в смысле «рассудок»; см. введение к [Ricci 1985: 155].

с идеалами нравственно совершенного человека («благородного мужа»), изложенными в конфуцианской классике. Такое представление о европейских миссионерах как о конфуцианских «благородных мужах» у Чжу сочетается с его картиной Европы, нарисованной в духе утраченного золотого века конфуцианской философии. И то и другое нужно рассматривать в контексте более широкого утверждения, что христианство как Небесное Учение следовало конфуцианскому Пути, давно утраченному в Китае. Этот посыл становится очевидным в нижеследующем фрагменте из «Трактата о разрушении предрассудков»:

> Какой позор! Мы утратили Небесное Учение, которое изначально было всеобщим, и теперь ошибочно верим, что это учение из стран Запада. <...> Есть те, кто поднимает подобные крики и стоны, что [мы] должны проснуться в смятении и с трепетом думать о нашем нынешнем [состоянии]. Таким образом, мы забыли, что у нас есть общего [с иезуитами]. Вместо этого мы восклицаем, что они совсем другие [Zhu Zongyuan 2001c: 3b–4a].

После знакомства с этими описаниями, наверное, неудивительно, что в «Ответах на вопросы гостя» Чжу идет еще дальше и пользуется термином «совершенные мудрецы» (*шэнсянь*) для иезуитских миссионеров. Он пишет: «Когда западные ученые проповедуют свое учение, их нравственность так же [высока, как] в эпоху трех династий. Большинство из них, без сомнения, являются мудрецами» [Zhu Zongyuan 2001a: 52a].

Обозначения, которые можно перевести как «мудрец», такие как *шэнжэнь* и *шэнсянь,* претерпели значительные смысловые изменения[37]. Термин *шэн* первоначально использовался только для обозначения идеальных правителей; считалось, что Конфуций и царствующий император образуют ось между человече-

---

[37] Термин *шэнжэнь* более широко использовался во времена поздней Мин, чем *шэнсянь*. В конфуцианской традиции термин *сянь* не имеет отношения к даосским бессмертным (хотя он также использовался в это контексте), но относится к людям, которые ведут себя соответственно их моральным ценностям; см. категории *шэнсянь* и *шэнжэнь* в [Zhongwen da cidian 1962–1968].

ством и вселенной. Значение этого термина было расширено в неоконфуцианской философии, где оно теперь обозначало личное совершенство человека[38]. Начиная с эпохи Сун самосовершенствование через усердные философские исследования считалось путем к достижению истинной мудрости, но во времена поздней Мин концепция этого пути изменилась. Во многих течениях конфуцианской мысли достижение мудрости и высочайшего уровня индивидуальной зрелости больше не считалось привилегией государственной службы. Напротив, ученые многих школ особо подчеркивали примат достижения единства с окружающим миром. Это происходило через поиск гармонии с космическим принципом (ли), что наделяло мудреца харизмой и влиянием в мирском обществе [Bol 2008: 6–69, 100]. Все это создавало для иезуитов возможность связи с общественным идеалом.

Однако вопрос о том, до какой степени книжная ученость является необходимым условием для самосовершенствования, был спорной темой в течение многих столетий. В первой половине XVII века более консервативные школы поддерживали идею государственного образования как основного пути к мудрости и просвещенному служению обществу [Taylor 1978: 21]. Ван Янмин, к примеру, подчеркивал, что путь к мудрости заключается в совершенствовании врожденного морального знания, а школа Тайчжоу утверждала, что и самый обычный и необразованный человек способен достигнуть наивысшего личного совершенства[39]. Ли Чжи даже шутил, что книжная премудрость является препятствием на пути к зрелой личности [Lee P. C. 2012].

По словам Чжу, подлинное самосовершенствование должно происходить через личную преданность учению Небесного Владыки. Исходя из этого, Чжу описывает иезуитских миссионеров как людей высшего порядка, которые, благодаря своему моральному авторитету и личным качествам, стояли выше осталь-

---

[38] Цюрхер в [Zürcher 1997b: 618] подчеркивает значение буддийских влияний.

[39] О Ван Янмине см. [Tu Wei-ming 1976]. О школе Тайчжоу см. [Ch'ien 1975: 297].

ных в обществе поздней Мин. В своем «Сводном обзоре» Чжу определенно связывает христианство с идеалом мудрости и пишет, что путь к достижению этого высочайшего этапа человеческого развития проходит через Небесное Учение. Далее он утверждает, что даже самые обычные люди могут достигнуть этого состояния, если воспримут основные элементы христианской веры [Zhu Zongyuan 2001d: 5a–5b].

Этими суждениями Чжу Цзунъюань вносят вклад в общую тему, популярную в христианской апологетике того времени и распространявшуюся самими христианскими миссионерами. К примеру, Джулио Алени четко обозначил этот подход в своих «Ученых беседах в Саньшани [Фучжоу]» (*Саньшань луньсюэцзи*)[40]. В этой работе знаменитый священнослужитель даже утверждает, что китайские мудрецы оставались в пределах своих человеческих возможностей, потому что лишь христианство может доводить мудрость до совершенства. Сходным образом Маттео Риччи ранее заметил, что любой истинный конфуцианец по необходимости должен следовать Небесному Учению из-за его божественного происхождения [Ricci 1985: 447–449].

В описании Чжу Цзунъюаня миссионеры-иезуиты предстают в образе людей, способных вернуть Китай к идеалу трех древних династий, к состоянию полной гармонии и общего благополучия. Иными словами, иезуиты в качестве проводников истинной религии становились новыми мудрецами, приносившими мир, порядок и благоденствие ввергнутому в кризис Китайскому государству, утратившему старинный Путь. Как и в его картине Европы, эта идеализация стала возможной, так как он обошел молчанием любые упоминания о конкретных людях. Чжу не упоминает имени хотя бы одного иезуита и не приводит в пример никого из них в какой-либо из своих работ. Его нежелание говорить об отдельных миссионерах, биографических подробностях, их сочинениях и степени их знакомства с Китаем нельзя отнести на счет определенной дистанции между миссионерами и китай-

---

[40] Алени даже иногда называли «западным Конфуцием» (*силай кунцзы*). См. [Lippiello, Malek 1997; Friedrich 2016: 499].

скими христианами[41]. В конце концов, Чжу Цзунъюань находился в тесном контакте с иезуитами, когда писал «Ответы на вопросы гостя». В то же время в публикации личных сведений об отдельных миссионерах в середине XVII века не было ничего
необычного. К примеру, такие прозелиты, как Хань Линь
(1601–1644) и Чжан Гэн (ок. 1560–1647), в своей книге «Свидетельство христианской веры» 1648 года предоставили 96 кратких
биографических описаний миссионеров [Han Lin, Zhang Geng
1648].

Нежелание Чжу изображать отдельных иезуитов привело
к схематизации и закреплению идеализированного образа миссионеров как общественно-политических деятелей, лишенных
индивидуальных черт. В конечном счете миссионеры Чжу предстают не распространителями учения из другого края света, но
идеальными конфуцианцами. Это соответствует его желанию
изображать внутреннюю сущность христианства не как иностранное учение, но как божественное достижение целей конфуцианства. Однако возможности Чжу для достижения этой цели
были весьма ограниченными.

Пределы сближения

Несмотря на все старания подчеркнуть сходные черты между
конфуцианством и христианством, многие аспекты жизни и работы иезуитов находились в резком противоречии с китайскими
нормами и уложениями. Например, их обет целомудрия не соответствовал конфуцианскому долгу производить потомство
и воспитывать детей. Но главное, иезуиты принадлежали к орга-
низациям — будь то Всемирная католическая церковь или конкретно Общество Иисуса, — имевшими центры за пределами

---

[41] Д. Э. Мунджелло в [Mungello 1994: 112, 165] полагает, что Чжан Синъяо не
описывал отдельных иезуитских миссионеров, так как почти не имел личных
контактов с ними. Чжан вел свою деятельность через два поколения после
смерти Чжу Цзунъюаня, когда иезуитов за пределами Пекина осталось совсем
мало.

государства Мин или Цин. Эта институциональная принадлежность отличала европейских священнослужителей от широкого круга других находящихся в Китае лиц, которые в прочих отношениях были сравнимы с ними. К примеру, группа ученых-мусульман, служивших при пекинском дворе, которая в XVII веке постепенно вытеснялась учеными из числа иезуитов, поддерживала лишь условные связи с исламским миром[42]. Сходным образом ученые-буддисты, которые подчеркивали свою связь с конфуцианством, обычно были погружены в китайский культурный контекст и не имели значительных связей в Юго-Восточной Азии или в каком-либо другом регионе, где буддизм играл значительную роль.

В своем описании иезуитов Чжу Цзунъюань не обсуждает католические структуры, такие как клир, хотя в некоторых его сочинениях есть намеки, что он был с ними знаком. То же самое относится к католической символике, богослужебной практике, музыке и культуре: все эти аспекты церковной жизни были хорошо знакомы Чжу, но он обходит их стороной, когда представляет иезуитов своим читателям. Он также не вдается в подробности организационного устройства Католической церкви в Китае или за пределами страны. Подробное обсуждение институциональных структур церкви, скорее всего, лишь вызвало бы новую волну недоверия, с которым боролся Чжу Цзунъюань. Это демонстрировало пределы, до которых европейские миссионеры могли — и хотели — представлять себя в конфуцианском духе. Не только богословские соображения, но и многие аспекты католичества как организованной религии препятствовали его полной локализации в Китае, и Чжу должен был об этом знать.

Фактически при внимательном рассмотрении организационная структура Небесного Учения была совершенно не похожа на учреждения и обычаи конфуцианства. Хотя между христиански-

---

[42] В начале периода Цин на смену мусульманским астрономам пришли иезуиты; см. [Yabuuti 1997]. См. также [Di Cosmo 2004: 145]. О незначительности роли зарубежных связей во многих аспектах китайского ислама см. [Benite 2005].

ми организациями и учеными академиями поздней Мин имелось некоторое внешнее сходство, но христиане, в отличие от конфуцианцев, проводили строгое разделение между духовенством и обычными прихожанами. Более того, это разделение проходило по этническому признаку, поскольку китайцы издавна были отстранены от посвящения в духовный сан и совершения христианских таинств. В период жизни Чжу Цзунъюаня Общество Иисуса допускало китайцев только до уровня братьев-коадъюторов, и даже это ограничивалось строгими правилами. До начала XVII века только китайцы мужского пола, которые родились на Макао и получили образование в иезуитской миссии, имели право стать братьями-коадъюторами; после 1627 года в их ряды было допущено несколько метисов, но все они тоже были родом с Макао [Pina 2012][43]. Лишь в 1670-х годах Общество Иисуса приступило к смягчению этой политики.

Если допуск китайских братьев-коадъюторов в Общество Иисуса был строго ограничен, то в сан священника до смерти Чжу Цзунъюаня в 1660 году во всей Католической церкви был произведен лишь один китаец. Доминиканец Ло Вэньцзао (1616–1691) был рукоположен в Маниле в 1654 году. Впоследствии Лу вернулся в Китай династии Цин и в конце концов был назначен епископом, отвечавшим за крупные регионы Центрального Китая[44], но даже ему удалось рукоположить лишь несколько китайских священников. В этом смысле в XVII веке мало что изменилось — планы о создании китайского духовенства, продвигаемые в Риме такими важными лицами, как Николя Триго (1577–1628), так и не осуществились [Standaert 2000e]. Священничество оставалось европейской привилегией, и многие иезуиты непреклонно отстаивали свою систему.

Сходная этническая политика была во многом характерна для христианской церкви по всему миру. В европейском колониа-

---

[43] См. также главу вторую настоящего издания.

[44] Еще один китайский христианин, иезуит Чжэн Вэйсинь (1633–1673), был рукоположен в Европе в 1664 году и вернулся в Китай в 1668 году. О нем и о Ло Вэньцзао см. [Standaert 2000b].

лизме и католицизме XVII века некоторые формы этнического самосознания выходили за рамки простых шаблонов высокомерия, дискриминации и предрассудков. Разными сложными и неочевидными способами они становились частью институциональных систем и центров власти. Это будет особенно очевидно, если рассматривать Католическую церковь того времени как организацию, распространявшую свое влияние параллельно с колониальными державами Европы. Всемирная церковь и европейские империи обсуждали вопрос о том, какую роль должно играть этническое и культурное разнообразие в организации, которая становилась все более сложной, масштабной и многочисленной.

Голоса, доминировавшие в этих дебатах, редко высказывались в пользу «инклюзивности» в современном понимании этого термина. Обращение отдельных людей в христианскую веру и их верность целям католичества необязательно приводили к равным возможностям в церковной иерархии. Напротив, для большинства прозелитов неевропейского происхождения путь церковной карьеры изобиловал препятствиями. Эту закономерность можно наблюдать от обеих Америк до Восточной Азии. На Филиппинах испанские миссионеры находились в жесткой оппозиции к местному духовенству; первые церковные соборы в Мексике привели к практически полному изгнанию неевропейцев из духовенства, хотя эта политика была пересмотрена в 1585 году, чтобы открыть доступ людям «смешанных кровей» [Hsia 2005: 192–197]. В общем и целом концепция «крови» имела огромные общественно-политические последствия, и во многих случаях прежние, местные схемы расовой дискриминации были выведены на глобальный уровень. К примеру, понятие «чистой крови» (*limpieza de sangre*) играло важную роль в неоднократных попытках инквизиции определить *conversos*, или «новых христиан», имевших еврейские корни. В XV веке они происходили главным образом с Иберийского полуострова, а позднее и из других частей Португальской империи [Subrahmanyam 2012: 129–130]. В Гоа инквизиция утвердилась с 1560 года; ее главной целью были евреи или *conversos* [Reinhard 2016: 135]. Такие же сомнительные концепции «чистокровности» влияли на коренные народы во многих частях света, особенно когда они становились подданными в европейских колониях.

На протяжении большей части Нового времени руководящие круги Католической церкви были привержены идее глобальной миссии, но препятствовали вступлению в ряды духовенства коренных американцев, африканцев и азиатов. В определенном смысле это сочетание всеохватности с исключительными привилегиями отражалось во внутреннем устройстве колониальных городов. Как и в Европе, иностранцы и различные этнические общины обычно изолировались в отдельных кварталах [Subrahmanyam 2012: 236]. В таких местах, как Гоа и Макао, люди неевропейского происхождения могли достигать богатства, почестей и влияния, но в целом этническая принадлежность мешала большому числу успешных людей быть полноценной частью верхних слоев колониального общества.

Нам следует проявлять осторожность и не сравнивать эти виды этнической иерархии с откровенно расистскими империалистическими системами XIX и начала XX века [Keevak 2011]. В XVII веке не существовало «научного» обоснования для жестокой сегрегации отдельных групп по национальному или биологическому признаку [Berg, Wendt 2011][45]. Более того, в 1500–1600-х годах разделение этнических групп не имело принципиального значения. Даже в портах, находившихся под контролем европейцев, таких как Макао или Малакка, не проводилась политика жесткой сегрегации, появившаяся через 200 лет. Во многих отношениях иберийские колониальные сообщества были скорее похожи на кастовое, а не на расистское общество [Hill 2007].

Политика обращения с этническими и культурными различиями бывала очень разной и противоречивой даже в верхних эшелонах глобальных организаций, вроде Католической церкви или португальского *padroado*. К примеру, Общество Иисуса в своих установлениях объявляло о неприемлемости принципа «чистоты крови», распространенного в колониальных державах

---

[45] О Китае см. [Dikötter 1992].

Иберийского полуострова. Игнатий Лойола, основатель ордена иезуитов, был открыт к приему новых христиан и поддерживал идею рукоположения священников в других частях света за пределами Европы. Заявленные цели Игнатия были проникнуты философским гуманизмом и продиктованы служением глобальной миссии, которая тоже была открыта в культурном отношении. Впоследствии многие иезуиты, включая миссионеров в Китае, не следовали основателю своего ордена в этом смысле и враждебно относились к идее формирования местного духовенства.

В сущности, бывали времена, когда казалось, что заметные силы в Католической церкви поддерживают рукоположение священников независимо от национального происхождения и культурной принадлежности. К примеру, в начале XVI века и папский престол, и португальский король благосклонно относились к идее рукоположения священников, не принадлежащих к европейскому населению [Cohen 2008: 199–203]. Но оппозиция созданию многонационального духовенства оставалась на разных уровнях Католической церкви очень сильной, и поэтому в большинстве стран так и не появилось значительного числа иезуитских священнослужителей. Между 1549 и 1773 годами только один человек из Южной Азии получил сан священника в Обществе Иисуса; в других частях Азии, а также в обеих Америках, в Африке и Океании священники-иезуиты из коренных жителей были редким исключением [Там же: 203–206]. Больше всего таких рукоположенных священников было в Японии: около 15 в конце 1500-х — начале 1600-х годов, и то после значительных дебатов [Hsia 2005: 207–208]. Но поскольку вскоре после этого японская миссия подверглась суровым репрессиям со стороны правительства, эта модель больше не воспроизводилась в других местах.

Более того, главные действующие лица, стоявшие за рукоположением японских священников, не были заинтересованы в том, чтобы это стало всеобщим правилом. Алессандро Валиньяно, который заведовал иезуитской миссией в Восточной Азии с 1573 года и активно формировал японские духовные семинарии, не руководствовался идеями равенства людей. В некоторых своих сочинениях он отзывался о «темных расах» как о «тупых и порочных людях», но при этом относил японцев к «белым» и распространял эту предполагаемую привилегию на китайцев [Reinhard 2011: 29][46]. Он понимал спорность этой классификации; как упоминал сам Валиньяно, многие европейцы, особенно португальские миссионеры, не соглашались с его мнением, считая японцев и китайцев «черными» [Ross 1999: 347–349].

Причина, по которой многие миссионеры противились выдвижению китайских кандидатов для священства, необязательно коренилась в этнических предрассудках. Миссионеры опасались, что китайцы, посещавшие семинарии в Азии, просто не могут получить достаточно глубокое образование для вступления в европейское Общество Иисуса. Многие иезуитские священнослужители, как и другие влиятельные фигуры в Католической церкви, скептически относились к способности китайцев к усердному изучению богословия, философии и европейской науки в целом. Кроме того, они не были уверены, что китайские переводы могут заменить латинские тексты, и в течение некоторого времени китайские версии европейских сочинений существовали в явно недостаточном количестве. Многие иезуиты в особенности сомневались, смогут ли китайские священники свободно изъясняться на латыни, этой *lingua franca* верхних эшелонов Католической церкви. Попытки понижения стандартов для китайских священников почти не пользовались поддержкой, а идею об отправке значительного числа одаренных молодых прозелитов в европейские семинарии оказалось трудно осуществить на деле [Standaert, Witek 2000]. Умозрительно, а возможно, и по душевному убеждению для многих иезуитов латынь оставалась языком европейского духовенства. Поэтому концепция многонационального духовенства, не разделяющего общий язык европейского богословия, представлялась эрозией духовного и интеллектуального фундамента их религии.

---

[46] Есть много других примеров со сходными высказываниями — к примеру, сообщения иезуитов о «варварах» из Новой Франции; см. [Delandres 1999: 264].

Иезуиты, противостоявшие идее рукоположения китайских прозелитов, выдвигали и другие аргументы. Некоторые европейские миссионеры были обеспокоены, что туземные священники не смогут вписаться в централизованную систему постоянно расширявшейся организации Общества Иисуса. Некоторые полагали, что местное духовенство будет подчинено китайской общественной иерархии, а это поставит под вопрос его положение в христианских общинах. Их тревожила возможность того, что китайские священники предпримут самостоятельные действия или начнут влиять на китайское общество такими способами, которые нельзя будет направлять или контролировать из Рима и Макао. В этой связи некоторые иезуиты указывали на опыт Японии, где, по их мнению, некоторые местные священники оказались далеко не такими надежными, как можно было ожидать от европейцев. Многие иезуиты определяли свое общество как глобальную структуру, опиравшуюся на четкие командные звенья, которую нужно было укреплять без учета культурного разнообразия и мультиэтничности. Иными словами, идея глобального, многонационального духовенства часто воспринималась как потенциальная эрозия «общества веры», выстроенного Католической церковью.

Для многих влиятельных иезуитов и других миссионеров, даже если они распространяли свою веру во всех краях света, центр католичества оставался в Риме. Несмотря на глобальные миссионерские амбиции — а возможно, потому, что они были их частью, — в церковной среде существовало активное нежелание полагаться на иностранных священнослужителей для расширения миссии, и это нежелание распространялось на Общество Иисуса в Китае. Хотя с богословской точки зрения большинство иезуитов одобряло конфуцианскую интерпретацию христианства как Небесного Учения, они сохраняли верность своей европейской родине в контексте политической, этнической и культурной принадлежности. Многих из них особенно тревожила мысль о том, что в организационном плане их религия может раствориться в китаизированном Небесном Учении.

Все это оставалось неразрешенной проблемой в истории католицизма XVII века в Китае — проблемой, проходившей через жизнь таких людей, как Чжу Цзунъюань, которые были хорошо знакомы со многими спорными аспектами церковной жизни. Не будучи в силах заполнить пробел между явно европейскими аспектами католичества и его притязаниями на адаптацию в Китае, Чжу решил изображать Европу и иезуитов исключительно в ярких образах конфуцианских идеалов. Это могло быть решением философских и богословских проблем, но Чжу, несомненно, ощущал сложность организационных вопросов и вызовов, окружавших иезуитскую католическую миссию в Китае.

Эпилог

Нестройные гармонии

Всемирная история вовсе не обязана пренебрегать деталями местных обстоятельств и концепций ради крупномасштабного мышления. Кроме того, история мира не ограничивается перемещением человеческих масс и развитием транспортных средств для открытия новых земель и развития поселений. Глобальные взаимосвязи влияли не только на путешественников, но и на преобладающее большинство людей, ведущих оседлый образ жизни: в Китае XVII века многие жители страны на личном опыте испытывали последствия межконтинентального переноса идей, товаров и микробов. К ним относились и китайские крестьяне, начавшие сажать сладкий картофель, и городские жители, которые становились курильщиками табака. Наряду с этим, они, как и многие другие, ощущали на себе растущие трудности с уплатой налогов из-за глобального сдвига цен на серебро. Межконтинентальные связи оставались неизвестной причиной таких изменений, несмотря на то что китайское общество, особенно его образованные круги, получало новую информацию о других частях света. Однако, хотя многие читатели эпохи Мин были активными потребителями географических знаний, они редко путешествовали в дальние страны. То же самое относилось к прозелитам иностранных религий, в том числе христианства, число которых в Китае сравнительно быстро увеличивалось из-за общественно-политических кризисов начала XVII века. Хотя эти религии оказывали воздействие на жизнь своих последователей, они далеко не всегда пробуждали в них жажду странствий.

С исторической точки зрения распространение чужеземной религии в Китае не было чем-то необычным. Более необычным было постоянное присутствие европейских миссий на китайской территории начиная с XVI века. Это не только приводило к интенсивному общению между образованными людьми с обеих сторон, но также означало, что значительное число китайцев, будь то в сельской местности или в крупном городе, вступали в непосредственный контакт с иностранной организацией: Вселенской католической церковью. Разумеется, христианство и раньше существовало в Китае. Несторианцы присутствовали там начиная с VII века, а Католическая церковь основала несколько миссионерских подразделений еще во время правления монгольской династии Юань (1279–1368), когда сухопутные путешествия через Евразию находились под ее могучей защитой. Однако ни в один из других исторических периодов христианские общины в Китае не были так тесно связаны с институциональной сетью растущей глобальной католической организации. Под прикрытием Католической церкви многие китайцы теперь состояли в регулярном контакте с европейскими священнослужителями, которые выступали в качестве не только самостоятельных миссионеров, но также представителей, администраторов и региональных управляющих огромного учреждения. Китайцы, вступавшие в прямой контакт с европейцами, оставались глубоко укорененными в своем родном обществе и политике — даже интеллектуально, поскольку укрытие в изолированном мире, за пределами местных сообществ и обязательств, было для них неприемлемо.

Чжу Цзунъюань принадлежал к тем христианам китайского происхождения, которые играли довольно значительную роль в контактах между руководством иезуитской миссии в Китае и местным сообществом. Его успехи в китайской системе государственных экзаменов обеспечивали ему престиж в родном городе Нинбо и гарантировали его тесную связь с конфуцианскими кругами этого города. В то же время он был активным членом местных христианских общин; он регулярно переписывался с европейскими миссионерами и даже лично принимал многих из них. Более того, он был соавтором ряда текстов вместе с китайскими прозелитами и иезуитами, а в его трудах содержатся предисловия, написанные членами обеих этих групп. Хотя единственное документально подтвержденное путешествие он совершил из Нинбо в провинциальную столицу Ханчжоу (около 350 *ли*, или 175 километров к западу от Нинбо), мы тем не менее должны считать его одним из организаторов международных связей своего времени.

Чжу одновременно был подданным Китайского государства и человеком, имевшим обязательства перед иезуитской миссией в Китае и Католической церковью в целом. Но он был не просто организатором контактов между католицизмом XVII века и китайским обществом в переходный период между династиями Мин и Цин — он принадлежал к числу образованных китайских христиан, стремившихся прийти к соглашению с чужеземными аспектами своей веры, вместо того чтобы нивелировать их. В отличие от большинства других китайских авторов, обращенных в христианство в XVII веке, Чжу обсуждал в необычно откровенной и подробной манере широкий спектр проблем, возникавших в результате европейского происхождения католичества. Он опровергал обвинения в том, что священники-иезуиты были предвестниками европейского вторжения, и рисовал образ Европы, совместимый с его собственной повесткой. Более того, он вкладывал значительную долю своей научной энергии и красноречия в доказательства того, что конфуцианские идеалы не являются неотделимыми от Китайского государства и общества, а следовательно, могут осуществляться через другие учения. Как и многие китайские прозелиты, Чжу был убежден, что в контексте своих базовых ценностей и высших устремлений конфуцианство как моральная цель Китайского государства и католицизм как Небесное Учение в конечном счете представляют собой одно и то же.

Таким образом, Чжу хранил верность двум официальным вероучениям и верил, что они могут и должны быть сведены воедино. Разумеется, с обеих сторон предпринимались действия в пользу такого синтеза. К примеру, некоторые школы неоконфуцианства и латинского христианства в XVII веке уделяли особое внимание личной моральной ответственности и освобождению от «устаревших» и более официальных форм нравственного авторитета[1]. Необязательно заходить так далеко, как это сделали историки Уильям Макнил и Джон Р. Макнил, которые называли Лютера немецким Ван Янмином [McNeill, McNeill 2003: 183], но мы можем согласиться, что растущий акцент на индивидуальной добросовестности был связан с развитием коммерциализации, урбанизации и грамотности в Китае и Европе начиная с XVI века. Кроме того, примерно в то же время наступил затяжной кризис учений, тесно ассоциировавшихся с государственным аппаратом, — не только в отдельных частях Европы и Восточной Азии, но также на Ближнем Востоке и в Южной Азии.

Тем не менее мир двойственного вероисповедания Чжу Цзунъюаня не был гармоничным или полностью согласованным. В интеллектуальной и организационной системе Небесного Учения оставались многочисленные противоречия, включая взаимное приспособление конфуцианства и христианства. Даже в качестве научной основы такая согласованность не могла возникнуть в результате межкультурного интеллектуального диалога между европейцами и китайцами; она не была и простой адаптацией христианства к китайским реалиям с учетом местных обстоятельств. Скорее, она возникла из трений. Нам нужно рассматривать ее как результат противоречивого компромисса после столкновения двух крупных систем: приобретавшей всемирное влияние Католической церкви и Китайского государства. Обе системы имели собственные культурные императивы[2], гегемонистские притязания и основополагающие принципы, которые нельзя было преступать без санкции сверху.

Несомненно, эти культурные императивы не являлись монолитными блоками. И Китайское государство, и Католическая

---

[1] Сравнительное описание см. в [Ng 2003].

[2] В своем авторитетном эссе Эрик Цюрхер анализирует китайский культурный императив с точки зрения иезуитской миссии в Китае. См. [Zürcher 1994]. Об использовании этой концепции см. [Standaert 2008a: 136].

церковь сталкивались с собственными кризисами. Во времена поздней Мин шаткое состояние государственной власти ослабило связи между многими конфуцианскими школами и бюрократической системой, создавая новые возможности для альтернативных толкований, одним из которых было Небесное Учение. В то же время разнообразие форм конфуцианства открывало поле для соперничества. Католическая церковь, столкнувшаяся с вызовом Реформации, тоже была далека от мира и гармонии: церковные ордены, от францисканцев до иезуитов, вступали в системные и богословские конфронтации, и даже внутри отдельных орденов существовал широкий спектр мнений о принципах миссионерства, в том числе в Китае.

Внутренние разногласия в Китае эпохи поздней Мин и в Обществе Иисуса не означали, что контакты между ними могли принимать любой оборот. И Католическая церковь, и Китайское государство имели ограничения, которые нельзя было преступать без соответствующего наказания, и основные принципы, не подлежавшие нарушению. В Китае XVII века конфуцианские круги претендовали на то, что лишь от них зависит благополучие политической, общественной и культурной системы их страны. Консервативные школы конфуцианства жестко противостояли влиянию любых других учений, особенно из-за пределов Китая. Кроме того, государственный аппарат был потенциальным источником репрессий. Высокообразованные китайские прозелиты христианского вероисповедания были особенно скованы конфуцианскими условностями и понятиями о справедливости и добродетели, включая участие в предписанных государством ритуалах, от которых нельзя было отказаться без риска политического преследования. Множество бдительных глаз в чиновничьей среде и за ее пределами следило за речами и поведением китайских христиан и европейских миссионеров, которые неоднократно подвергались государственным санкциям и политическим гонениям.

Со своей стороны европейские миссионеры были озабочены тем, что адаптация христианства к местной культуре и традициям может зайти слишком далеко. В книгах о Небесном Учении независимо от того, были ли они написаны миссионерами или новообращенными китайцами, не допускалось свободное исследование целого ряда богословских альтернатив — вместо этого тексты проверяли на общую совместимость с церковными доктринами и, в частности, с принципами Общества Иисуса. Более того, иезуиты учредили административную систему с намерением обеспечить использование основных элементов католической веры и богослужебной практики на всей территории Китая. Эта система во многом опиралась на китайских помощников, но по разным причинам на всем протяжении жизни Чжу Цзунъюаня путь к получению духовного сана оставался для китайцев закрыт. Хотя в Китае всегда было расквартировано лишь несколько десятков священнослужителей Общества Иисуса, они формировали структуру, возглавлявшую разнообразные христианские общины в Китае, и следили за тем, чтобы китайские католики не преступали границ, приемлемых для Рима.

В китайской миссии XVII века важную роль играло этническое самосознание, как и сложные связи между Церковью и европейским колониализмом [Hsia 2005: 182–186]. Так или иначе, христианское мировоззрение периода поздней Мин сильно отличалось от мировоззрения эпохи западного империализма 200 лет спустя. То же самое относилось к контактам между мировыми группами влияния, которые привели к адаптации католицизма в качестве Небесного Учения. Оно оставалось сравнительно мелким западным вероучением, привлекшим на свою сторону незначительную часть от общего населения страны. Оно также вызывало интерес в некоторых просвещенных кругах Китая — однако главным образом с помощью научных и картографических сочинений. В XVII веке контакты Китайского государства с европейцами были свободны от идей о превосходстве Запада и технологической отсталости Китая, свойственных более позднему времени.

Такие посредники и связные, как Чжу Цзунъюань, оказывались между двумя властными структурами, одна из которых была сосредоточена вокруг Драконьего трона, а другая — вокруг Святого престола. И государственная система поздней Мин, и Католическая церковь обладали механизмами контроля и способами догматической аргументации. Это означало, что синтез, возникавший в результате их соприкосновения, можно было определить лишь вдоль тонкой линии теологических, богослужебных и организационных возможностей — линии, обозначавшей ту зону, где обе системы могли общаться в духе взаимопонимания. Не следует принижать роль интеллектуального рвения, духовной убежденности и культурной открытости миссионеров и китайских ученых, принимавших участие в создании теоретической основы для сближения конфуцианства и католицизма. Однако мы также должны понимать, что за пределами этой конкретной основы не существовало никакой фундаментальной альтернативы, особенно для членов Общества Иисуса, которые стремились добиться признания в высших кругах Китайского государства.

Контакты, обусловившие историю христианства XVII века в Китае, были настолько сложными, что было бы заблуждением рассматривать их как ряд межрелигиозных диалогов. Неверно предполагать, что на организационном уровне существовали своего рода комитеты, где китайские ученые и католики обсуждали бы контуры Небесного Учения. Во-первых, организационное устройство Католической церкви не имело никакого сходства с устройством конфуцианских школ, а во-вторых, с китайской стороны в этих контактах участвовало гораздо большее количество игроков, включая государственные учреждения. Независимо от этой разницы было бы также сомнительно применять концепцию «религиозности» к обществу поздней Мин, поскольку различие между религиозной верой и нерелигиозной мыслью — между *philosophia* и *religio* — было свойственно монотеистическим религиям, особенно в контексте латинского христианства[3]. Хотя миссионеры Общества Иисуса интерпре-

---

[3] О вариантах употребления термина *religio* (не равнозначного современным коннотациям «религии») см. [Amsler 2011]. У китайцев XVII века не было эквивалентов для этой дихотомии: в конце концов, китайские определения «религии» и «философии» (*zongjiao* и *zhexue*) стали значимыми понятиями лишь в конце XIX века.

тировали устройство китайских школ философии, пользуясь этой логической оптикой, реальность была значительно сложнее[4].

Какие у нас есть альтернативы, кроме помещения жизни и работы Чжу в контекст межрелигиозного диалога? Одна из возможностей состоит в том, чтобы воспользоваться термином «цивилизация». Однако мы должны быть осторожны, поскольку такие понятия, как «культура» и «цивилизация», являются конструктами современной эпохи[5]. Это особенно справедливо, если мы употребляем их по отношению к мировым религиям и хотя бы косвенным образом рассматриваем такие концепции, как «китайская цивилизация» или «европейская культура», как сообразные между собой или даже одинаковые вещи. Представление о контактах между цивилизациями нивелирует внутреннее разнообразие каждой из сторон — тот факт, что мировые регионы, вроде Европы и Китая, фактически представляли собой множественные вселенные.

Вероятно, еще важнее, что эта концептуализация католической миссии в Китае открывала поток двусторонних открытых контактов между Китаем и Европой. Но при этом нельзя игнорировать то обстоятельство, что информационные потоки между двумя регионами сводились к весьма ограниченному количеству посредников. В Китае знания о Европе почти целиком зависели от сочинений иезуитских миссионеров. Действительно, их сочинения не ограничивались религиозным содержанием и охватывали другие области интеллектуальной деятельности: от астрономии до географии и от физики до мнемотехники [Там же: 181–182]. Тем не менее иезуиты никогда не намеревались создать в Китае целостное представление о Европе [Brook 2010a], предлагая лишь малую часть богатейшего мира идей и теорий, появ-

---

[4] Безусловно, в современной науке определения «религии» и «религиозности» стали гораздо шире и многограннее. См. [Saler 2009; Nongbri 2013]. О Китае см. [Goossaert, Palmer 2011].

[5] О термине «цивилизация» и его смысловых оттенках в единственном и множественном числе см., к примеру, [Gong 1984]. О преобразованиях китайского языка на переломе XX века, когда он, наряду с другими переменами, усваивал новое понятие «цивилизации», см. [Liu 1995].

лявшихся на бурно развивавшемся книжном рынке континентальной Европы[6]. Они не были заинтересованы в создании реалистичного портрета той Европы, которую знали они сами. Их конечной целью было не предоставление материалов для развития межкультурного диалога, а распространение своего вероисповедания.

Лишь малая толика тщательно отфильтрованной информации о Европе просачивалась в китайское общество и достигала таких прозелитов, как Чжу Цзунъюань. По всей вероятности, Чжу мало что знал о Реформации или о Тридцатилетней войне, бушевавшей в Европе в период его жизни. Скорее всего, ему также было неизвестно о том, что затяжные религиозные войны в Европе начали разрушать представление о религии как о важнейшем источнике морали и политической стабильности. Более того, едва ли кто-то дал ему понять, что рост знаний о других культурах в разных странах Европы питал растущую неуверенность в единстве человеческого рода под властью христианского Бога. И он определенно не знал о таких мыслителях, как Рене Декарт (1596–1650), который создавал свои сочинения примерно в то же время и постулировал, что рациональность и научное мышление являются единственным путем к достижению стабильности, с учетом того, что церковные и политические учреждения были приведены в состояние хаоса. Скорее всего, Чжу не подозревал и о том, что церковные ордены вроде Общества Иисуса прилагали миссионерские усилия в глобальном масштабе отчасти из-за кризиса их собственной церкви в Европе. Судя по всему, Чжу не располагал никакой информацией о жестокой борьбе внутри Католической церкви и о растущих нападках на иезуитов со стороны таких религиозных групп, как янсенисты во Франции.

Тем не менее было бы ошибочно рассматривать Чжу Цзунъюаня как ученого, готового погрузиться в размышления на межкультурные темы лишь на основе доступной ему скудной информации. Хотя в Европе того времени происходили важные

---

[6] Подробное описание книжного рынка раннего Нового времени см. [Blanning 2007: 475–479].

трансформации, Чжу Цзунъюань, по-видимому, не добивался приобретения глубоких познаний об истории, общественном устройстве и интеллектуальной жизни этого далекого континента. С помощью своих публикаций Чжу не намеревался наводить мосты для межкультурного обмена и не ставил целью получение максимального числа фактов и цифр о другой части света.

На самом деле его книги и эссе не предназначались для перевода на другие языки. Они были написаны на мандаринском диалекте и в то же время обогащены множеством идей, концепций и аллюзий, доступных лишь для читателей, сумевших подняться достаточно высоко по лестнице китайского, особенно конфуцианского, образования. Чжу Цзунъюань писал свои труды с позиций мира поздней династии Мин, который испытывал крупные общественные потрясения, климатические катастрофы и политические беспорядки; он искал для этого мира способы стабилизации. Для него догматы, привезенные на берега Китая иезуитскими миссионерами, были инструментом для укрепления и оздоровления конфуцианского учения, стабилизации общества и успокоения политических бурь, происходивших в его время.

Контекстуальные сферы

В какие типы исторического контекста мы можем поместить Чжу Цзунъюаня с учетом того, что он никогда не путешествовал? Как уже говорилось, мы можем рассматривать его через оптику местной истории, а также помещать в более широкий контекст китайской истории переходного периода между династиями Мин и Цин. Помимо этого, его сочинения и членство в христианской общине принадлежат к истории католицизма как глобальной организации, распространявшей свое влияние в Китае. И наконец, его жизненный опыт вписывается в гораздо более широкий исторический контекст глобальной экспансии мировых религий и межкультурных контактов.

Задолго до прибытия иезуитов многие религии успешно распространялись в крупных регионах Азии. К примеру, некоторые направления ислама и буддизма начали преодолевать большие расстояния. Ибн Батута, берберский купец и путешественник XIV века, в своих странствиях посетил множество мусульманских общин между Северной Африкой и Китаем [Dunn 1986]. В Индии периода Великих Моголов масштабы и глубина контактов между разными религиями и древними письменными традициями во многом превосходили контакты между китайцами и европейцами в XVII веке. Как и в Китае, межкультурные контакты в Индии способствовали множеству ученых дискуссий и порождали новые формы религиозного синкретизма. Уже в то время многие люди оказывались в роли связных, толкователей и переговорщиков между разными обществами и традициями. Как и Чжу Цзунъоань, они самым непосредственным образом испытывали последствия развивавшихся взаимосвязей во всем мире и так или иначе адаптировались к ним.

Тем не менее европейские миссионеры не просто вступали в исторически живописный, но уже статичный религиозный ландшафт Азии XVI–XVII века. В течение этого периода многие виды межкультурных связей заметно интенсифицировались, особенно вдоль главных торговых артерий в Азии. К примеру, в XVII веке буддистские миссионеры китайского происхождения увеличивали свою активность в крупных регионах Юго-Восточной Азии и часто путешествовали вместе с доверенными торговцами — точно так же, как европейские священники [Wheeler 2007]. Более того, в XVI–XVII веках ислам переживал период усиленного роста — уже второй после первой волны экспансии между VII и XIII веками. В ходе этой второй волны новые последователи Мухаммеда, Аллаха и Корана появлялись в совершенно разных частях света: от Африки к югу от Сахары до Ирана и от Балкан до современной Индонезии. Обе волны религиозной экспансии и пропаганды приводили к длительным ученым дискуссиям между представителями разных мировых религий.

Разумеется, между способами и закономерностями распространения ислама и католицизма в XVI–XVII веке существовали значительные различия. Тем не менее более пристальный взгляд на рост их влияния позволяет распознать некоторые общие схемы и даже пересечения между ними. К примеру, в крупных азиатских регионах обе религии распространялись благодаря тесным связям между миссионерской и коммерческой деятельностью [Fletcher 1985]. Христианские миссионеры путешествовали вместе с европейскими торговцами точно так же, как суфии и другие мусульмане сопровождали арабских торговцев и купцов из других стран. Более того, как и в случае с их европейскими современниками, мусульманские торговые сети иногда оказывали давление на руководителей местных центров товарообмена с целью их обращения в ислам. Подобно христианству, ислам мог обеспечивать доверенные кредитные сообщества, помогавшие их религиозным и торговым соратникам в отдаленных землях [Ho E. 2006]. Многочисленные экономические ассоциации сохраняли связи на огромных расстояниях благодаря сотрудничеству с поборниками Библии или Корана.

Мы можем сделать еще один шаг, интерпретируя развитие ислама и католичества на фоне растущего влияния торговой культуры и психологии в странах Индийского океана. Вполне возможно, что в эпоху обострявшейся конкуренции и личных проблем те религии, которые акцентировали внимание на индивидуальном спасении, быстро приобретали новых сторонников[7]. Более того, религии с укрепленными цитаделями в разных местах выглядели привлекательно во все более нестабильном мире, где местные культурные традиции постепенно деградировали, а потребность в надежных межрегиональных системах, напротив, приобретала все большее значение[8]. По мере того как многие люди, особенно в прибрежных регионах с интенсивной торговлей, начинали путешествовать на большие расстояния, потребность в поддержке единоверцев тоже возрастала.

---

[7] К этой категории принадлежали ислам, христианство и буддизм Теравады. См. [Subrahmanyam 2012: 31].

[8] В некоторых случаях новые формы религии возникали в качестве реакции на культурные трения и ограничения. К примеру, в начале XVI века сикхизм распространился в Пенджабе отчасти как способ нивелирования различий между исламом (религией династии Моголов) и местным индуизмом. Подробнее см. [Singh 2006].

Однако развитие религиозных общин, будь то ислам или христианство, в многонациональной и многоязыковой среде не устраняло культурных различий. Религиозный синкретизм и попытки межкультурного примирения были для этого периода характерной чертой. По мере того как религиозные сообщества становились сетевыми структурами, они сталкивались с новыми проблемами, в частности с вопросом о том, как поддерживать равновесие между притязаниями на универсализм собственной религии и сугубо местными, конкретными политическими запросами и культурными реалиями. В обоих случаях возникали трения между теми формами вероисповедания, которые были более открыты для религиозного синкретизма, и теми, которые придерживались более жесткого и ограниченного толкования своей веры [Feener 2010; Parker C. 2010: 182–189, 198–201].

Среди исламских групп особенно выделялись суфийские миссионеры, которые поддерживали формы религиозного синкретизма, примирявшие ислам с буддизмом, индуизмом и другими составляющими. С другой стороны, многие религиозные путешественники XVII века стремились к возвращению многочисленных мусульманских общин в Индийском океане к стандартной и официальной версии ислама, как они ее понимали. Эти группы старались противодействовать раздроблению их религии на разнообразные культурные общины, подвергавшие сомнению концепцию всемирной *уммы*.

В этой связи борьбу вокруг метода аккомодации в китайской миссии иезуитов, особенно знаменитый «спор о ритуалах», можно рассматривать как пример гораздо более масштабной закономерности, охватывавшей многие мировые религии того времени. Как и христиане, мусульмане сталкивались с существованием разных лагерей, споривших о местных адаптациях своего вероисповедания, о пределах сближения с местными традициями и обычаями. Во многих случаях враждующие группы взывали к высшим религиозным авторитетам в качестве последней инстанции. Одним из примеров служит письмо суматранского ученого XVII века, который обратился к своему наставнику из Медины для разрешения теологического спора [Johns 1978].

Независимо от того, на какой стороне выступал участник дебатов о культурной аккомодации, неопровержимый факт состоял в том, что религиозная принадлежность все больше становилась частью глобальных, а не местных взглядов на мир[9]. В свою очередь, перемены в религиозном мировоззрении сочетались с изменением понимания среды обитания человека. В просвещенных кругах Японии и Португалии, Индии и Вьетнама существовало крепнущее ощущение конечности мира. Во многих языках появлялись новые определения, отражавшие восприятие мира, который одновременно становился более обширным и более тесным [Subrahmanyam 1997]. Новое знание о других культурах даже приводило к эпистемологическим кризисам и религиозным проблемам. Яркий пример — это ожесточенные дебаты между европейскими учеными, пытавшимися примирить факты из китайских исторических записей с важным европейским жанром всемирной истории, основанным на христианской хронологии. Как можно поступить с фактами, описанными в китайских источниках, которые явно предшествовали таким широко известным библейским событиям, как Всемирный потоп? [Subrahmanyam 2005; Sachsenmaier 2000][10]. Понадобилось много времени и усилий для пересчета хронологии библейских событий таким образом, чтобы сделать их совместимыми с китайскими первоисточниками.

Задача уравновешивания глобальных и частных притязаний не ограничивалась сферами знания и религиозной веры — она имела параллели в экономическом и технологическом секторе, так как глобальная коммерция вступала в противоречие с давно установленными местными понятиями, критериями и обычаями[11]. В то

---

[9] Разумеется, разные религиозные традиции издавна вступали в контакт друг с другом и во многих случаях даже существовали бок о бок — от Сицилии до Кайфына. Однако в общем и целом религиозные организации существовали на монокультурной основе и группировались вокруг той или иной мировой религии. См. [Eisenstadt, Schluchter 1998].

[10] См. также до сих пор актуальную статью [Van Kley 1971].

[11] Правила экономических и иных сделок, как и культура политических контактов, со временем все чаще следовали стандартной процедуре. См. [Subrahmanyam 2012: 292–293].

же время она создавала потребность в общепринятых стандартах. Далее, технологические навыки и методы управления распространялись в большом числе разных обществ. Не представляется возможным четко разделить группы, распространявшие новые технические знания и религиозную веру, — отчасти потому, что в период государственных преобразований и круговращения элит резко вырос спрос на иностранных специалистов независимо от вероисповедания[12]. Во многих азиатских странах было принято нанимать зарубежных советников — это происходило в результате осознания того, что лучше функционирующий бюрократический аппарат поможет усилить позиции государства в сложной игре международной торговли и конкуренции. Начиная с XVI века, особенно с 1550-х годов, правители многих стран стали нанимать экспертов в коммерческой, научной, технологической и военной сфере. Некоторые опирались на традиции, установленные предыдущими империями кочевников и их преемниками. К примеру, Акбар (ум. 1605) — один из величайших правителей династии Великих Моголов в Индии — держал при дворе не только советников из числа иезуитов, но также суфиев, шиитов и других умелых и высокообразованных людей, которые открыто исповедовали веру в разных богов, отличавшуюся от верований большинства населения, и часто имели миссионерские амбиции [Darwin 2007: 84–85].

Опять-таки, при рассмотрении в самом широком контексте иезуиты, состоявшие на службе у китайского императора, не были исключительным явлением. В сущности, их службу в Запретном городе можно рассматривать как часть более общего развития событий, которое не ограничивалось религиями и было распространено во всей Азии. Иезуиты, обладавшие широким спектром прикладных навыков, снабжали нескольких правителей европейскими технологиями и научными знаниями. Эти знания включали использование полевой артиллерии, которая примерно в середине XVII века помогала Китаю и Империи Великих Моголов расширяться за счет мелких соседних государств. Как

---

[12] Более подробно см. [McNeill, McNeill 2003: 162, 182–183].

и многие их современники из числа мусульман, члены Общества Иисуса, служившие иностранными специалистами, были не слишком заинтересованы в денежном вознаграждении, зато они надеялись получить привилегированный доступ к «сливкам» местного общества и создать каналы для их обращения в свою веру.

Поскольку миссионеры, эксперты и торговцы с разным религиозным воспитанием действовали параллельно, они контактировали друг с другом. Это происходило более редко в крупных провинциях таких империй, как Индия и Китай, но гораздо чаще — в торговых центрах, таких, как Гоа, Малакка, Гуанчжоу и Нагасаки. Большинству мореплавателей XVI и XVII века приходилось останавливаться в подобных местах для ремонта или замены кораблей и для ожидания благоприятного ветра. Такие портовые города предлагали яркие сцены сосуществования множества культур — масштабные сцены, неизвестные в Европе того времени [Broeze 1989]. Здесь люди самого разного происхождения и вероисповедания — к примеру, уроженцы провинции Фуцзянь и Гуджарата, арабы и армяне — жили бок о бок, иногда в атмосфере культурной открытости [Parker C. 2010: 70–81]. В Макао и других португальских цитаделях европейцы брали замуж преимущественно китайских женщин, поэтому количество жителей со смешанной кровью постоянно росло. Арабские купцы тоже часто брали замуж девушек из местных семейств и передавали свою религию следующим поколениям. Тем не менее многие придерживались отношений внутри диаспор, связанных общей родиной, национальностью или предками, где они чувствовали себя в относительной безопасности от безжалостного мира насилия и коммерции[13].

Динамизм культурной и религиозной вселенной морских побережий Азии был хорошо известен европейским торговцам и миссионерам. По мере того как иезуиты прибывали в Китай,

---

[13] Торговые и другие связи национальных диаспор стали предметом все более активного изучения в исследовательской литературе. См., к примеру, [Ho E. 2006; Aslanian 2011; Trivellato 2009].

они становились свидетелями не только сосуществования в коммерческих центрах многих религий, но и быстрого распространения ислама [Rubiés 2000][14]. Есть свидетельства, что иезуиты иногда вступали в дискуссии с мусульманскими учеными в центрах соприкосновения культур на побережьях Индийского океана [Pearson 2007: 158]. Они также устраивали диспуты с учеными-мусульманами в Китае; однако здесь и христианство, и ислам занимали гораздо более маргинальное положение, поэтому встречи между представителями двух монотеистических религий были редки[15]. Кроме того, есть записи о дискуссиях между иезуитскими священниками и буддистскими учеными в некоторых районах Китая и Юго-Восточной Азии, где чань-буддизм тоже испытывал миссионерский бум [Wheeler 2007; Wu J. 2008].

Иезуиты хорошо понимали то обстоятельство, что религиозная динамика далеко не в равной мере обеспечивала преобразования в разных регионах Азии. Они видели, что по сравнению с прибрежными областями Индийского океана или с отдельными районами Японии китайское общество оказалось гораздо менее плодородной почвой для распространения монотеистических религий. В конечном счете, несмотря на все кризисы во время затяжного перехода между династиями Мин и Цин, Срединное Царство оставалось государством с центральной системой управления и крупнейшей экономикой на планете. Ее цивилизационные устои не были расшатаны в достаточной степени, чтобы массы простых китайцев устремились на поиски новых богов или духовных твердынь. Что касается торговли, китайские диаспоры обычно поддерживали достаточно прочные связи, чтобы обеспечивать кров, доверительное управление и возможности даже в самых дальних землях, что ослабляло внешнее давление и ис-

---

[14] См. также [Benite 2015], где изложены взгляды Маттео Риччи на ислам в Китае и приводятся аргументы, что представления миссионера об этой религии были ограничены образами ислама в современной ему Европе.

[15] О сравнительно редких контактах между иезуитами и мусульманами в Китае см. [Benite 2012].

кушение для отдельных торговцев обратиться в ислам или христианство.

Вместе с тем безуспешность попыток христианских миссионеров раннего Нового времени обратить бо́льшую часть населения Китая в христианство не указывает на существование замкнутого и центростремительного общества. Напротив, при наличии заметных христианских, мусульманских, сикхских и других религиозных сообществ общая картина религиозных верований в государстве Мин или Цин была гораздо более живописной и разнообразной, чем в Европе того же времени. В католических странах между Лиссабоном и Варшавой присутствие заморских миссионеров было бы немыслимо. Рим пререкался из-за величины возможных культурных уступок в ходе глобального распространения католичества, но он не мог позволить мусульманам, буддистам или последователям других зарубежных религий учреждать миссионерские форпосты в Европе. То же самое относилось к протестантским правителям и церквам XVI–XVII века. В том, кто касается религиозной терпимости, Китай был гораздо более похож на Империю Великих Моголов или на Османскую империю, нежели на мир латинского христианства, который на своих собственных территориях был далек от глобального религиозного плюрализма[16].

На основании личного опыта иезуиты и другие миссионеры в нескольких регионах Азии должны были знать о динамике распространения иных религий, характерной для того времени, — о динамике, охватывавшей целые океаны и континенты на протяжении их жизни. Вероятно, иезуитские священники на Дальнем Востоке были даже более осведомлены о межконтинентальных подводных течениях и связях, чем современные ученые, изучающие этих миссионеров, поскольку ученые прошли подготовку в качестве региональных экспертов, тогда как миссионерам

---

[16] К примеру, Османская империя терпимо относилась к религиозному разнообразию, хотя со временем усилила давление в целях исламизации своего населения с помощью налоговой политики, проводившей различия между разными группами верующих. Подробнее о всемирной истории ислама с учетом местных сообществ см. [Lapidus 2002].

раннего Нового времени приходилось действовать и взаимодействовать в обстоятельствах, выходивших за рамки отдельных культур и континентов. Кроме того, ни иезуиты в Китае, ни их китайские посредники не воспринимали друг друга как нечто чуждое и экзотическое и не предполагали, что контакты с европейскими миссионерами в государстве Мин были каким-то исключительным явлением.

Явные параллели между распространением христианства, ислама и других религий в Евразии раннего Нового времени не должны приводить нас к выводу, что разные системы верований и религиозных учреждений становились все более похожи друг на друга. Безусловно, христианские и мусульманские миссионеры в ходе своей межкультурной экспансии сталкивались с примерно одинаковыми проблемами и вызовами, и мы до некоторой степени можем наблюдать сходные реакции на эти проблемы. Тем не менее не существовало никакого заметного сходства в организационном устройстве таких религий, как буддизм Теравады, исламский суннизм и католицизм, включая их зарубежные подразделения.

Поскольку каждая религия в течение этой эпохи имела свои характерные черты, никакая дискуссия об уникальности того или иного вероисповедания не выглядит перспективной. Особенностью католического миссионерства был глобальный масштаб его организации, опиравшейся на мощный административный ресурс и хорошо обученный персонал. Это отличало католицизм от протестантства и других ветвей христианства, которые по ряду причин гораздо медленнее распространяли свои миссионерские усилия на другие регионы [Reinhard 2011: 43; Mungello 2005: 16]. В период жизни Чжу Цзунъюаня ни одна другая религия не имела миссионеров, действовавших от Патагонии до Хоккайдо и от побережья Калифорнии — до Бали [Hsia 2005: 187–216]. Хотя эти миссионерские учреждения не имели общей координации, они, несомненно, были частью центральной организации — Католической церкви. Однако, как свидетельствует опыт китайской миссии в XVII веке, эта центральная организация далеко не всегда была источником внятного руководства и профессионализма, когда речь шла о приобретении новых верующих.

Чжу Цзунъюань не имел возможности постигнуть даже малую часть обстоятельств, связанных со сложнейшими отношениями между Китаем и Католической церковью, начинавшей свое всемирное шествие. Тем не менее он должен был ощущать ударные волны, расходившиеся после столкновения этих двух громадных систем. Он знал о неоднократных нападках на Небесное Учение со стороны некоторых ученых и государственных властей и, вероятно, наблюдал за некоторыми внутренними дискуссиями среди европейских миссионеров, которые далеко не всегда соглашались в том, как продолжать дело католической миссии в Китае. Безусловно, он обращал внимание на церковную политику, включая тот факт, что китайским прозелитам воспрещалось принимать духовный сан.

Но мы не можем сказать, что он чувствовал по этому поводу. После него остались только монографии, эссе и вступительные статьи; у нас нет ни персональной информации о нем, ни его писем, ни дневников или автобиографических записей. Поэтому мы ничего не можем сказать о чувствах и личных мыслях Чжу Цзунъюаня. Нам неизвестно, как он воспринимал свою роль посредника между местными политическими учреждениями и христианскими общинами или между китайским обществом и европейскими миссионерами. Ощущал ли он тяжкое бремя ответственности, или же с энтузиазмом выполнял свою работу, убежденный в том, что это его личная миссия, его особый вклад в спасение мира?

Глоссарий

Термины и названия, включенные в этот краткий словарь, перечислены вместе с традиционными китайскими иероглифами, использовавшимися в XVII веке. В отдельных случаях пояснительная информация приведена в круглых скобках.

«Цзяошэ чжи ли союй ши шанди е» 郊社之禮所以事上帝也
аньча цяньши 按察僉事
байлянь цзяо 白蓮教
Байхэйлунь 白黑論
бо (граф) 伯
бэйтянь 背天
вай (снаружи) 外
ван (царь, правитель) 王
Ван Гэнь 王艮
Ван Цзи 王畿
Ван Янмин 王陽明
Ваньли (император) 萬曆
Вэй (период) 魏
Вэй Цзюнь 魏濬
Вэй Чжунсянь 魏忠賢
Вэнь (правитель Лу) 文
Вэнь Сянфэн 文翔鳳
Гао Паньлун 高攀龍
Гу Сяньчэн 顧憲成
Гулянчжуань: 穀梁 傳
Гунъянчжуань 公羊傳
Гуюэ (древнее государство Юэ) 古越
Да кэвэнь 答客問

дадао 大道
дайфу 大夫
Дамо (Бодхидхарма) 達摩
Дао (Путь) 道
даосюэ 道學
даотун 道統
даои 島夷
даси (великий Запад) 大西
даси жушэ 大西儒舍
Дасюэ (Великое Учение) 大學
Дифанчжи 地方誌
Дун Чжуншу 董仲舒
Дунлинь шуюань 東林書院
дунъи 東夷
жу (ученый) 儒
жудэя 如德亞
жун (представитель чужой культуры) 戎
жуцзя 儒家
и (чужак, варвар) 夷
И Цзин 易經
Кан Ювэй 康有為
цанцан 蒼蒼
Коудо жичао 口鐸日抄
Кун (фамилия Конфуция) 孔

復社
Фэн Шиху 馮石滬
Хань Линь 韓霖
Хань шу 漢書
ху 胡
Ху Аньго 胡安國
хуа (цветущий; китайский) 華
Хуан Цзунси 黃宗羲
Хуан Чжэнь 黃貞
Хоу Ханьшу 後漢書
хуэй (ассоциация) 會
хуэйчжан 會長
Цао Бинжэнь 曹秉仁
цзинцзяо (несторианство) 景教
Цзинь (государство) 晉
цзиньши 進士
цзы (условно барон) 子
цзы (сын) 子
цзюйжэнь 舉人
цзюньцзы (благородный муж) 君子
цзюэ (аристократический титул) 爵
цзюэ (пробуждение) 覺
Цзянь (правитель Чжэн) 堅
Цзяннань 江南
Цзяо (древний посол) 椒
цзяо синьчжэн 教信證
Ци (государство) 齊
Цинши цзиньшу 輕世金書
Цитасы (храм Цита) 七塔寺
Цянь Фагун 錢發公
Чжан Гэн 張賡
Чжан Нэнсинь 張能信
Чжан Се 張燮
Чжао (государство) 趙
чжи (природный) 質
Чжифан вайцзи 職方外紀
Чжоу-гун (князь Чжоу) 周公

Чжоушань (острова) 舟山
Цзо-чжуань 左傳
Чжу Биюань 朱弼元
Чжу Ин 朱瑩
Чжу Си 朱熹
Чжу Цзунъюань 朱宗元
Чжу Цзунвэнь 朱宗文
Чжуан (правитель Чу) 莊
Чжуан-цзы 莊子
чжун (середина) 中
Чжунго 中國
Чжунхуа 中華
Чжунъюн 中庸
Чжэн (государство) 鄭
чжэн (прямой, справедливый) 正
Чжэн Сюань 鄭玄
Чжэн Чэнгун (Косинга) 鄭成功
Чжэнъи (комментарий) 正義
Чжэнши люэшо 拯世略說
Чу (государство) 楚
Чунчжэнь 崇禎
Чуньцю фаньлю 春秋繁露
Чуньцю 春秋
Чуфэнь сии и 處分西夷議
Чэн (древний князь) 成
Чэн И 程頤
Шан-ди 上帝
Шэнь Юэ 沈約
ши (начало) 始
шибосы 市舶司
Шицзи 史記
Шунь (император) 舜
Шуньчжи 順治
Шуцзин 書經
шуюань 書院
шэн (мудрец) 聖
шэнжэнь 聖人
шэнсянь 聖賢
Шэнчао посецзи 聖朝破邪集

шэнъюань 生員
Шэнь Цюэ 沈㴙
Ю Юй 由余
Юань Цзундао 袁宗道
Юй (правитель) 禹
Юнцзян (река) 甬江

Юнлэ 永樂
Юэ (государство) 越
ян 洋
Ян Тинъюнь 楊廷筠
Янь (государство) 燕
Яо (император) 堯

Источники

Aleni 1623a — Aleni G. Xingxue cushu [«Введение в историю природы человека»]. Fuzhou, 1623.

Aleni 1629 — Aleni G. [Ai Rulüe]. Sanshan lunxueji [«Записи ученых бесед из Фучжоу»]. Fuzhou, 1629.

Aleni 1623b — Aleni G. *Zhifang waiji* [«Записи о местах за пределами юрисдикции Отдела географии»]: in 5 vols. Hangzhou, 1623.

Ban Gu 1962 — Ban Gu. Han shu [«Книга Хань»]: in 8 vols. Beijing: Zhonghua shuju, 1962.

Barros 1988 — Barros J. de. Ásia: Dos feitos que os portugueses fizeram no descobrimento e conquista dos mares e terras do Oriente; Primeira década / ed. by A. Baião. Lisbon: Imprensa Nacional-Casa da Moeda, 1988.

Cao Bingren 1733 — Ningbo fuzhi [Географический справочник Нинбо] / ed. by Cao Bingren. Ningbo, 1733.

d'Elia 1942–1949 — Fonti Ricciane: Documenti originali concernenti Matteo Ricci e la storia delle prime relazioni tra l'Europe e la Cina: in 3 vols. / ed. da P. M. d'Elia. Roma: Libreria dello Stato, 1942–1949.

Dias 1659 — Dias M., the Younger [Yang Manuo]. Tianzhu shengjiao shijie zhiquan [«Подробное объяснение десяти заповедей священного учения Владыки Небесного»]: in 2 vols. Hangzhou, 1659 (репринт издания 1642 года).

Dias 1680 — Dias M., the Younger [Yang Manuo]. Qingshi jinshu [Golden book on contempt of the world]: in 4 vols. Ningbo, 1680.

Dong Zhongshu 1926 — Dong Zhongshu. Chunqiu fanlu [«Богатая роса "Весен и осеней"»]. Shanghai: Shangwu yinshuguan, 1926.

Dunin-Szpot 1690 — Dunin-Szpot T. I. Sinarum Historia. Vol. 1: 1580–1640; Vol. 2: 1640–1657. Неопубликованная рукопись, 1690.

Durrant et al. 2016 — Zuo Tradition, «Zuozhuan»: Commentary on the «Spring and Autumn Annals» / transl. by S. Durrant, Wai-yee Li, D. Schaberg. Seattle: University of Washington Press, 2016.

Fan Ye 1996 — Fan Ye. Houhan shu [«История поздней Хань»]: in 2 vols. / ed. by Li Zhuanshu. Changsha: Yuelu shushe, 1996.

Fu Lipu 1983 — Fu Lipu. Chunqiu san zhuan biyi [«Синопсис трех комментариев к "Веснам и осеням"»]: in 3 vols. Taipei: Taiwan shangwu yinshuguan, 1983.

Gallagher 1953 — Gallagher L. J. China in the Sixteenth Century: The Journals of Matteo Ricci, S. J., 1583–1610. New York: Random House, 1953.

Gardner 1990 — Learning to Be a Sage: Selections from the Conversations of Master Chu [Чжу Си] / transl. by D. K. Gardner. Berkeley: University of California Press, 1990.

Gassmann 1988 — Gassmann R. H. Tung Chung-shu: Ch'un-Ch'iu fan lu; Üppiger Tau des Frühlings-und Herbst-Klassikers (Übersetzung und Annotation der Kapitel eins bis sechs). Schweizer Asiatische Studien, Monographien 8. Bern: Lang, 1988.

Gong Jiajun 1974 — Gong Jiajun. Hangzhou fuzhi [Географический справочник Ханчжоу] // Zhongguo difangzhi congshu [«Собрание китайских географических справочников»]. № 199. Taipei: Chengwen chubanshe, 1974.

Gouvea 2005 — Gouvea A. de. Asia Extrema: Segunda parte, livro 1. Lisbon: Fundaçãao Oriente, 2005.

Gravina 1659 — Gravina G. de [Jia Yimu]. Tizheng bian [«Антологии личного вразумления»]. Hangzhou, 1659.

Han Lin 1641 — Han Lin. Duoshu [«Книга набатного колокола»]. Jiangzhou, 1641.

Han Lin, Zhang Geng 1648 — Han Lin, Zhang Geng. Shengjiao xinzheng [«Доказательство христианской веры»]. Jiangzhou, 1648.

Hu Anguo 2010 — Hu Anguo. Chunqiu hushi zhuan [Комментарий наставника Ху к анналам «Весны и осени»] / ed. by Qian Weijiang. Hangzhou: Zhejiang guji chubanshe, 2010.

Legge 1871 — Legge J. The Chinese Classics: With a Translation, Critical and Exegetical Notes, Prolegomena, and Copious Indexes. Hong Kong: Lane: Crawford; London: Trübner, 1871.

Leys 1997 — Leys S. The Analects of Confucius. New York: Norton, 1997.

Li Jiubiao 1936 — Kouduo richao [«Ежедневник устных увещеваний»] / ed. by Li Jiubiao. 1640. Reprint: Shanghai: Tushanwan yinshuguan, 1936.

Li Jiubiao 2007 — Kouduo richao: Li Jiubiao's «Diary of Oral Admonitions»; A Late Ming Christian Journal // transl. by E. Zürcher. Nettetal, Ger.: Steyler, 2007.

Li Zhi 1975 — Li Zhi. Xu Fenshu [«Продолжение Фэньшу»]. 1590. Reprint. Beijing: Zhonghua shuju, 1975.

Liu Fenglu 1973 — Liu Fenglu. Shangshu jinguwen zhushu [«Новые и старые комментарии к "Книге документов"»]. Taipei: Taiwan shangwu yinshuguan, 1973.

Margiotti 1975 — Relationes et epistolas fratrum minorum hispanorum in Sinis qui a. 1684–1692 missionem ingressi sunt / comp. by F. Margiotti // Sinica Franciscana. Vol. 8. Rome: Collegium S. Antonii, 1975.

Monteiro 1642a — Monteiro J. [Meng Ruwang]. Tianxue bianjing lu [«Комментарии к Небесному Учению о разнице между (правоверными и еретическими) способами оказывать уважение»]. Guangzhou, 1642.

Monteiro 1642b — Monteiro J. [Meng Ruwang]. Tianxue lüeyi [«Введение в Небесное Учение»]. Fuzhou, 1642.

Monteiro 2000 — Monteiro J. [Meng Ruwang]. Tianxue sijing [«Четыре зерцала Небесного Учения»]. Taipei: Zhongyang yanjiuyuan Fu Sinian tushuguan, 2000.

Morales 1699 — Morales J. B. de. Relatio et Libellus Supplex R. P. Joannis Baptistae de Morales // Apologie des Dominicains missionaires de la Chine / ed. par A. Noël. Cologne, 1699. P. 29–106.

Navarrete 1676 — Navarrete D. Tratados historicos, políticos, étnicos y religiosos de la Monarquía de China. Madrid, 1676.

Pantoja 1610 — Pantoja D. de [Pang Diwo]. Tianshen mogui shuo [«Учение об ангелах и демонах»]. Ca. 1610.

Ricci 1615 — Ricci M. [Li Madou]. De Christiana Expeditione apud Sinas / transl. and ed. by N. Trigault. Augsburg, 1615.

Ricci 1985 — Ricci M. [Li Madou]. The True Meaning of the Lord of Heaven / transl. by D. Lancashire, P. Hu Kuo-chen, E. Malatesta. San Francisco: Institute of Jesuit Sources, 1985.

Shanghai shudian chubanshe 1997–1998 — Shisan jing: in 2 vols. / ed. by Shanghai shudian chubanshe. Shanghai: Shanghai shudian, 1997–1998.

Siku quanshu 1736 — Zhejiang tongzhi [«История Чжэцзяна»] / ed. by Siku quanshu. Ca. 1736.

Sima Qian 1959 — Sima Qian. Shiji [«Записи великого историка»]: in 10 vols. Beijing: Zhonghua shuju, 1959.

Struve 1993 — Voices from the Ming-Qing Cataclysm: China in Tigers' Jaws / ed. and transl. by L. A. Struve. New Haven, Conn.: Yale University Press, 1993.

Sun Xidan 1989 — Sun Xidan. Liji jijie [«Книга Ритуалов», с пояснениями]: in 2 vols. Beijing: Zhonghua shuju, 1989.

Sun Xingyan 1986 — Sun Xingyan. Shangshu jinguwen zhushu [«Новые и старые комментарии к "Книге документов"»]. Before 1818. Reprint. Taipei: Wenjin chubanshe, 1986.

Tacchi Venturi 1913 — Opere storiche del P. Matteo Ricci, S. I. / ed. da P. Tacchi Venturi. Macerata, It.: Premiato stab. tip. F. Giorgetti, 1913.

Vagnoni 1633 — Vagnoni A. [Gao Yizhi]. Shengui zhengji [«Записи историй об ангелах и призраках»]. Jiangzhou, 1633.

Wang Guoan, Huang Zongxi 1684 — Zhejiang tongzhi [Географическая и топографическая энциклопедия Чжэцзян]: in 50 vols. / ed. by Wang Guoan, Huang Zongxi. Hangzhou, 1684.

Wang Ji 1967 — Chongzhen changbian [«Хроника эпохи Чунчжэнь»] / ed. by Wang Ji. Taipei: Zhongyang yanjiuyuan lishi yuyan yanjiusuo, 1967.

Wang Shumin 1988 — Zhuangzi jiaoquan [«Чжуан-цзы», с объяснениями и примечаниями] / ed. by Wang Shumin. Taipei: Zhongyang yanjiuyuan lishi yuyan yanjiusuo, 1988.

Watson 1963 — Hsün Tzu: Basic Writings / transl. by B. Watson. New York: Columbia University Press, 1963.

Wei Jun 1996 — Wei Jun. Lishuo huangtang huoshi [«Заблуждения и лукавство Риччи»] // Shengchao poxieji [«Коллекция сочинений великой династии о разоблачении ереси»] / ed. by Xu Changzhi, Xia Guiqi. Hong Kong: Jiandao shenxueyuan, 1996. P. 183–186.

Wu Xiangxiang 1972 — Tianzhujiao dongchuan wenxian [«Документы о распространении католицизма на Востоке»]: in 3 vols. / ed. by Wu Xiangxiang. Taipei: Taiwan xuesheng shuju, 1965–1972.

Xu Changzhi, Xia Guiqi 1996 — Shengchao poxieji [«Коллекция сочинений великой династии о разоблачении ереси»] / ed. by Xu Changzhi, Xia Guiqi. Hong Kong: Jiandao shenxueyuan, 1996.

Xu Shidong, Dong Pei 1877 — Yinxianzhi [«Географическое описание уезда Иньсянь»]: in 75 vols. / ed. by Xu Shidong, Dong Pei. Guangzhou, 1877.

Xu Song 2005 — Xu Song. Xiyu shui daoji: Wai er zhong [«О водных системах в западных регионах: два дополнения»]. Beijing: Zhonghua shuju, 2005.

Yang Liuqiao 1985 — Xunzi guyi [«Суньцзы», с переводом и комментариями] / ed. by Yang Liuqiao. Jinan: Qilu shushe, 1985.

Zhang Xie 1981 — Zhang Xie. Dongxiyang kao [«Исследование восточных и западных морей»]. Beijing: Zhonghua shuju, 1981.

Zhang Xinglang 2003 — Zhongxi jiaotong shiliao huibian [«Собрание материалов о контактах между Китаем и Западом»] / ed. by Zhang Xinglang. Beijing: Zhonghua shuju, 2003.

Zhongguo renmin daxue qingshi yanjiusuo 1985 — Qingshi biannian: Shunzhi chao [«Хроники истории династии Цин: правление Шуньчжи»] /

ed. by Zhongguo renmin daxue qingshi yanjiusuo. Beijing: Renmin daxue chubanshe, 1985.

Zhou Yan 2013 — Zhou Yan. Mingmo qingchu tianzhujiaoshi wenxian xinbian [«Собрание новых материалов об истории католичества в Китае в период поздней династии Мин и ранней династии Цин»]. Vol. 1. Beijing: Guojia tushuguan chubanshe, 2013.

Zhu Xi 2002 — Zhu Xi. Zhuzi quanshu [«Полное собрание сочинений мастера Чжу»]: in 27 vols. Shanghai guji chubanshe, 2002.

Zhu Zongyuan 1640 — Zhu Zongyuan. Pomilun [«Трактат о разрушении предрассудков»]. Before 1640. Copy in the Bibliothèque nationale de France: Paris: Chinois 7143.

Zhu Zongyuan 2001a — Zhu Zongyuan. Da kewen [«Ответы на вопросы гостя»]. Ca. 1643. Первоначальный вариант с предисловием Чжан Нэнсиня, более поздний вариант с предисловием Линь Вэньина. Guangzhou, 1697. Reprint: Die Aufnahme europäischer Inhalte in die chinesische Kultur durch Zhu Zongyuan / hg. von D. Sachsenmaier. Nettetal, Ger.: Steyler, 2001. S. 271–303.

Zhu Zongyuan 2001b — Zhu Zongyuan. Jiaoshe zhi li suoyi shi shangdi ye [«Обряды почитания небес и богов земли и урожая служат во славу Высшему Властелину»]. 1647. Reprint: Die Aufnahme europäischer Inhalte in die chinesische Kultur durch Zhu Zongyuan / hg. von D. Sachsenmaier. Nettetal, Ger.: Steyler, 2001. S. 447–452.

Zhu Zongyuan 2001c — Zhu Zongyuan. Tianzhu shengjiao huoyi lun [«Трактат об устранении сомнений о христианстве»]. Guangzhou, 1680. Reprint: Die Aufnahme europäischer Inhalte in die chinesische Kultur durch Zhu Zongyuan / hg. von D. Sachsenmaier. Nettetal, Ger.: Steyler, 2001. S. 453–456.

Zhu Zongyuan 2001d — Zhu Zongyuan. Zhengshi lüeshuo [«Сводный обзор о спасении мира»]. Ca. 1650. Reprint: Die Aufnahme europäischer Inhalte in die chinesische Kultur durch Zhu Zongyuan / hg. von D. Sachsenmaier. Nettetal, Ger.: Steyler, 2001. S. 303–446.

Библиография

Alberts 2013 — Alberts T. Conflict and Conversion: Catholicism in Southeast Asia, 1500–1700. Oxford: Oxford University Press, 2013.

Alden 1996 — Alden D. The Making of an Enterprise: The Society of Jesus in Portugal, Its Empire, and Beyond, 1540–1750. Stanford, Calif.: Stanford University Press, 1996.

Amsler 2011 — Amsler N. «Sie meinen, die drei Sekten seien eins»: Matteo Riccis Aneignung des sanjiao-Konzepts und ihre Bedeutung für europäische Beschreibungen chinesischer Religion im 17. Jahrhundert // Schweizerische Zeitschrift für Religions-und Kulturgeschichte. 2011. Bd. 105. S. 77–93.

Andrade 2010 — Andrade T. A Chinese Farmer, Two African Boys, and a Warlord: Toward a Global Microhistory // Journal of World History. 2010. Vol. 21. № 4. P. 573–591.

App 2010 — App U. The Birth of Orientalism. Philadelphia: University of Pennsylvania Press, 2010.

Araki 1975 — Araki K. Confucianism and Buddhism in the Late Ming // The Unfolding of Neo-Confucianism / ed. by W. T. de Bary. New York: Columbia University Press, 1975. P. 39–66.

Arun 2007 — Interculturation of Religion: Critical Perspectives on Robert de Nobili's Mission in India / ed. by C. J. Arun. Bangalore: Asian Trading Corporation, 2007.

Aslanian 2011 — Aslanian S. From the Indian Ocean to the Mediterranean: The Global Trade Networks of Armenian Merchants from New Julfa. Berkeley: University of California Press, 2011.

Atwell 1988 — Atwell W. The T'ai-ch'ang, T'ien-ch'i, and Ch'ung-chen Reigns, 1620–1644 // The Cambridge History of China. Vol. 7. Part 1: The Ming Dynasty, 1368–1644 / ed. by F. W. Mote, D. Twitchett. Cambridge: Cambridge University Press, 1988. P. 585–640.

Baldanza 2016 — Baldanza K. Ming China and Vietnam: Negotiating Borders in Early Modern Asia. Cambridge: Cambridge University Press, 2016.

Bauer 1976 — Bauer W. China and the Search for Happiness: Recurring Themes in Four Thousand Years of Chinese Cultural History. New York: Seabury Press, 1976.

Bauer 1989 — Bauer W. China und die Hoffnung auf Glück: Paradiese, Utopien, Idealvorstellungen in der Geistesgeschichte Chinas. 2nd ed. Munich: Deutscher Taschenbuch Verlag, 1989.

Beckert 2014 — Beckert S. Empire of Cotton: A Global History. New York: Knopf, 2014.

Benite 2005 — Benite Z. B.-D. The Dao of Muhammad: A Cultural History of Muslims in Late Imperial China. Cambridge, Mass.: Harvard University Press, 2005.

Benite 2012 — Benite Z. B.-D. «Western Gods Meet in the East»: Shapes and Contexts of the Muslim-Jesuit Dialogue in Early Modern China // Journal of the Economic and Social History of the Orient. 2012. Vol. 55, № 2–3. P. 517–546.

Benite 2015 — Benite Z. B.-D. «Like the Hebrews in Spain»: The Jesuit Encounter with Muslims in China and the Problem of Cultural Change // Al-Qantara. 2015. Vol. 36, № 2. P. 503–529.

Bentley 2007 — Bentley J. H. Early Modern Europe and the Early Modern World // Between the Middle Ages and Modernity: Individual and Community in the Early Modern World / ed. by C. H. Parker, J. H. Bentley. Lanham, Md.: Rowman and Littlefield, 2007. P. 14–31.

Berg, Wendt 2011 — Racism in the Modern World: Historical Perspectives on Cultural Transfer and Adaptation / ed. by M. Berg, S. Wendt. New York: Berghahn Books, 2011.

Berling 1980 — Berling J. A. The Syncretic Religion of Lin Chao-en. New York: Columbia University Press, 1980.

Bettray 1955 — Bettray J. Die Akkommodationsmethode des P. Matteo Ricci S. I. in China. Rome: Universitatis Gregorianae, 1955.

Biermann 1927 — Biermann B. M. Die Anfänge der neueren Dominikanermission in China. Vechta, Ger.: Albertus, 1927.

Blanning 2007 — Blanning T. The Pursuit of Glory: Europe, 1648–1815. New York: Viking, 2007.

Bol 2008 — Bol P. K. Neo-Confucianism in History. Cambridge, Mass.: Harvard University Press, 2008.

Bol 2009 — Bol P. K. Geography and Culture: The Middle-Period Discourse on the Zhongguo, the Central Country // Space and Cultural Fields: Spatial Images, Practices and Social Production / ed. by Ying-kuei Huang. Taipei: Center for Chinese Studies, 2009. P. 61–106.

Bolton 2006 — Bolton K. Chinese Englishes: A Sociolinguistic History. Cambridge: Cambridge University Press, 2006.

Bowen et al. 2012 — Britain's Oceanic Empire: Atlantic and Indian Ocean Worlds, ca. 1550–1850 / ed. by H. V. Bowen, E. Mancke, J. G. Reid. Cambridge: Cambridge University Press, 2012.

Boxer 1951 — Boxer C. R. The Christian Century in Japan: 1549–1650. Berkeley: University of California Press, 1951.

Boxer 1969 — Boxer C. R. The Portuguese Seaborne Empire, 1415–1825. New York: Knopf, 1969.

Brockey 2007 — Brockey L. M. Journey to the East: The Jesuit Mission to China, 1579–1724. Cambridge, Mass.: Belknap Press, 2007.

Brockey 2014 — Brockey L. M. The Visitor: André Palmeiro and the Jesuits in Asia. Cambridge, Mass.: Harvard University Press, 2014.

Broeze 1989 — Brides of the Sea: Port Cities of Asia from the 16th–20th Centuries / ed. by F. Broeze. Honolulu: University of Hawai'i Press, 1989.

Brook 1988 — Brook T. Geographical Sources of Ming-Qing-History. Ann Arbor: Center for Chinese Studies, University of Michigan, 1988.

Brook 1993 — Brook T. Praying for Power: Buddhism and the Formation of Gentry Society in Late-Ming China. Cambridge, Mass.: Harvard University Press, 1993.

Brook 1999 — Brook T. The Confusions of Pleasure: Commerce and Culture in Ming China. Berkeley: University of California Press, 1999.

Brook 2008 — Brook T. Vermeer's Hat: The Seventeenth Century and the Dawn of a Global World. New York: Bloomsbury, 2008.

Brook 2010a — Brook T. Europaeology? On the Difficulty of Assembling a Knowledge of Europe in China // Christianity and Cultures: Japan and China in Comparison, 1543–1644 / ed. by M. A. J. Üçerler. Rome: Institutum Historicum Societatis Iesu, 2010. P. 261–285.

Brook 2010b — Brook T. The Troubled Empire: China in the Yuan and Ming Dynasties. Cambridge, Mass.: Harvard University Press, 2010.

Busch 1949–1950 — Busch H. The Tung-lin Shu-yüan and Its Political and Philosophical Significance // Monumenta Serica. 1949–1950. Vol. 14. P. 1–163.

Cameron 1989 — Cameron N. Barbarians and Mandarins: Thirteen Centuries of Western Travelers in China. Oxford: Oxford University Press, 1989.

Chakrabarty 2000 — Chakrabarty D. Provincializing Europe: Postcolonial Thought and Historical Difference. Princeton, N.J.: Princeton University Press, 2000.

Ch'en 1939 — Ch'en K. Matteo Ricci's Contributions to, and Influence on, Geographical Knowledge in China // Journal of the American Oriental Society. 1939. Vol. 59, № 3. P. 325–359.

Chen M. 1986 — Chen M. Hsü Kuang-Ch'i and His Image of the West // Asia and the West: Encounters and Exchanges from the Age of Explorations; Essays in Honor of Donald F. Lach / ed. by C. K. Pullapilly, E. J. Van Kley. Notre Dame, Ind.: Cross Cultural Publications, 1986. P. 26–44.

Chen Y. 2012 — Chen Yong. Confucianism as Religion: Controversies and Consequences. Leiden: Brill, 2012.

Cheng A. 1993 — Cheng A. Ch'un ch'iu, Kung yang, Ku Liang and Tso Chuan // Early Chinese Texts: A Bibliographical Guide / ed. by M. Loewe. Berkeley: Institute of East Asian Studies, University of California, 1993. P. 67–76.

Cheng Xiaoli 2009 — Cheng Xiaoli. Qingdai Zhejiang juren yanjiu [«Исследование о цзйюжэнях в Китае при династии Цин»]. M. A. thesis, East China Normal University, Shanghai, 2009.

Cheng 2013 — Cheng Y. Changing Cosmology, Changing Perspectives on History and Politics: Christianity and Yang Tingyun's (1562–1627) Reflections on China // Journal of World History. 2013. Vol. 24, № 3. P. 499–537.

Ch'ien 1975 — Ch'ien E. T. Chiao Hung and the Revolt against Ch'eng-Chu Orthodoxy: The Left Wing Wang Yang-ming School as a Source of the Han Learning in the Early Ch'ing // The Unfolding of Neo-Confucianism / ed. by W. T. de Bary. New York: Columbia University Press, 1975. P. 271–301.

Ch'ien 1986 — Ch'ien E. T. Chiao Hung and the Restructuring of Neo-Confucianism in the Late Ming. Berkeley: University of California Press, 1986.

Chow 1994 — Chow K. The Rise of Confucian Ritualism in Late Imperial China: Ethics, Classics, and Lineage Discourse. Stanford, Calif.: Stanford University Press, 1994.

Clooney 1999 — Clooney F. X. Roberto de Nobili's *Dialogue on Eternal Life* and an Early Jesuit Evaluation of Religion in South India // The Jesuits: Cultures, Sciences, and the Arts, 1540–1773 / ed. by J. W. O'Malley et al. Toronto: University of Toronto Press, 1999. P. 402–417.

Clossey 2008 — Clossey L. Salvation and Globalization in the Early Jesuit Missions. Cambridge: Cambridge University Press, 2008.

Cohen 2008 — Cohen T. Racial and Ethnic Minorities in the Society of Jesus // The Cambridge Companion to the Jesuits / ed. by T. Worcester. Cambridge: Cambridge University Press, 2008. P. 199–214.

Collani 2000 — Collani C. von. Missionaries // Handbook of Christianity in China. Vol. 1: 635–1800 / ed. by N. Standaert. Leiden: Brill, 2000. P. 286–354.

Colley 2007 — Colley L. The Ordeal of Elizabeth Marsh: A Woman in World History. New York: Pantheon Books, 2007.

Colombel 1895–1905 — Colombel A. M. Histoire de la mission du Kiangnan: En trois parties. 3 vols. Shanghai: Imprimerie de la Mission catholique à l'Orphelinat de T'ou-sè-weè, 1895–1905.

Conrad 2016 — Conrad S. What Is Global History? Princeton, N.J.: Princeton University Press, 2016.

Cook, Major 1999 — Cook C., Major J. Defining Chu: Image and Reality in Ancient China. Honolulu: University of Hawa'i Press, 1999.

Covell 1986 — Covell R. R. Confucius, the Buddha, and Christ: A History of the Gospel in Chinese. Maryknoll, N.Y.: Orbis Books, 1986.

Cummins 1962 — The Travels and Controversies of Friar Domingo Navarrete, 1618–1686: in 2 vols. / ed. by J. S. Cummins. Cambridge: Cambridge University Press, 1962.

Dai Guangzhong 2003 — Dai Guangzhong. Mingqing zhedong xueshu yu ningbo shangbang fazhan [«Философская школа восточной части провинции Чжэцзян и развитие торгового сообщества в Нинбо при династиях Мин и Цин»] // Ningbo daxue xuebao. 2003. Vol. 16, № 4. P. 45–49.

Dalby 2000 — Dalby A. Dangerous Tastes: The Story of Spices. Berkeley: University of California Press, 2000.

Dardess 2002 — Dardess J. W. Blood and History in China: The Donglin Faction and Its Suppression. Honolulu: University of Hawai'i Press, 2002.

Dardess 2012 — Dardess J. W. Ming China, 1368–1644: A Concise History of a Resilient Empire. Lanham, Md.: Rowman and Littlefield, 2012.

Darwin 2007 — Darwin J. After Tamerlane: The Global History of Empire, 1400–2000. London: Penguin Books, 2007.

Davidson, Loewe 1993 — Davidson S., Loewe M. Ch'un ch'iu fan lu // Early Chinese Texts: A Bibliographical Guide / ed. by M. Loewe. Berkeley: Institute of East Asian Studies, University of California, 1993. P. 77–87.

de Bary 1975 — de Bary W. T. Neo-Confucian Cultivation and the Seventeenth-Century «Enlightenment» // The Unfolding of Neo-Confucianism / ed. by W. T. de Bary. New York: Columbia University Press, 1975. P. 141–216.

de Bary 1991 — de Bary W. T. Learning for One's Self: Essays on the Individual in Neo-Confucian Thought. New York: Columbia University Press, 1991.

Dehergne 1957 — Dehergne J. Les chrétientés de Chine de la période de Ming (1581–1650) // Monumenta Serica. 1957. Vol. 16, № 1–2. P. 1–136.

Delandres 1999 — Delandres D. Exemplo aeque ut verbo: The French Jesuits' Missionary World // The Jesuits: Cultures, Sciences, and the Arts, 1540–1773 / ed. by J. W. O'Malley et al. Toronto: University of Toronto Press, 1999. P. 258–273.

Demel 1992 — Demel W. Als Fremde in China: Das Reich der Mitte im Spiegel frühneuzeitlicher europäischer Reiseberichte. Berlin: de Gruyter, 1992.

Demel 2010 — Demel W. Weltpolitik // WBG Weltgeschichte: Eine globale Geschichte von den Anfängen bis ins 21. Jahrhundert / hg. von W. Demel et al. Bd. 4. Darmstadt: Wissenschaftliche Buchgesellschaft, 2010. S. 109–161.

Di Cosmo 2004 — Di Cosmo N. Did Guns Matter? Firearms and the Qing Formation // The Qing Formation in World-Historical Time / ed. by L. A. Struve. Cambridge, Mass.: Harvard University Asia Center, 2004. P. 121–166.

Dikötter 1992 — Dikötter F. The Discourse of Race in Modern China. Stanford, Calif.: Stanford University Press, 1992.

Dirlik 2015 — Dirlik A. Born in Translation: «China» in the Making of «Zhongguo» // Boundary 2. 2015. July 29. URL: https://www.boundary2. org/2015/07/born-in-translation-china-in-the-making-of-zhongguo (дата обращения: 02.07.2022).

Duan Lihui 2009 — Duan Lihui. Ming yimin de shenfen rentong yu kedi xuanze [«Определение принадлежности для сторонников династии Мин и их выбор по отношению к императорским экзаменам»]. Henan shifandaxue xuebao. 2009. Vol. 2. P. 191–194.

Duara 1997 — Duara P. Rescuing History from the Nation: Questioning Narratives of Modern China. Chicago: University of Chicago Press, 1997.

DuBois 2011 — DuBois T. D. Religion and the Making of Modern East Asia. Cambridge: Cambridge University Press, 2011.

Dudink 1993 — Dudink A. The Rediscovery of a Seventeenth-Century Collection of Christian Texts: The Manuscript Tianxue jijie // Sino-Western Cultural Relations Journal. 1993. Vol. 15. P. 1–26.

Dudink 1995 — Dudink A. Christianity in Late Ming China: Five Studies. PhD diss., Leiden University, 1995.

Dudink 1996 — Dudink A. The Inventory of the Jesuit House at Nanjing Made Up during the Persecution of 1616–1617 // Western Humanistic Culture Presented to China by Jesuit Missionaries (XVII–XVIII Centuries) / ed. by F. Masini. Rome: Institutum Historicum Societatis Jesu, 1996. P. 119–157.

Dudink 2000a — Dudink A. Chinese Primary Sources // Handbook of Christianity in China. Vol. 1: 635–1800 / ed. by N. Standaert. Leiden: Brill, 2000. P. 113–160.

Dudink 2000b — Dudink A. Nangong shudu (1620), Poxie ji (1640), and Western Reports on the Nanjing Persecution (1616/1617) // Monumenta Serica. 2000. Vol. 48. P. 133–265.

Dudink, Standaert 2000 — Dudink A., Standaert N. Apostolate Through Books // Handbook of Christianity in China. Vol. 1: 635–1800 / ed. by N. Standaert. Leiden: Brill, 2000. P. 600–631.

Dunn 1986 — Dunn R. E. The Adventures of Ibn Battuta, a Muslim Traveler of the Fourteenth Century. Berkeley: University of California Press, 1986.

Dunne 1962 — Dunne G. H. Generation of Giants: The Story of the Jesuits in China in the Last Decades of the Ming Dynasty. Notre Dame, Ind.: University of Notre Dame Press, 1962.

Durrant 1995 — Durrant S. W. The Cloudy Mirror: Tension and Conflict in the Writings of Sima Qian. Albany: SUNY Press, 1995.

Eichman 2016 — Eichman J. A Late Sixteenth-Century Chinese Buddhist Fellowship: Spiritual Ambitions, Intellectual Debates, and Epistolary Connections. Leiden: Brill, 2016.

Eisenstadt, Schluchter 1998 — Eisenstadt S. N., Schluchter W. Introduction: Paths to Early Modernities — A Comparative View // Daedalus. 1998. Vol. 127, № 3. P. 1–18.

Ellis 2012 — Ellis R. R. They Need Nothing: Hispanic-Asian Encounters of the Colonial Period. Toronto: University of Toronto Press, 2012.

Elman 2000 — Elman B. A Cultural History of Examinations in Late Ming China. Berkeley: University of California Press, 2000.

Elman 2005 — Elman B. On Their Own Terms: Science in China, 1550–1990. Cambridge, Mass.: Harvard University Press, 2005.

Em 2013 — Em H. The Great Enterprise: Sovereignty and Historiography in Modern Korea. Durham, N.C.: Duke University Press, 2013.

Esherick 2006 — Esherick J. W. How the Qing Became China // Empire to Nation: Historical Perspectives on the Making of the Modern World / ed. by J. W. Esherick, H. Kayali, E. Van Young. Lanham, Md.: Rowman and Littlefield, 2006. P. 229–259.

Ess 2010 — Ess H. van. Hu Hong's Philosophy // Dao Companion to Neo-Confucian Philosophy / ed. by J. Makeham. New York: Springer, 2010. P. 105–124.

Fan Shuzhi 1990 — Fan Shuzhi. Mingqing jiangnan shizhen tanwei [«Исследование городов Южного Китая во времена династий Мин и Цин»]. Shanghai: Fudan daxue chubanshe, 1990.

Fang Hao 1947 — Fang Hao. Zhongguo tianzhujiao shi luncong jiaji [«Компиляция истории католицизма в Китае»]. Shanghai: Shangwu yinshuguan, 1947.

Fang Hao 1967–1973 — Fang Hao. Zhongguo tianzhujiao shi renwu zhuan [«Исторические фигуры китайского католицизма»]: in 3 vols. Shanghai: Zhonghua shuju, 1967–1973.

Feener 2010 — Feener R. M. South-East Asian Localisations of Islam and Participation within a Global Umma, ca. 1500–1800 // The New Cambridge History of Islam. Vol. 3: The Eastern Islamic World, Eleventh to Eighteenth Centuries / ed. by D. O. Morgan, A. Reid. Cambridge: Cambridge University Press, 2010. P. 470–503.

Feldhay 1999 — Feldhay R. The Cultural Field of Jesuit Science // The Jesuits: Cultures, Sciences, and the Arts, 1540–1773 / ed. by J. W. O'Malley et al. Toronto: University of Toronto Press, 1999. P. 107–130.

Feng Xianliang 2003 — Feng Xianliang. Mingqing jiangnan de fumin jieceng jiqi shehui yingxiang [«Богатые социальные слои и их общественное влияние в регионе Цзяннань в переходный период между династиями Мин и Цин»] // Zhongguo shehui jingjishi yanjiu. 2003. Vol. 1. P. 44–56.

Fitzgerald 1967 — Fitzgerald C. P. The Chinese View of Their Place in the World. Oxford: Oxford University Press, 1967.

Fletcher 1985 — Fletcher J. F. Integrative History: Parallels and Interconnections in the Early Modern Period, 1500–1800 // Journal of Turkish Studies. 1985. Vol. 9. P. 37–57.

Fletcher 1995 — Fletcher J. F. Studies on Chinese and Islamic Inner Asia / ed. by B. Forbes Manz. Brookfield, Vt.: Variorum, 1995.

Flynn, Giráldez 1995 — Flynn D. O., Giráldez A. Born with a «Silver Spoon»: The Origin of World Trade in 1571 // Journal of World History. 1995. Vol. 6, № 2. P. 201–221.

Foccardi 1986 — Foccardi G. The Chinese Travelers of the Ming Period. Wiesbaden: Harrassowitz, 1986.

Foss 2000 — Foss T. N. Cartography // Handbook of Christianity in China. Vol. 1: 635–1800 / ed. by N. Standaert. Leiden: Brill, 2000. P. 752–770.

Frank 1998 — Frank A. G. ReORIENT: Global Economy in the Asian Age. Berkeley: University of California Press, 1998.

Franke O. 1920 — Franke O. Studien zur Geschichte des konfuzianischen Dogmas und der konfuzianischen Staatsreligion: Das Problem des Tsch'un-ts'iu und Tung Tschung-schu's Tsch'un-ts'iu fan lu. Hamburg: Friedrichsen, 1920.

Franke W. 1983 — Franke W. Notes on Some Ancient Chinese Mosques // Documenta Barbarorum: Festschrift für Walther Heissig zum 70. Geburtstag / hg. von W. Heissig, K. Sagaster, M. Weiers. Wiesbaden: Harrassowitz, 1983. S. 111–126.

Friedrich 2012 — Friedrich M. Organisations und Kommunikationsstrukturen der Gesellschaft Jesu: Ein Überblick // Etappen der Globalisierung in christentumsgeschichtlicher Perspektive: Phases of Globalization in the History of Christianity / hg. von K. Koschorke. Wiesbaden: Harrassowitz, 2012. S. 83–104.

Friedrich 2016 — Friedrich M. Die Jesuiten: Aufstieg, Niedergang, Neubeginn. Frankfurt: Piper, 2016.

Fu Lecheng 2010 — Fu Lecheng. Zhongguo tongshi [«Общая история Китая»]: in 2 vols. Guiyang: Guizhou jiaoyu chubanshe, 2010.

Fu Xuancong 2009 — Fu Xuancong. Ningbo tongshi [«Общая история Нинбо»]: in 5 vols. Ningbo: Ningbo chubanshe, 2009.

Fung Yu-lan 1983 — Fung Yu-lan. A History of Chinese Philosophy. Vol. 1: The Period of the Philosophers (From the Beginnings to circa 100 b. c.) / transl. by D. Bodde. Princeton, N.J.: Princeton University Press, 1983.

Gardner 1998 — Gardner D. K. Confucian Commentary and Chinese Intellectual History // Journal of Asian Studies. 1998. Vol. 57, № 2. P. 397–422.

Gardner 2007 — Gardner D. K. The Four Books: The Basic Teachings of the Later Confucian Tradition. Indianapolis: Hackett, 2007.

Ge Zhaoguang 2014 — Ge Zhaoguang. Hewei zhongguo: Jiangyu, minzu, wenhua yu lishi [«Что такое Китай? Границы, национальности, культура и история»]. Hong Kong: Oxford University Press, 2014.

Ge Zhaoguang 2017 — Ge Zhaoguang. Here in «China» I Dwell: Reconstructing Historical Discourses of China for Our Time. Leiden: Brill, 2017.

Gernet 1964 — Gernet J. La Chine ancienne: Des origines à l'empire. Paris: Presses Universitaires de France, 1964.

Gernet 1982 — Gernet J. Chine et christianisme: Action et réaction. Paris: Gallimard, 1982.

Gernet 1984 — Gernet J. La société chinoise à la fin des Ming // Recherches de Science Religieuse. 1984. Vol. 72, № 1. P. 27–36.

Gernet 1990 — Gernet J. China and the Christian Impact: A Conflict of Cultures / transl. by J. Lloyd. Cambridge: Cambridge University Press, 1990. Originally published as Chine et christianisme: La première confrontation. Paris: Gallimard, 1982.

Gerritsen 2012 — Gerritsen A. Scales of a Local: The Place of Locality in a Globalizing World // A Companion to World History / ed. by D. Northrup. Hoboken, N.J.: Wiley-Blackwell, 2012. P. 213–226.

Ghobrial 2014 — Ghobrial J.-P. The Secret Life of Elias of Babylon and the Uses of Global Microhistory // Past & Present. 2014. Vol. 222, № 1. P. 51–93.

Glahn 1996 — Glahn R. von. Fountain of Fortune: Money and Monetary Policy in China, 1000–1700. Berkeley: University of California Press, 1996.

Godinho 1978 — Godinho V. M. L'émigration portugaise (XVe–XXe siècles): Une constant structurelle et les réponses au changements du monde // Revista de História Económica e Social. 1978. Vol. 1. P. 5–32.

Goldstone 1993 — Goldstone J. A. Revolution and Rebellion in the Early Modern World. Berkeley: University of California Press, 1993.

Golvers 2000 — Golvers N. Bibliographies of Western Primary Sources // Handbook of Christianity in China. Vol. 1: 635–1800 / ed. by N. Standaert. Leiden: Brill, 2000. P. 200–204.

Gong 1984 — Gong G. W. The Standard of «Civilization» in International Society. New York: Oxford University Press, 1984.

Gong Daoyun 1996 — Gong Daoyun. Ruxue he tianzhujiao zai mingqing de jiechu he huitong [«Контакт и поиски взаимопонимания между конфуцианством и католицизмом во времена династий Мин и Цин»] // Shijie zongjiao yanjiu. 1996. Vol. 1. P. 49–61.

Gong Yingyan 2006 — Gong Yingyan. Mingqing zhiji de zhedong xueren yu xixue [«Ученые из восточной части провинции Чжэцзян и западное просвещение в период поздней Мин и ранней Цин»] // Zhejiang daxue xuebao. 2006. Vol. 3. P. 60–68.

González 1955–1967 — González J. M. Historia de las misiones dominicanos de China: in 5 vols. Madrid: Imprenta Juan Bravo, 1955–1967.

Goodrich, Chaoying Fang 1976 — Dictionary of Ming Biography, 1368–1644: in 2 vols. / ed. by L. C. Goodrich, Chaoying Fang. New York: Columbia University Press, 1976.

Goossaert 2006 — Goossaert V. 1898: The Beginning of the End for Chinese Religion? // Journal of Asian Studies. 2006. Vol. 65, № 2. P. 307–335.

Goossaert, Palmer 2011 — Goossaert V., Palmer D. A. The Religious Question in Modern China. Chicago: University of Chicago Press, 2011.

Grafton 2006 — Grafton A. The History of Ideas: Precepts and Practice, 1950–2000 and Beyond // Journal of the History of Ideas. 2006. Vol. 67, № 1. P. 1–32.

Greenblatt 1975 — Greenblatt K. Y. Chu-hung and Lay Buddhism in the Late Ming // The Unfolding of Neo-Confucianism / ed. by W. T. de Bary. New York: Columbia University Press, 1975. P. 93–140.

Grzebień 2011 — Grzebień L. The Perception of the Asian Missions in Sixteenth to Seventeenth Century Poland During the Period of Re-Catholicisation // Monumenta Serica. 2011. Vol. 59, № 1. P. 177–189.

Guy 2002 — Guy K. Who Were the Manchus? A Review Essay // Journal of Asian Studies. 2002. Vol. 61, № 1. P. 151–164.

Haneda 2009 — Haneda M. Framework and Methods of Comparative Studies on Asian Port Cities in the Seventeenth and Eighteenth Centuries // Asian Port Cities, 1600–1800: Local and Foreign Cultural Interactions / ed. by M. Haneda. Singapore: NUS Press, 2009. P. 1–12.

Harris 1999 — Harris S. J. Mapping Jesuit Science: The Role of Travel in the Geography of Knowledge // The Jesuits: Cultures, Sciences, and the Arts, 1540–1773 / ed. by J. W. O'Malley et al. Toronto: University of Toronto Press, 1999. P. 212–240.

Harrison 2013 — Harrison H. The Missionary's Curse and Other Tales from a Chinese Catholic Village. Berkeley: University of California Press, 2013.

He 2013 — He Y. Home and the World. Editing the «Glorious Ming» in Woodblock-Printed Books of the Sixteenth and Seventeenth Centuries. Cambridge, Mass: Harvard University Asia Center, 2013.

He Zongmei 2003 — He Zongmei. Mingmo qingchu wenren jieshe yanjiu [«Исследование о научных ассоциациях в период поздней Мин и ранней Цин»]. Tianjin: Nankai daxue chubanshe, 2003.

Henderson 2014 — Henderson J. B. Scripture, Canon, and Commentary: A Comparison of Confucian and Western Exegesis. Princeton, N.J.: Princeton University Press, 2014.

Hill 2007 — Hill R. Between Black and White: A Critical Race Theory Approach to Caste Poetry in the Spanish New World // Comparative Literature. 2007. Vol. 59, № 4. P. 269–293.

Ho E. 2006 — Ho E. The Graves of Tarim: Genealogy and Mobility across the Indian Ocean. Berkeley: University of California Press, 2006.

Ho P. 1967 — Ho P. The Ladder of Success in Imperial China: Aspects of Social Mobility, 1368–1911. New York: Columbia University Press, 1967.

Hoffmann, Hu Qiuhua 2007 — Hoffmann R., Hu Qiuhua. China: Seine Geschichte von den Anfängen bis zum Ende der Kaiserzeit. Freiburg: Rombach, 2007.

Holzman 1956 — Holzman D. The Conversational Tradition in Chinese Philosophy // Philosophy East and West. 1956. October. Vol. 6, № 3. P. 223–230.

Hosne 2013 — Hosne A. C. The Jesuit Missions to China and Peru, 1570–1610: Expectations and Appraisals of Expansionism. London: Routledge, 2013.

Hsia 2005 — Hsia R. P.-C. The World of Catholic Renewal, 1540–1770. Cambridge: Cambridge University Press, 2005.

Hsia 2006 — A Companion to the Reformation World / ed. by R. P.-C. Hsia. Malden, Mass.: Blackwell, 2006.

Hsia 2010 — Hsia R. P.-C. A Jesuit in the Forbidden City: Matteo Ricci, 1552–1610. Oxford: Oxford University Press, 2010.

Hsia 2011 — Hsia R. P.-C. Jesuit Representations of Europe to China in the Early Modern Period // Departure for Modern Europe: A Handbook of Early Modern Philosophy (1400–1700) / ed. by H. Busche. Hamburg: Felix Meiner, 2011. P. 792–803.

Hsia 2016 — Hsia R. P.-C. Mission Frontiers: A Reflection on Catholic Missions in the Early Modern World // The Frontiers of Mission: Perspectives on Early Modern Missionary Catholicism / ed. by A. Forrestal, S. A. Smith. Leiden: Brill, 2016. P. 180–193.

Hsu 1999 — Hsu C. The Spring and Autumn Period // The Cambridge History of Ancient China: From the Origins of Civilization to 221 b. c. / ed. by M. Loewe, E. L. Shaughnessy. Cambridge: Cambridge University Press, 1999. P. 545–586.

Hsu 2012 — Hsu C. China: A New Cultural History. New York: Columbia University Press, 2012.

Hu Jinping 2007 — Hu Jinping. Lun zhu zongyuan dui yuanzui de jieshi [«Объяснение первородного греха в текстах Чжу Цзунъюаня»]. M. A. thesis, Capital Normal University, Beijing, 2007.

Huang Yinong 1997 — Huang Yinong. Zhongxiao paifang yu shizijia: Mingmo tianzhujiaotu wei xuelian qiren qishi tanwei [«Скрижаль верности и сыновней почтительности против креста: жизнь христианского прозелита Вэй Сюэляня в период поздней Мин»] // Xinshixue. 1997. Vol. 8, № 3. P. 43–94.

Huang Yinong 2006 — Huang Yinong. Liangtou she: Mingmo qingchu de diyidai tianzhujiaotu [«Двуглавая змея: первое поколение католиков в позней Мин и ранней Цин»]. Shanghai: Shanghai guji chubanshe, 2006.

Huber 1990 — Huber J. Chinese Settlers against the Dutch East India Company: The Rebellion Led by Kuo Huai-i on Taiwan in 1652 // Development and Decline of Fukien Province in the 17th and 18th Centuries / ed. by E. B. Vermeer. Leiden: Brill, 1990. P. 265–296.

Hucker 1957 — Hucker C. O. The Tung-lin Movement of the Late Ming Period // Chinese Thought and Institutions / ed. by J. K. Fairbank. Chicago: University of Chicago Press, 1957. P. 132–162.

Hucker 1985 — Hucker C. O. A Dictionary of Official Titles in Imperial China. Stanford, Calif.: Stanford University Press, 1985.

Hummel 1943 — Hummel A. W. Eminent Chinese of the Ch'ing Period (1644–1912): in 2 vols. Washington, D.C.: U.S. Government Printing Office, 1943.

Hunt 2015 — Hunt L. Writing History in the Global Era. New York: Norton, 2015.

Iriye 2013 — Iriye A. Global and Transnational History: The Past, Present, and Future. New York: Palgrave Macmillan, 2013.

Jami et al. 2001 — Statecraft and Intellectual Renewal in Late Ming China: The Cross-Cultural Synthesis of Xu Guangqi (1562–1633) / ed. by C. Jami, P. M. Engelfriet, G. Blue. Leiden: Brill, 2001.

Jensen 1997 — Jensen L. M. Manufacturing Confucianism: Chinese Traditions and Universal Civilization. Durham, N.C.: Duke University Press, 1997.

Jin Wei 1997 — Jin Wei. Jieqiting ji de xueshu jiazhi [«Научная ценность трактата Jieqiting ji»]. Shixue shi yanjiu. 1997. Vol. 1. P. 2–15.

Johns 1978 — Johns A. H. Friends in Grace: Ibrahim al-Kurani and Abd al-Ra'uf al Singkeli // Spectrum: Essays Presented to Sutan Takdir Alisjahbana on his Seventieth Birthday / ed. by S. Udin. Jakarta: Dian Rakyat, 1978. P. 469–485.

Jordan 2002 — Jordan W. C. Europe in the High Middle Ages. London: Penguin Books, 2002.

Keenan 1994 — Keenan J. P. How Master Mou Removes Our Doubts: A Reader-Response Study and Translation of the «Mou-tzu Li-huo lun». Albany: SUNY Press, 1994.

Keevak 2011 — Keevak M. Becoming Yellow: A Short History of Racial Thinking. Princeton, N.J.: Princeton University Press, 2011.

Kelly 1971 — Kelly E. T. The Anti-Christian Persecution of 1616–1617 in Nanking. PhD diss., Columbia University, 1971.

King 1998 — King G. Candida Xu and the Growth of Christianity in China in the Seventeenth Century // Monumenta Serica. 1998. Vol. 46. P. 49–66.

Knechtges 2014 — Knechtges D. R. Sima Qian // Ancient and Early Medieval Chinese Literature: A Reference Guide / ed. by D. R. Knechtges, Taiping Chang. Vol. 2. Leiden: Brill, 2014. P. 959–965.

Kochhar 1994 — Kochhar R. K. Secondary Tools of Empire: Jesuit Men of Science in India // Discoveries: Missionary Expansion and Asian Cultures / ed. by T. R. de Souza, G. Naik. New Delhi: Concept Publishing, 1994. P. 175–183.

Kojima Tsuyoshi 2007 — Kojima Tsuyoshi. Mingmo qingchu ningshao diqu zhuzixue zhuangkuang he yiyi [«Государство и значение школы Чэн Чжу XVII века в Нинбо, провинция Чжэцзян»] // Rujiao wenhua yanjiu. 2007. Vol. 7. P. 89–104.

Lach, Van Kley 1965–1998 — Lach D. F., Van Kley E. J. Asia in the Making of Europe: in 3 vols. Chicago: University of Chicago Press, 1965–1998.

Lancashire 1968–1969 — Lancashire D. C. Buddhist Reactions to Christianity in Late Ming China // Journal of the Oriental Society of Australia. 1968–1969. Vol. 6. P. 82–103.

Lancashire 1969 — Lancashire D. C. Anti-Christian Polemics in Seventeenth Century China // Church History. 1969. Vol. 38. P. 218–241.

Lapidus 2002 — Lapidus I. M. A History of Islamic Societies. 2nd ed. Cambridge: Cambridge University Press, 2002.

Le Petit Messager 1911–1939 — Le Petit Messager de Ning-po. Ningbo: Vicariat Apostolique du Tche-kiang Oriental, 1911–1939.

Lee P. C. 2012 — Lee P. C. Li Zhi, Confucianism, and the Virtue of Desire. Albany: SUNY Press, 2012.

Lee T. H. C. 1991 — Lee T. H. C. Christianity and Chinese Intellectuals: From the Chinese Point of View // China and Europe: Images and Influences in Sixteenth to Eighteenth Centuries / ed. by T. H. C. Lee. Hong Kong: Chinese University Press, 1991. P. 1–27.

Leitão 2008 — Leitão H. The Contents and Context of Manuel Dias' Tianwenlüe // The Jesuits, the Padroado and East Asian Science, 1552–1773 / ed. by L. Saraiva, C. Jami. Singapore: World Scientific, 2008. P. 99–122.

Li Bozhong 2001 — Li Bozhong. Mingqing jiangnan de chuban yinshuaye [«Книгоиздание и печатная индустрия в области Цзяннань во времена Мин — Цин»] // Zhongguo jingjishi yanjiu. 2001. Vol. 3. P. 94–107.

Li Feng 2006 — Li Feng. Landscape and Power in Early China: The Crisis and Fall of the Western Zhou, 1045–771 b. c. Cambridge: Cambridge University Press, 2006.

Li Qingxin 2007 — Li Qingxin. Mingdai haiwai maoyi zhidu [«Система заморской торговли при династии Мин»]. Beijing: Shehui kexue wenxian chubanshe, 2007.

Li S. 2011 — Li S. Les jésuites et l'image de la France en Chine aux 17e et 18e siècles // Entre Mer de Chine et Europe: Migrations des savoirs, transfert des connaissances, transmission des sagesses du 17e au 21e siècle / ed. par P. Servais. Louvain-la-Neuve: Bruyant-Academia, 2011. P. 41–57.

Li Shixue 2010 — Li Shixue. Zhongguo wanming yu ouzhou wenxue: Mingmo yesuhui gudian xing zhengdao gushi kaoquan [«Поздняя империя

Мин в Китае и европейская литература: примеры иезуитов, их источники и толкование»]. Beijing: Sanlian shudian, 2010.

Li Xueqin 1985 — Li Xueqin. Eastern Zhou and Qin Civilizations / transl. by K. C. Chang. New Haven, Conn.: Yale University Press, 1985.

Li Yeye 2008 — Li Yeye. Mingmo qingchu jidujiao shengsiguan zai zhongguo de chuanbo yu jieshou [«Распространение и восприятие христианских представлений о жизни и смерти в Китае периода поздней Мин и ранней Цин»]. M. A. thesis, Shanghai Normal University, 2008.

Li Zonggui 2014 — Li Zonggui. Between Tradition and Modernity: Philosophical Reflections on the Modernization of Chinese Culture. Oxford: Chartridge Books, 2014.

Lieberman 1997 — Lieberman V. Transcending East-West Dichotomies: State and Culture Formation in Six Ostensibly Disparate Areas // Modern Asian Studies. 1997. Vol. 31, № 3. P. 463–546.

Lieberman 2003 — Lieberman V. Strange Parallels: Southeast Asia in Global Context, ca. 800–1830. Vol. 1: Integration on the Mainland. Cambridge: Cambridge University Press, 2003.

Lieberman 2009 — Lieberman V. Strange Parallels: Southeast Asia in Global Context, ca. 800–1830. Vol. 2: Mainland Mirrors: Europe, Japan, China, South Asia, and the Islands. Cambridge: Cambridge University Press, 2009.

Lin Qinzhang 2015 — Lin Qinzhang. Mingdai jingxue yanjiu lunji [«Эссе о классических исследованиях в эпоху Мин»]. Shanghai: Huadong shifan daxue chubanshe, 2015.

Lippiello, Malek 1997 — «Scholar from the West»: Giulio Aleni S. J. (1582–1649) and the Dialogue between Christianity and China / ed. by T. Lippiello, R. Malek. Brescia, It.: Fondazione Civiltà Bresciana; Sankt Augustin, Ger.: Monumenta Serica Institute, 1997.

Liu 1995 — Liu L. H. Translingual Practice: Literature, National Culture, and Translated Modernity — China, 1900–1937. Stanford, Calif.: Stanford University Press, 1995.

Liu 2004 — Liu L. H. The Clash of Empires: The Invention of China in the Modern World Making. Cambridge, Mass.: Harvard University Press, 2004.

Liu Yu 2015 — Liu Yu. Harmonious Disagreement: Matteo Ricci and His Closest Chinese Friends. New York: Lang, 2015.

Luk 1977 — Luk B. H.-K. Thus the Twain Did Meet? The Two Worlds of Giulio Aleni. PhD diss., Indiana University, 1977.

Luk 1982 — Luk B. H.-K. A Serious Matter of Life and Death: Learned Conversations at Foochow in 1627 // East Meets West: The Jesuits in China,

1582–1773 / ed. by C. E. Ronan, B. B. C. Oh. Chicago: Loyola University Press, 1982. P. 173–206.

Luo Qun 2012 — Luo Qun. Chuanboxue shijiao zhong de airulüe yu «Kouduo richao» yanjiu [«Исследование о Джулио Алени и "Kouduo richao" в контексте теории коммуникации»]. Shanghai: Shanghai guji chubanshe, 2012.

Luzbetak 1988 — Luzbetak L. J. The Church and Cultures: New Perspectives in Missiological Anthropology. Maryknoll, N.Y.: Orbis Books, 1988.

Magone 2012 — Magone R. Portugal and the Jesuit Mission to China: Trends in Historiography // Europe and China: Science and Arts in the 17th and 18th Centuries / ed. by L. Saraiva. Singapore: World Scientific, 2012. P. 3–30.

Malek 2015 —The Chinese Face of Jesus Christ / ed. by R. Malek. Vol. 4a: Annotated Bibliography. Leeds, U.K.: Maney, 2015.

Manning 2003 — Manning P. Navigating World History: Historians Create a Global Past. New York: Palgrave Macmillan, 2003.

Mao Ruifang 2011 — Mao Ruifang. Wang zheng yu wanming xixue dongjian [«Ван Чжэн и восточное распространение "западного учения" в эпоху поздней Мин»]. Shanghai: Huadong shifan daxue chubanshe, 2011.

Margiotti 1958 — Margiotti F. Il cattolicesimo nello Shansi dalle origini al 1738. Rome: Edizioni Sinica franciscana, 1958.

Maspéro 1955 — Maspéro H. La Chine antique. 1927. Reprint: Paris: Imprimerie nationale, 1955.

Mauro 1990 — Mauro F. Merchant Communities, 1350–1750 // The Rise of Merchant Empires: Long-Distance Trade in the Early Modern World, 1350–1750 / ed. by J. D. Tracy. Cambridge: Cambridge University Press, 1990. P. 255–286.

McMorran 1975 — McMorran I. Wang Fu-Chih and the Neo-Confucian Tradition // The Unfolding of Neo-Confucianism / ed. by W. T. de Bary. New York: Columbia University Press, 1975. P. 413–467.

McNeill, McNeill 2003 — McNeill J. R., McNeill W. The Human Web: A Bird's-Eye View of World History. New York: Norton, 2003.

Medick 2016 — Medick H. Turning Global? Microhistory in Extension // Historische Anthropologie. 2016. Bd. 24, № 2. S. 241–252.

Meier 2010 — Meier J. Religiöse Begegnungen und christliche Mission // WBG Weltgeschichte: Eine globale Geschichte von den Anfängen bis ins 21. Jahrhundert / Hg. von W. Demel et al. Bd. 4. Darmstadt: Wissenschaftliche Buchgesellschaft, 2010. S. 325–383.

Meißner 1994 — Meißner W. China zwischen nationalem «Sonderweg» und universaler Modernisierung: Zur Rezeption westlichen Denkens in China. Munich: Fink, 1994.

Menegon 2007 — Menegon E. Jesuit Emblematica in China: The Use of European Allegorical Images in Flemish Engravings Described in the «Kouduo richao» (ca. 1640) // Monumenta Serica. 2007. Vol. 55. P. 389–437.

Menegon 2010 — Menegon E. Ancestors, Virgins, and Friars: Christianity as a Local Religion in Late Imperial China. Cambridge, Mass.: Harvard University Press, 2010.

Miller 2009 — Miller H. State versus Gentry in Late Ming Dynasty China, 1572–1644. New York: Palgrave Macmillan, 2009.

Mintz 1985 — Mintz S. W. Sweetness and Power: The Place of Sugar in Modern History. New York: Viking, 1985.

Mish 1964 — Mish J. L. Creating an Image of Europe for China: Aleni's «Hsi-Fang Ta Wen» // Monumenta Serica. 1964. Vol. 23. P. 1–87.

Mittag 2003–2004 — Mittag A. Scribe in the Wilderness: The Manchu Conquest and the Loyal-Hearted Historiographer's (xinshi) Mission // Oriens Extremus. 2003–2004. Vol. 44. P. 27–42.

Mo Zhengyi 2016 — Mo Zhengyi. Mingmo qingchu zhedong rushi zhu zongyuan xixue guan yanjiu: Jianyu huang zongxi sixiang bijiao [«Мнение Чжу Цзунъюаня, ученого из восточной части провинции Чжэцзян, о западных науках: сравнение с Хуан Цзунси»] // Guoxue yu xixue guoji xuekan. 2016. Vol. 11. P. 95–105.

Moffett 2005 — Moffett S. H. A History of Christianity in Asia. Vol. II: 1500 to 1900. Maryknoll, N.Y.: Orbis Books, 2005.

Moyn, Sartori 2013 — Global Intellectual History / ed. by S. Moyn, A. Sartori. New York: Columbia University Press, 2013.

Müller 1980 — Müller C. C. Die Herausbildung der Gegensätze: Chinesen und Barbaren in der frühen Zeit // China und die Fremden: 3000 Jahre Auseinandersetzung in Krieg u. Frieden / hg. von W. Bauer. München: Beck, 1980. S. 43–76.

Mungello 1989 — Mungello D. E. Curious Land: Jesuit Accommodation and the Origins of Sinology. Honolulu: University of Hawai'i Press, 1989.

Mungello 1994 — Mungello D. E. The Forgotten Christians of Hangzhou. Honolulu: University of Hawai'i Press, 1994.

Mungello 2005 — Mungello D. E. The Great Encounter of China and the West, 1500–1800. Lanham, Md.: Rowman and Littlefield, 2005.

Mungello 2012 — Mungello D. E. Reinterpreting the History of Christianity in China // Historical Journal. 2012. Vol. 55, № 2. P. 533–552.

Needham 1987 — Needham J. Science and Civilisation in China. Vol. 5: Chemistry and Chemica Technology. Part 7: Military Technology; The Gunpowder Epic. Cambridge: Cambridge University Press, 1987.

Ng 2003 — Ng O.-C. The Epochal Concept of «Early Modernity» and the Intellectual History of Late Imperial China // Journal of World History. 2003. Vol. 14, № 1. P. 37–61.

Nongbri 2013 — Nongbri B. Before Religion: A History of a Modern Concept. New Haven, Conn.: Yale University Press, 2013.

Okamoto 1969 — Okamoto S. La crise politique et morale des mandarins du sud à l'époque de transition // PhD diss., Université des lettres, Paris, 1969.

O'Malley 2013 — O'Malley J. W. The Historiography of the Society of Jesus: Where Does It Stand Today? // Saints or Devils Incarnate? Studies in Jesuit History / ed. by J. W. O'Malley. Leiden: Brill, 2013. P. 1–36.

Pan 2000 — Pan F. Moral Ideas and Practices // Handbook of Christianity in China. Vol. 1: 635–1800 / ed. by N. Standaert. Leiden: Brill, 2000. P. 653–667.

Parker C. 2010 — Parker C. Global Interactions in the Early Modern World, 1400–1800. Cambridge: Cambridge University Press, 2010.

Parker G. 2008 — Parker G. Crisis and Catastrophe: The Global Crisis of the Seventeenth Century Reconsidered // American Historical Review. 2008. Vol. 113, № 4. P. 1053–1079.

Parker G. 2013 — Parker G. Global Crisis: War, Climate Change and Catastrophe in the Seventeenth Century. New Haven, Conn.: Yale University Press, 2013.

Pearson 2007 — Pearson M. N. Creating a Littoral Community: Muslim Reformers in the Early Modern Indian Ocean World // Between the Middle Ages and Modernity: Individual and Community in the Early Modern World / ed. by C. H. Parker, J. H. Bentley. Lanham, Md.: Rowman and Littlefield, 2007. P. 155–165.

Peltonen 2001 — Peltonen M. Clues, Margins, and Monads: The Micro-Macro Link in Historical Research // History and Theory. 2001. Vol. 40, № 3. P. 347–359.

Perdue 2005 — Perdue P. C. China Marches West: The Qing Conquest of Central Eurasia. Cambridge, Mass.: Belknap Press, 2005.

Pernau, Sachsenmaier 2016 — Global Conceptual History: A Reader / ed. by M. Pernau, D. Sachsenmaier. London: Bloomsbury, 2016.

Peterson 1979 — Peterson W. J. Bitter Gourd: Fang I-Chih and the Impetus for Intellectual Change. New Haven, Conn.: Yale University Press, 1979.

Peterson 1982 — Peterson W. J. Why Did They Become Christians? Yang T'ing-yun, Li Chih-tsao, and Hsü Kuang-ch'i // East Meets West: The Jesuits in China, 1582–1773 / ed. by C. E. Ronan, B. B. C. Oh. Chicago: Loyola University Press, 1982. P. 129–151.

Peterson 1998a — Peterson W. J. Confucian Learning in Late Ming Thought // The Cambridge History of China. Vol. 8: The Ming Dynasty,

1368–1644. Part 2 / ed. by D. Twitchett, F. W. Mote. Cambridge: Cambridge University Press, 1998. P. 708–788.

Peterson 1998b — Peterson W. J. Learning from Heaven: The Introduction of Christianity and Other Western Ideas into Late Ming China // The Cambridge History of China. Vol. 8: The Ming Dynasty, 1368–1644. Part 2 / ed. by D. Twitchett, F. W. Mote. Cambridge: Cambridge University Press, 1998. P. 789–839.

Pfister 1932 — Pfister L. S. J. Notices biographiques et bibliographiques sur les Jésuites de l'ancienne mission de Chine, 1572–1773. T. 1: XVIe et XVIIe siècles. Shanghai: Imprimerie de la Mission catholique, 1932.

Phelan 1959 — Phelan J. L. The Hispanization of the Philippines: Spanish Aims and Filipino Responses, 1565–1700. Madison: University of Wisconsin Press, 1959.

Pierson 2012 — Pierson S. The Movement of Chinese Ceramics: Appropriation in Global History // Journal of World History. 2012. Vol. 23, № 1. P. 9–40.

Pina 2007 — Pina I. Manuel Dias Sénior / Li Manuo // Bulletin of Portuguese / Japanese Studies. 2007. Vol. 15. P. 79–94.

Pina 2012 — Pina I. Chinese and Mestizo Jesuits from the China Mission (1589–1689) // Europe — China: Intercultural Encounters (16th–18th Centuries) / ed. by L. F. Barreto. Lisbon: Centro Científico e Cultural de Macau, 2012. P. 117–137.

Pines 2002 — Pines Yu. Foundations of Confucian Thought: Intellectual Life in the Chunqiu Period (722–453 b. c. e.). Honolulu: University of Hawai'i Press, 2002.

Playfair 1971 — Playfair G. M. H. The Cities and Towns of China: A Geographical Dictionary. Taipei: Ch'eng Wen, 1971.

Pomeranz 2001 — Pomeranz K. The Great Divergence: China, Europe, and the Making of the Modern World Economy. Princeton, N.J.: Princeton University Press, 2001.

Pomeranz 2012 — Pomeranz K. Areas, Networks, and the Search for «Early Modern» East Asia // Comparative Early Modernities, 1100–1800 / ed. by D. Porter. New York: Palgrave Macmillan, 2012. P. 245–270.

Pomeranz, Topik 2006 — Pomeranz K., Topik S. The World That Trade Created: Society, Culture, and the World Economy, 1400 to the Present. Armonk, N.Y.: M. E. Sharpe, 2006.

Prieto 2017 — Prieto A. I. The Perils of Accommodation: Jesuit Missionary Strategies in the Early Modern World // Journal of Jesuit Studies. 2017. Vol. 4, № 3. P. 395–414.

Ptak 1980 — Ptak R. Portugal in China: Kurzer Abriss der portugiesisch-chinesischen Beziehungen und der Geschichte Macaus im 16. und beginnenden 17. Jahrhundert. Bad Boll, Ger.: Klemmerberg Verlag, 1980.

Ptak 1998 — Ptak R. China and the Asian Seas: Trade, Travel and Visions of the Other (1400–1750). Aldershot, U.K.: Ashgate, 1998.

Qi Yinping 2017 — Qi Yinping. Yesuhuishi yu wanming haishang maoyi [«Иезуты и морская торговля при поздней династии Мин»]. Beijing: Shehui kexue wenxian chubanshe, 2017.

Rainey 2010 — Rainey L. D. Confucius and Confucianism: The Essentials. Chichester, U.K.: Wiley-Blackwell, 2010.

Rambo 1993 — Rambo L. R. Understanding Religious Conversion. New Haven, Conn.: Yale University Press, 1993.

Rawski 2004 — Rawski E. S. The Qing Formation and the Early Modern Period // The Qing Formation in World-Historical Time / ed. by L. A. Struve. Cambridge, Mass.: Harvard University Asia Center, 2004. P. 207–235.

Rawski 2012 — Rawski E. S. Beyond National History: Seeking the Ethnic in China's History // Crossroads. 2012. Vol. 5. P. 45–62.

Rawski 2015 — Rawski E. S. Early Modern China and Northeast Asia: Cross-Border Perspectives. Cambridge: Cambridge University Press, 2015.

Reinhard 1983 — Reinhard W. Geschichte der europäischen Expansion. Bd. 1: Die Alte Welt bis 1818. Stuttgart: Kohlhammer, 1983.

Reinhard 2011 — Reinhard W. A Short History of Colonialism. Manchester, U.K.: Manchester University Press, 2011.

Reinhard 2016 — Reinhard W. Die Unterwerfung der Welt: Globalgeschichte der europäischen Expansion, 1415–2015. Munich: Beck, 2016.

Richards 2003 — Richards J. The Unending Frontier: An Environmental History of the Early Modern World. Berkeley: University of California Press, 2003.

Riello 2013 — Riello G. Cotton: The Fabric That Made the Modern World. Cambridge: Cambridge University Press, 2013.

Robertson 1995 — Robertson R. Glocalization: Time-Space and Homogeneity-Heterogeneity // Global Modernities / ed. by M. Featherstone, S. Lash, R. Robertson. London: Sage, 1995. P. 25–44.

Ropp 2010 — Ropp P. S. China in World History. Oxford: Oxford University Press, 2010.

Ross 1999 — Ross A. C. Alessandro Valignano: The Jesuits and Culture in the East // The Jesuits: Cultures, Sciences, and the Arts, 1540–1773 / ed. by J. W. O'Malley et al. Toronto: University of Toronto Press, 1999. P. 336–351.

Rubiés 2000 — Rubiés J.-P. Travel and Ethnology in the Renaissance: South India through European Eyes, 1250–1625. Cambridge: Cambridge University Press, 2000.

Rule 1986 — Rule P. K'ung-tzu or Confucius? The Jesuit Interpretation of Confucianism. Crows Nest, Austral.: Allen and Unwin, 1986.

Rule 1994 — Rule P. China-Centered Mission History // Historiography of the Chinese Catholic Church: Nineteenth and Twentieth Centuries / ed. by J. Heyndrickx. Leuven: Ferdinand Verbiest Foundation, 1994. P. 52–59.

Rule 2011 — Rule P. The Jesuits and the Ming-Qing Transition: How Did Boym and Martini Find Themselves on Opposite Sides? // Monumenta Serica. 2011. Vol. 59, № 1. P. 243–258.

Ryckmans 1986 — Ryckmans P. The Chinese Attitude Towards the Past. George Ernest Morrison Lecture in Ethnology. Vol. 47. Canberra: Australian National University, 1986.

Sachsenmaier 2000 — Sachsenmaier D. The Cultural Transmission from China to Europe // Handbook of Christianity in China. Vol. 1: 635–1800 / ed. by N. Standaert. Leiden: Brill, 2000. P. 879–905.

Sachsenmaier 2001 — Sachsenmaier D. Die Aufnahme europäischer Inhalte in die chinesische Kultur durch Zhu Zongyuan (ca. 1616–1660). Monumenta Serica Monograph Series. Bd. 47. Nettetal, Ger.: Steyler, 2001.

Sachsenmaier 2006 — Sachsenmaier D. Searching for Alternatives to Western Modernity: Cross-Cultural Approaches in the Aftermath of World War I // Journal of Modern European History. 2006. Vol. 4, № 2. P. 241–259.

Sachsenmaier 2011 — Sachsenmaier D. Global Perspectives on Global History: Theories and Approaches in a Connected World. Cambridge: Cambridge University Press, 2011.

Sachsenmaier 2012 — Sachsenmaier D. How and Why I Became a World Historian // A Companion to World History / ed. by D. Northrup. Hoboken, N.J.: Wiley-Blackwell, 2012. P. 32–42.

Sachsenmaier 2014a — Sachsenmaier D. Cultural and Religious Exchanges // Architects of World History: Researching the Global Past / ed. by K. R. Curtis, J. H. Bentley. Hoboken, N.J.: Wiley-Blackwell, 2014. P. 108–133.

Sachsenmaier 2014b — Sachsenmaier D. Notions of Society in Early Twentieth-Century China, ca. 1900–1925 // A Global Conceptual History of Asia, 1860–1940 / ed. by H. Schulz-Forberg. London: Pickering and Chatto, 2014. P. 61–74.

Sachsenmaier 2018 — Sachsenmaier D. Global History // The Oxford Handbook of Global Studies / ed. by M. Juergensmeyer et al. Oxford: Oxford University Press, 2018.

Saler 2009 — Saler B. Understanding Religion: Selected Essays. Berlin: de Gruyter, 2009.

Sartori 2005 — Sartori A. The Resonance of «Culture»: Framing a Problem in Global Concept-History // Comparative Studies in Society and History. 2005. Vol. 47, № 4. P. 676–699.

Schmidt-Glintzer 1976 — Schmidt-Glintzer H. Das Hung-Ming Chi und die Aufnahme des Buddhismus in China. Münchener Ostasiatische Studien. Bd. 12. Wiesbaden: Steiner, 1976.

Schmidt-Glintzer 1980 — Schmidt-Glintzer H. Ausdehnung der Welt und innerer Zerfall (3. bis 8. Jahrhundert) // China und die Fremden: 3000 Jahre Auseinandersetzung in Krieg u. Frieden / hg. von W. Bauer. München: Beck, 1980. S. 77–113.

Schmidt-Glintzer 1982 — Schmidt-Glintzer H. Die Identität der bud-dhistischen Schulen und die Kompilation buddhistischer Universalgeschichten in China. Wiesbaden: Steiner, 1982.

Schmidt-Glintzer 1984 — Schmidt-Glintzer H. Vielfalt und Einheit: Zur integrationistischen Tendenz in der Kultur Chinas // «Kultur»: Begriff und Wort in China und Japan / hg. von W. Bauer. Berlin: Reimer, 1984. S. 123–157.

Schneider 2017 — Schneider J. Nation and Ethnicity: Chinese Discourses on History, Historiography, and Nationalism (1900s–1920s). Leiden: Brill, 2017.

Schottenhammer 2006 — Schottenhammer A. The Sea as Barrier and Contact Zone: Maritime Space and Sea Routes in Traditional Chinese Books and Maps // The Perception of Maritime Space in Traditional Chinese Sources / ed. by A. Schottenhammer, R. Ptak. Wiesbaden: Harrassowitz, 2006. P. 3–13.

Schumacher, Woehner 1994 — The Encyclopedia of Eastern Philosophy and Religion: Buddhism, Hinduism, Taoism, Zen / ed. by S. Schumacher, G. Woehner. Boston: Shambhala, 1994.

Schwartz 1968 — Schwartz B. I. The Chinese Perception of World Order, Past and Present // The Chinese World Order: Traditional China's Foreign Relations / ed. by J. K. Fairbank. Cambridge, Mass.: Harvard University Press, 1968. P. 276–288.

Sebes 1978 — Sebes J. S. Philippine Jesuits in the Middle Kingdom in the 17th Century // Philippine Studies. 1978. Vol. 26. P. 192–208.

Seijas 2014 — Seijas T. Asian Slaves in Colonial Mexico: From Chinos to Indians. Cambridge: Cambridge University Press, 2014.

Shek 1980 — Shek R. H.-C. Religion and Society in Late Ming: Sectarian-ism and Popular Thought in Sixteenth and Seventeenth Century China. Berkeley: University of California Press, 1980.

Shiba 1977 — Shiba Y. Ningpo and Its Hinterland // The City in Late Imperial China / ed. by G. W. Skinner. Stanford, Calif.: Stanford University Press, 1977. P. 391–440.

Shimada 1987 — Shimada K. Die neo-konfuzianische Philosophie: Die Schulrichtungen Chu Hsis und Wang Yangmings. Berlin: Reimer, 1987.

Shin 2006 — Shin L. K. The Making of the Chinese State: Ethnicity and Expansion on the Ming Borderlands. New York: Cambridge University Press, 2006.

Singh 2006 — Singh K. The Illustrated History of the Sikhs. New Delhi: Oxford University Press, 2006.

Skinner 1996 — Skinner G. W. Creolized Chinese Societies in Southeast Asia // Sojourners and Settlers: Histories of Southeast Asia and the Chinese / ed. by A. Reid, K. Alilunas Rodgers. St. Leonards, Austral.: Allen and Unwin, 1996. P. 51–92.

Souza 1986 — Souza G. B. The Survival of Empire: Portuguese Trade and Society in the South China Sea, 1630–1754. Cambridge: Cambridge University Press, 1986.

Spence 1991 — Spence J. D. The Search for Modern China. New York: Norton, 1991.

Spence 2007 — Spence J. D. Return to Dragon Mountain: Memories of a Late Ming Man. New York: Viking, 2007.

Spence 2008 — Spence J. D. The Memory Palace of Matteo Ricci. London: Penguin Books, 2008.

Standaert 1985 — Standaert N. Note on the Spread of Jesuit Writings in Late Ming and Early Qing China // China Mission Studies (1550–1800). 1985. Bulletin 7. P. 22–32.

Standaert 1988 — Standaert N. Yang Tingyun, Confucian and Christian in Late Ming China: His Life and Thought. Leiden: Brill, 1988.

Standaert 1991 — Standaert N. Confucian-Christian Dual Citizenship: A Political Conflict? // Ching Feng. 1991. Vol. 34, № 2. P. 109–114.

Standaert 1995 — Standaert N. The Fascinating God: A Challenge to Modern Theology Presented by a Text on the Name of God Written by a 17th Century Chinese Student of Theology. Rome: Pontificia Università Gregoriana, 1995.

Standaert 1997 — Standaert N. New Trends in the Historiography of Christianity in China // Catholic Historical Review. 1997. Vol. 83, № 4. P. 573–613.

Standaert 1999 — Standaert N. Jesuit Corporate Culture as Shaped by the Chinese // The Jesuits: Cultures, Sciences, and the Arts, 1540–1773 /

ed. by J. W. O'Malley et al. Toronto: University of Toronto Press, 1999. P. 352–363.

Standaert 2000a — Standaert N. Chinese Christians: General Characteristics // Handbook of Christianity in China. Vol. 1: 635–1800 / ed. by N. Standaert. Leiden: Brill, 2000. P. 380–403.

Standaert 2000b — Standaert N. Chinese Christians Going Abroad // Handbook of Christianity in China. Vol. 1: 635–1800 / ed. by N. Standaert. Leiden: Brill, 2000. P. 449–455.

Standaert 2000c — Standaert N. Creation of Christian Communities // Handbook of Christianity in China. Vol. 1: 635–1800 / ed. by N. Standaert. Leiden: Brill, 2000. P. 543–575.

Standaert 2000d — Standaert N. Ecclesiastical Administration // Handbook of Christianity in China. Vol. 1: 635–1800 / ed. by N. Standaert. Leiden: Brill, 2000. P. 576–579.

Standaert 2000e — Standaert N. Missionaries // Handbook of Christianity in China. Vol. 1: 635–1800 / ed. by N. Standaert. Leiden: Brill, 2000. P. 286–354.

Standaert 2000f — Standaert N. Rites Controversy // Handbook of Christianity in China. Vol. 1: 635–1800 / ed. by N. Standaert. Leiden: Brill, 2000. P. 680–687.

Standaert 2000g — Standaert N. Social Organization of the Church // Handbook of Christianity in China. Vol. 1: 635–1800 / ed. by N. Standaert. Leiden: Brill, 2000. P. 456–473.

Standaert 2001 — Standaert N. Xu Guangqi's Conversion as a Multifaceted Process // Statecraft and Intellectual Renewal in Late Ming China: The Cross-Cultural Synthesis of Xu Guangqi (1562–1633) / ed. by C. Jami, P. M. Engelfriet, G. Blue. Leiden: Brill, 2001. P. 170–185.

Standaert 2008a — Standaert N. The Interweaving of Rituals: Funerals in the Cultural Exchange between China and Europe. Seattle: University of Washington Press, 2008.

Standaert 2008b — Standaert N. Jesuits in China // The Cambridge Companion to the Jesuits / ed. by T. Worcester. Cambridge: Cambridge University Press, 2008. P. 169–185.

Standaert 2012 — Standaert N. Chinese Voices in the Rites Controversy: Travelling Books, Community Networks, Intercultural Arguments. Rome: Institutum Historicum Societatis Iesu, 2012.

Standaert, Witek 2000 — Standaert N., Witek J. Chinese Clergy // Handbook of Christianity in China. Vol. 1: 635–1800 / ed. by N. Standaert. Leiden: Brill, 2000. P. 462–470.

Stern 2011 — Stern P. J. The Company-State: Corporate Sovereignty and the Early Modern Foundations of the British Empire in India. Oxford: Oxford University Press, 2011.

Struve 1988 — Struve L. A. The Southern Ming, 1644–1662 // The Cambridge History of China. Vol. 7. Part 1: The Ming Dynasty, 1368–1644 / ed. by F. W. Mote, D. Twitchett. Cambridge: Cambridge University Press, 1988. P. 641–725.

Struve 2004a — Struve L. A. Chimerical Early Modernity: The Case of «Conquest Generation» Memoirs // The Qing Formation in World-Historical Time / ed. by L. A. Struve. Cambridge, Mass.: Harvard University Asia Center, 2004. P. 335–380.

Struve 2004b — Struve L. A. Introduction // The Qing Formation in World-Historical Time / ed. by L. A. Struve. Cambridge, Mass.: Harvard University Asia Center, 2004. P. 1–54.

Subrahmanyam 1997 — Subrahmanyam S. Connected Histories: Notes towards a Reconfiguration of Early Modern Eurasia // Modern Asian Studies. 1997. Vol. 31, № 3. P. 735–762.

Subrahmanyam 2005 — Subrahmanyam S. On World Historians in the Sixteenth Century // Representations. 2005. Vol. 91, № 1. P. 26–57.

Subrahmanyam 2007 — Subrahmanyam S. Forcing the Doors of Heathendom: Ethnography, Violence, and the Dutch East India Company // Between the Middle Ages and Modernity: Individual and Community in the Early Modern World / ed. by C. H. Parker, J. H. Bentley. Lanham, Md.: Rowman and Littlefield, 2007. P. 131–154.

Subrahmanyam 2012 — Subrahmanyam S. The Portuguese Empire in Asia: A Political and Economic History. 2nd ed. Chichester, U.K.: Wiley-Blackwell, 2012.

Tang Chun-i 1970 — Tang Chun-i. The Development of the Concept of Moral Mind from Wang Yangming to Wang Chi // Self and Society in Ming Thought / ed. by W. T. de Bary. New York: Columbia University Press, 1970. P. 93–117.

Taylor 1978 — Taylor R. L. The Cultivation of Sagehood as a Religious Goal in Neo-Confucianism: A Study of Selected Writings of Kao P'an-lung (1562–1626). Missoula, Mont.: Scholars Press, 1978.

Taylor 1990 — Taylor R. Official and Popular Religion and the Political Organization of Chinese Society in the Ming // Orthodoxy in Late Imperial China / ed. by Kwang-Ching Liu. Berkeley: University of California Press, 1990. P. 126–157.

Tian Wei 2003 — Tian Wei. Lun wang yangming yi «liangzhi» weiben de daode zhexue [«Об этической философии Ван Янмина, основанной на врожденной нравственности»] // Qinghua daxue xuebao. 2003. Vol. 18, № 1. P. 5–9.

Tiedemann 2009 — Tiedemann, R. G. The Chinese Clergy // Handbook of Christianity in China. Vol. 2: 1800 to the Present / ed. by R. G. Tiedemann. Leiden: Brill, 2009. P. 571–586.

Todorova 1997 — Todorova M. Imagining the Balkans. New York: Oxford University Press, 1997.

Trakulhun 2017 — Trakulhun S. Asiatische Revolutionen: Europa und der Aufstieg und Fall asiatischer Imperien (1600–1830). Frankfurt: Campus, 2017.

Trivellato 2009 — Trivellato F. The Familiarity of Strangers: The Sephardic Diaspora, Livorno, and Cross-Cultural Trade in the Early Modern Period. New Haven, Conn.: Yale University Press, 2009.

Tu Wei-ming 1976 — Tu Wei-ming. Neo-Confucian Thought in Action: Wang Yang-ming's Youth (1472–1509). Berkeley: University of California Press, 1976.

Tu Wei-ming 1978 — Tu Wei-ming. Humanity and Self-Cultivation: Essays in Confucian Thought. Berkeley: Asian Humanities Press, 1978.

Tu Wei-ming 1989 — Tu Wei-ming. Centrality and Commonality: An Essay on Confucian Religiousness. Albany: SUNY Press, 1989.

Übelhör 1968 — Übelhör M. Hsü Kuang-ch'i (1562–1633) und seine Einstellung zum Christentum: Ein Beitrag zur Geistesgeschichte der späten Ming-Zeit (Teil 1) // Oriens Extremus. 1968. Vol. 15, № 2. P. 191–257.

Übelhör 1969 — Übelhör M. Hsü Kuang-ch'i (1562–1633) und seine Einstellung zum Christentum: Ein Beitrag zur Geistesgeschichte der späten Ming-Zeit (Teil 2) // Oriens Extremus. 1969. Vol. 16, № 1. P. 41–74.

Übelhör 1986 — Übelhör M. Wang Gen (1483–1541) und seine Lehre: Eine kritische Position im späten Konfuzianismus. Berlin: Reimer, 1986.

Van Kley 1971 — Van Kley E. J. Europe's «Discovery» of China and the Writing of World History // American Historical Review. 1971. Vol. 76, № 2. P. 358–385.

Vogelsang 2012 — Vogelsang K. Geschichte Chinas. Stuttgart: Reclam, 2012.

Wakeman 1985 — Wakeman F., Jr. The Great Enterprise: The Manchu Reconstruction of Imperial Order in Seventeenth-Century China: in 2 vols. Berkeley: University of California Press, 1985.

Walker 1971 — Walker R. L. The Multi-State System of Ancient China. 1951. Reprint: Westport, Conn.: Greenwood Press, 1971.

Wang Gungwu 1996 — Wang Gungwu. Sojourning: The Chinese Experience in Southeast Asia // Sojourners and Settlers: Histories of Southeast Asia and the Chinese / ed. by A. Reid, K. Alilunas Rodgers. St. Leonards, Austral.: Allen and Unwin, 1996. P. 1–14.

Wang Gungwu 2000 — Wang Gungwu. The Chinese Overseas: From Earthbound China to the Quest for Autonomy. Cambridge, Mass.: Harvard University Press, 2000.

Wang Hui 2004 — Wang Hui. Xiandai zhongguo sixiang de xingqi [«Расцвет современной философии в Китае»]: in 4 vols. Beijing: Sanlian shudian, 2004.

Wang Q. 1999 — Wang Q. E. History, Space, and Ethnicity: The Chinese Worldview // Journal of World History. 1999. Vol. 10, № 2. P. 285–305.

Wang Zeying 2010a — Wang Zeying. Mingmo tianzhujiao rushi zhu zongyuan shengping kao [«Изучение биографии Чжу Цзунъюаня, католического ученого поздней Мин»] // Ningbo jiaoyu xueyuan xuebao. 2010. Vol. 5. P. 96–98.

Wang Zeying 2010b — Wang Zeying. Mingmo tianzhujiao rushi zhu zongyuan zhuzuokao zongshu [«Обзор исследований о трудах ученого католика и конфуцианца Чжу Цзунъюаня] // Sanxia luntan. 2010. Vol. 5. P. 55–59.

Wang Zeying 2011 — Wang Zeying. Lun zhu zongyuan zhi tianru guan [«О небесном блаженстве и конфуцианстве в понимании Чжу Цзунъюаня»]. M. A. thesis, Ningbo University, 2011.

Wen Liqin 2007 — Wen Liqin. Zhu zongyuan sixiang yanjiu [«Исследование философии Чжу Цзунъюаня»]. M. A. thesis, Zhejiang University, 2007.

Wheeler 2007 — Wheeler C. Buddhism in the Re-ordering of an Early Modern World: Chinese Missions to Cochinchina in the Seventeenth Century // Journal of Global History. 2007. Vol. 2. N 3. P. 303–324.

Wills 1974 — Wills J. E., Jr. Pepper, Guns, and Parleys: The Dutch East India Company and China, 1622–1681. Cambridge, Mass.: Harvard University Press, 1974.

Wills 2004 — Wills J. E., Jr. Contingent Connections: Fujian, the Empire, and the Early Modern World // The Qing Formation in World-Historical Time / ed. by L. A. Struve. Cambridge, Mass.: Harvard University Asia Center, 2004. P. 167–203.

Wills 2011a — China and Maritime Europe, 1500–1800: Trade, Settlement, Diplomacy, and Missions / ed. by J. E. Wills, Jr. Cambridge: Cambridge University Press, 2011.

Wills 2011b — Wills J. E., Jr. Maritime Europe and the Ming // China and Maritime Europe, 1500–1800: Trade, Settlement, Diplomacy, and Missions / ed. by J. E. Wills, Jr. Cambridge: Cambridge University Press, 2011. P. 24–77.

Wills, Cranmer-Byng 2011 — Wills J. E., Jr., Cranmer-Byng J. Trade and Diplomacy with Maritime Europe, 1644 — ca. 1800 // China and Maritime Europe, 1500–1800: Trade, Settlement, Diplomacy, and Missions / ed. by J. E. Wills, Jr. Cambridge: Cambridge University Press, 2011. P. 183–254.

Witek 2010 — Witek J. W. Epilogue: Christianity and Cultures: Japan and China in Comparison, 1543–1644; Reflections on a Significant Theme // Christianity and Cultures: Japan and China in Comparison (1543–1644) / ed. by M. A. J. Üçerler. Rome: Institutum Historicum Societatis Iesu, 2010. P. 337–341.

Wong 2002 — Wong R. B. The Search for European Differences and Domination in the Early Modern World: A View from Asia // American Historical Review. 2002. Vol. 107, № 2. P. 447–469.

Wriggins 1996 — Wriggins S. H. Xuanzang: A Buddhist Pilgrim on the Silk Road. Boulder, Colo.: Westview Press, 1996.

Wu J. 2008 — Wu J. Enlightenment in Dispute: The Reinvention of Chan Buddhism in Seventeenth-Century China. New York: Oxford University Press, 2008.

Wu Renshu 2007 — Wu Renshu. Pinwei shehua: Wanming de xiaofei shehui yu shidafu [«Вкус роскоши: потребительское общество и элита поздней Мин»]. Taipei: Lianjing chuban gongsi, 2007.

Xiao Qinghe 2015 — Xiao Qinghe. «Tianhui» yu «wudang»: Mingmo qingchu tianzhujiaotu qunti yanjiu [«“Небесный союз” и “местная община”: исследование христианских групп в период поздней Мин и ранней Цин»]. Beijing: Zhonghua shuju, 2015.

Xu Lin 2004 — Xu Lin. Mingdai zhongwanqi jiangnan diqu pinshi de shehui jiaowang shenghuo [«О социальных связях бедных ученых в регионе Цзяннань в средний и поздний период династии Мин»]. Shixue jikan. 2004. Vol. 3. P. 34–37.

Xu Zongze 1949 — Xu Zongze. Mingqingjian yesuhuishi yizhu tiyao [«Обзор работ, переведенных и сочиненных иезуитами в переходный период между династиями Мин и Цин»]. Beijing: Zhonghua shuju, 1949.

Yabuuti 1997 — Yabuuti K. Islamic Astronomy in China during the Yuan and Ming Dynasties / transl. by B. van Dalen // Historia Scientiarum. 1997. Vol. 7, № 1. P. 11–43.

Yang C. 1961 — Yang C. K. Religion in Chinese Society: A Study of Contemporary Social Functions of Religion and Some of Their Historical Factors. Berkeley: University of California Press, 1961.

Young 1980 — Young J. D. East-West Synthesis: Matteo Ricci and Confucianism. Hong Kong: Centre of Asian Studies, University of Hong Kong, 1980.

Yu 2004 — Yu T. A History of the Relationships between the Western and Eastern Han, Wei, Jin, Northern and Southern Dynasties and the Western Regions // Sino-Platonic Papers. Vol. 131. 2004 (March). URL: http://www.sino-platonic.org/complete/spp131_chinese_dynasties_western_region.pdf (дата обращения: 04.07.2022).

Zarrow 2012 — Zarrow P. After Empire: The Conceptual Transformation of the Chinese State, 1885–1924. Stanford, Calif.: Stanford University Press, 2012.

Zemon Davis 2011 — Zemon Davis N. Decentering History: Local Stories and Cultural Crossings in a Global World // History and Theory. 2011. Vol. 50, № 2. P. 188–202.

Zhang Kaiyuan 2001 — Zhang Kaiyuan. Chinese Perspective: A Brief Review of the Historical Research on Christianity in China // China and Christianity: Burdened Past, Hopeful Future / ed. by S. Uhalley, Jr., Xiaoxin Wu. Armonk, N.Y.: M.E. Sharpe, 2001. P. 29–42.

Zhang Qiong 1999 — Zhang Qiong. Demystifying Qi: The Politics of Cultural Translation and Interpretation in the Early Jesuit Mission to China // Tokens of Exchange: The Problem of Translation in Global Circulations / ed. by L. H. Liu. Durham, N.C.: Duke University Press, 1999. P. 74–106.

Zhang Qiong 2015 — Zhang Qiong. Making the New World Their Own: Chinese Encounters with Jesuit Science in the Age of Discovery. Leiden: Brill, 2015.

Zhang Weihua 1934 — Zhang Weihua. Mingshi folangji lüsong helan yidaliya si zhuan zhu shi [«Комментарий к четырем главам о "франках" (испанцах), Филиппинах, Голландии и Италии в "Истории династии Мин"»]. Beijing: Harvard-Yenching Institute, 1934.

Zhang Xianqing 2009 — Zhang Xianqing. Guanfu, zongzu yu tianzhujiao: 17–19 shiji fu'an xiangcun jiaohui de lishi xushi [«Местное управление, преемственность и католицизм: сюжетно-тематическая история Церкви в Фуане XVII–XIX веков»]. Beijing: Zhonghua shuju, 2009.

Zhang Xianqing 2015 — Zhang Xianqing. Xiao lishi: Mingqing zhi ji de zhongxi wenhua xiangyu [«Микроистория: культурные контакты между Китаем и Западом в период поздней Мин и ранней Цин»]. Beijing: Shangwu yinshuguan, 2015.

Zhao Dianhong 2006 — Zhao Dianhong. Qingchu yesuhuishi zai jiangnan de chuanjiao huodong [«О проповеднической деятельности иезуитов в регионе Цзяннань в период ранней Цин»]. PhD diss., Jinan University, 2006.

Zhao Yuan 1999 — Zhao Yuan. Mingqing zhiji shidafu yanjiu [«Ученые люди в переходный период между династиями Мин и Цин»]. Beijing: Beijing daxue chubanshe, 1999.

Zhao Yuan 2006 — Zhao Yuan. Zhidu, yanlun, xintai: Mingqing zhiji shidafu yanjiu xubian [«Система, дискурс и ментальность: продолжение исследования об ученых людях в переходный период между династиями Мин и Цин»]. Beijing: Beijing daxue chubanshe, 2006.

Zheng Yangwen 2012 — Zheng Yangwen. China on the Sea: How the Maritime World Shaped Modern China. Leiden: Brill, 2012.

Zhongwen da cidian 1962–1968 — Zhongwen da cidian: in 40 vols. Taipei: Zhongguo wenhua yanjiusuo, 1962–1968.

Zhu Pingyi 2013 — Zhu Pingyi. Piwang xingmi: Mingqing zhiji de tianzhujiao yu 'mixin' zhi jiangou [«Просвещение заблуждающихся и пробуждение для растерянных: христианство и термин «мисинь» в Китае XVII–XVIII веков»] // Zhongyang yanjiuyuan lishi yuyan yanjiusuo jikan. 2013. Vol. 84, № 4. P. 695–752.

Zupanov 2007 — Zupanov I. G. Language and Culture of the Jesuit «Early Modernity» in India during the Sixteenth Century // Itinerario. 2007. Vol. 32, № 2. P. 87–110.

Zürcher 1959 — Zürcher E. The Buddhist Conquest of China: The Spread and Adaptation of Buddhism in Early Medieval China: in 2 vols. Leiden: Brill, 1959.

Zürcher 1971 — Zürcher E. The First Anti-Christian Movement in China (Nanjing, 1616–1621) // Acta Orientalia Neerlandica: Proceedings of the Congress of the Dutch Oriental Society Held in Leiden on the Occasion of Its 50th Anniversary, 8th–9th May 1970 / ed. by P. W. Pestman. Leiden: Brill Archive, 1971. P. 188–195.

Zürcher 1987 — Zürcher E. Giulio Aleni et ses relations avec le milieu des lettrés chinois au XVIIe siècle // Venezia e l'Oriente / Ed. da L. Lanciotti. Firenze: Olschki, 1987. P. 107–135.

Zürcher 1990a — Zürcher E. Bouddhisme, Christianisme et société chinoise. Paris: Julliard, 1990.

Zürcher 1990b — Zürcher E. The Jesuit Mission in Fujian in Late Ming Times: Levels of Response // Development and Decline of Fukien Province in the 17th and 18th Centuries / ed. by E. B. Vermeer. Leiden: Brill, 1990. P. 417–457.

Zürcher 1993 — Zürcher E. A Complement to Confucianism: Christianity and Orthodoxy in Late Imperial China // Norms and the State in China / ed. by Chun-Chieh Huang, E. Zürcher. Leiden: Brill, 1993. P. 71–92.

Zürcher 1994 — Zürcher E. Jesuit Accommodation and the Chinese Cultural Imperative // The Chinese Rites Controversy: Its History and Meaning / ed. by D. E. Mungello. Nettetal, Ger.: Steyler, 1994. P. 31–64.

Zürcher 1995 — Zürcher E. From Jesuit Studies to Western Learning // Europe Studies China: Papers from an International Conference on the History of European Sinology / ed. by Ming Wilson, J. Cayley. London: Han-Shan Tang Books, 1995. P. 264–279.

Zürcher 1996 — Zürcher E. Renaissance Rhetoric in Late Ming China: Alfonso Vagnoni's Introduction to His Science of Comparison // Western Humanistic Culture Presented to China by Jesuit Missionaries (XVII–XVIII Centuries): Proceedings of the Conference Held in Rome, October 25–27, 1993 / ed. by F. Masini. Rome: Institutum Historicum Societatis Iesu, 1996. P. 331–360.

Zürcher 1997a — Zürcher E. Aleni in Fujian, 1630–1640: The Medium and the Message // «Scholar from the West»: Giulio Aleni S. J. (1582–1649) and the Dialogue between Christianity and China / ed. by T. Lippiello, R. Malek. Brescia, It.: Fondazione Civiltà Bresciana; Sankt Augustin, Ger.: Monumenta Serica Institute, 1997. P. 595–616.

Zürcher 1997b — Zürcher E. Confucian and Christian Religiosity in Late Ming China // Catholic Historical Review. 1997. Vol. 83, № 4. P. 614–653.

Предметно-именной указатель

Оглавление

Научное издание

Доминик Заксенмайер
**ГЛОБАЛЬНЫЕ СВЯЗИ ЧЕЛОВЕКА, КОТОРЫЙ
НИКОГДА НЕ ПУТЕШЕСТВОВАЛ**
**Конфликт между мирами в сознании китайского
христианина XVII века**

Директор издательства *И. В. Немировский*
Ответственный редактор *И. Белецкий*
Куратор серии *Е. Яндуганова*
Заведующая редакцией *О. Петрова*

Дизайн *И. Граве*
Редактор *Р. Рудницкий*
Научный редактор *К. Батыгин*
Корректоры *Е. Гайдель, М. Левина*
Верстка *Е. Падалки*

Подписано в печать 24.08.2022.
Формат издания 60 × 90 $^1/_{16}$. Усл. печ. л. 18,5.
Тираж 300 экз.

Academic Studies Press
1577 Beacon Street, Brookline, MA 02446 USA
https://www.academicstudiespress.com

ООО «Библиороссика».
190005, Санкт-Петербург, 7-я Красноармейская ул., д. 25а

Эксклюзивные дистрибьюторы:
ООО «Караван»
ООО «КНИЖНЫЙ КЛУБ 36.6»
http://www.club366.ru
Тел./факс: 8(495)9264544
e-mail: club366@club366.ru

Книги издательства можно купить
в интернет-магазине: www.bibliorossicapress.com
e-mail: sales@bibliorossicapress.ru

12+

*Знак информационной продукции согласно
Федеральному закону от 29.12.2010 № 436-ФЗ*